U0636880

教育部社科研究重大课题攻关项目：11JZD020
教育部社科规划基金项目：09YJA790049
广东省自然科学基金项目：10451032001004967
广东省自然科学基金项目：9151027501000032
广州市社会科学规划项目：2012YB10
广东商学院重点研究项目：09ZD79001
国民经济研究中心招标项目：2011XMB12

青年学术丛书·经济

YOUTH ACADEMIC SERIES·ECONOMY

集群创新、FDI技术外溢与知识管理战略

屈 韬 著

人民出版社

责任编辑:姜　玮
封面设计:肖　辉

图书在版编目(CIP)数据

集群创新、FDI 技术外溢与知识管理战略/屈韬 著.
　—北京:人民出版社,2012.6
(青年学术丛书)
ISBN 978－7－01－010902－2

Ⅰ.①集…　Ⅱ.①屈…　Ⅲ.①跨国公司–企业管理–知识管理–研究
Ⅳ.①F276.7

中国版本图书馆 CIP 数据核字(2012)第 086324 号

集群创新、FDI 技术外溢与知识管理战略
JIQUN CHUANGXIN FDI JISHU WAIYI YU ZHISHI GUANLI ZHANLUE

屈　韬著

人民出版社 出版发行
(100706　北京朝阳门内大街 166 号)

北京中科印刷有限公司印刷　新华书店经销

2012 年 6 月第 1 版　2012 年 6 月北京第 1 次印刷
开本:710 毫米×1000 毫米 1/16　印张:15.75
字数:258 千字

ISBN 978－7－01－010902－2　定价:33.00 元

邮购地址 100706　北京朝阳门内大街 166 号
人民东方图书销售中心　电话 (010)65250042　65289539

版权所有·侵权必究
凡购买本社图书,如有印制质量问题,我社负责调换。
服务电话:(010)65250042

目　录

第一章 引　言

一、选题及研究意义

（一）研发国际化

研发国际化是一种全新的跨国经营现象。近30年,随着分散性全球研发的战略发展,相关研究逐步增多,研究重点也从研发动机;研发类型(集中式和分散式)的比较转向研发活动的管理;研发组织模式;海外研发机构的定位;研发网络中各组织机构的控制、合作和协调等方面。

从20世纪80年代开始,跨国公司一改过去以母国为核心的研发布局,根据不同东道国在人才、知识存量、竞争机制上的比较优势,实施研发资源全球化配置战略,使研发组织朝着网络化、分散化发展。在澳洲、比利时、加拿大、英国、德国、韩国和新加坡,海外研发投资占其研发总支出的15%以上。Meyer—Karhmner和Reger(1999)发现,研发创新活动主要集中在以美国、西欧、日本为主的世界上技术最先进的国家和地区。美国跨国公司海外研发支出比例在1994年为11.5%,2002年为13.3%,其中在欧盟国家的研发支出占70%(40%集中在德国和英国);在发展中国家的研发支出仅占9%(集中在巴西、墨西哥、中国香港、新加坡、中国台湾和以色列)。世界投资报告(2005)显示:1995—2003年,瑞典最大的五家跨国公司海外研发支出占全部研发支出的比例从22%增至43%,平均每个公司在6.3个国家进行研发投资。联合国贸易组织(UNCTAD,2005)的调查显示:2003年跨国公司海外研发支出比例达28%。综观跨国公司海外研发投资现状;主要特点为:(1)以欧洲小国为主体,但发展中国家海外研发投资有扩大的趋势。Gerybadze和Reger(1999)以研发支出中海外研发支出的占比衡量研发国际化程度,发现该项指标在3%—90%之间变动,欧洲小国企业的国际化程度最高。Zedtwitz和Gassmann

(2002)对全球 1021 个研发机构的问卷调查表明:欧洲跨国企业研发国际化程度在 15%—70%,平均为 30%;日本为 1%—8%;美国跨国企业为 8%—12%。(2)跨国公司的海外研发活动逐步从发达国家向以中国大陆、印度、中国台湾为主体的亚洲新兴国家和地区转移。1994—2002 年,发展中国家承担的跨国公司海外研发的比例已由 7.6% 增长到 13.5%。联合国贸发组织对跨国公司 2005—2009 年的投资调查显示:62% 的跨国公司将中国作为其设立海外研发机构的地区首选。自 1993 年摩托罗拉在北京设立第一家外资研究中心①以来,跨国公司在华研发投资逐年增加,从 2001 年前的 82 家②,到 2004 年的 199 家,2005 年的 750 家,到 2010 年,跨国公司在华设立各类研发中心超过 1200 家。

中国是一个创新环境日趋完善、创新要素禀赋日渐突出的国家。2001 年,中国研发支出总额就达 600 亿美元,位列美国(2820 亿美元)、日本(1040 亿美元)之后,成为世界上第三大研发密集的国家。研发支出占 GDP 的比例从 1996 年的 0.6% 上升到 2002 年的 1.3%。中国研究人员数目达 74.3 万人,仅次于美国(130 万人),居全球第二(OECD,2003)。这是中国吸引跨国研发投资的一个重要原因。联合国贸发组织(UNCTAD)2008 年的调查③显示:中国已成为跨国公司设立亚洲研发中心的首选。全球最大的 700 家跨国

---

① 2003 年 1 月 9 日以来,摩托罗拉在华建立了 18 个研发中心,引入母公司的先进技术设备和一流产品。并预计今后将在华研究中心增至 25 个,研发投资将增加到 1.8 亿美元。1994 年,加拿大北方电讯公司在北京投资成立首家合资研发机构"北京邮电大学—北方电讯电信研究开发中心"。

② 根据科技部 2001 年对全国 31 家跨国公司在中国大陆设立独立研发中心的统计调查表明:至 2001 年止,跨国公司在华研发机构有 82 家,其中北京 49 家;上海 15 家;深圳 5 家;苏州 3 家;西安 3 家;广州 2 家;青岛 2 家;成都 1 家;杭州 1 家;南通 1 家。北京地区是跨国公司在华设立 R&D 机构最为集中的地区,有诺和诺德生物研究中心;LG 电子部门综合研究所;资生堂(中国大陆)研究开发中心和新力—易利信移动通信(中国大陆)有限公司研发中心等。其他沿海地区,如上海的本田汽车斥资 1700 万美元建立本田摩托车上海研发中心及上海惠普软件开发中心;杭州 Nokia 公司第二个研发中心;深圳甲骨文公司成立首家在华研究中心。此外,杜邦、联合利华、宝洁(P&G)、通用电器、易利信、罗素药厂、松下、微软、INTEL、朗讯、摩托罗拉、AT&T、三菱等资讯、医药、塑化、电器、卫生用品领域的知名跨国企业亦纷纷宣布在华设立研发中心、实验室或推行研究计划。在 82 家跨国公司样本中,从事 IT 产业研究的机构有 58 家,占总数的 70.7%;其次为精密化工 9 家(占 11%);生物医药 7 家(占 8.5%);汽车 5 家(占 6.1%);光机电整合 2 家(占 2.4%);石油勘探 1 家(占 1.2%)。

③ UNCTAD(2008),World Investment Report. http://www.unctad.org。

企业 55% 以上将中国作为首选的投资目的国,超过了印度(41%)和美国(33%)。投资行业主要集中在电子及通信设备制造业、交通运输设备制造业、医药制造业,化学原料及化学品制造业等技术密集型行业,旨在服务产品、市场扩张和技术发展。Zedtwitz(2004)指出:中国是光纤网络、移动通信和电梯的前三大市场,在华研发中心主要侧重发展该领域的技术开发能力,以整合到集团的研发网络中,在支援当地子公司和顾客的同时,将研发成果向全球推出。由于中国具有庞大而需求复杂的市场,中国市场建立的标准可能会成为全球标准。在通信产业,跨国企业非常注重中国市场标准的建立,往往在中国和其他国家同步发展第三代移动技术。如 Nokia 将第三代移动通信软件开发项目交给其杭州的研发中心,并将成果转移到芬兰。Microsoft 则注重针对中国复杂的语言市场来发展下一代的语音或手写软件。薛澜等(2001)的问卷研究表明:市场竞争程度、专业人才的供应和效率是影响跨国公司在华投资战略的重要影响因素。

如果说,20 世纪 90 年代跨国公司在华投资的研发机构主要基于低层级的组织形态,则近五年区域性或全球性研发机构的增多从一定角度折射出中国在全球研发网络中的地位变化。2004 年,Intel 全球第五家、亚太地区首家研究机构落户北京;eBay 在上海建立首个位于其美国本土之外的海外研发中心,负责其部分全球项目及产品的研发工作。2006 年,阿斯利康在华设立了除英国本土之外海外唯一的转化科学研究基地。同年,百事在上海设立了美国之外唯一的一家海外研发中心。上百家跨国企业在中国设立区域性研发中心,如 IBM 的中国研究院中心;微软公司中国研究开发中心与中国研究院(现更名为亚洲研究院);英特尔中国研究中心;易立信中国研发总院;摩托罗拉中国研究院;诺基亚中国研发中心等。这些研发机构与大陆各大知名大学之间建立有长期合作研发的关系,对中国在技术和科技人力资源的培训与发展具有长远的影响。

跨国公司在华研发中心可分为四种类型:一是基础开发型。主要将技术成果面向全球市场或从事基础研究,表现为全球性研发中心。二是应用开发型。主要从事面向中国市场的产品应用开发,表现为区域性研发中心。三是技术跟踪型。主要关注并参与中国新技术的发展。如 2006 年上海贝尔阿尔卡特与大唐移动建立联合实验室,共同开发关于中国自主的 TD – SCDMA3G 标准的技术和产品。四是技术支持型。主要从事测试服务、产品维修等从属于公司主营业务的技术服务。如以零部件、整车的性能测试和数据采集为核心业务的本田技研工业投资公司(2004 年成立)。随中国市场开放,巨大的市场潜力吸引跨国公司研发战略升级,通过重组或追加投资实现从技术支持型向应用开发型和基础开发型的技术转变和组织转变。例如,2006 年 4 月,SAP 中国研发中心被升级为 SAP 中国研究院;联合利华将实验室升级为全球性第二大研发中心。罗迪亚上海应用开发技术实验中心被升级为罗迪亚上海研究与开发中心,成为继法国、美国、巴西后建立的第五家综合性研发中心。2008 年,微软中国研发集团宣布:砍掉 Windows Live 相关的单机游戏架构产品、电信运营商垂直解决方案产品及 Windows 内置测试工具的开发等产品开发项目,未来三年投资 10 亿美元,在华研发重心从完成总部需求转移到有关医疗、数字娱乐、互联网等针对中国市场需求的软件项目上来。

伴随技术升级,在华跨国公司加快了在华研发资源的整合步伐。2003 年,摩托罗拉宣布注册 9000 万美元成立中国技术有限公司,整合现有 19 个研发机构,建立以北京为中心的世界级研发中心。飞利浦、微软也相继将原在华布局的各分散的研发中心整合成研发集团。

跨国公司在华投资的上述变化反映出:跨国研发投资战略与东道国技术地位之间存在一定程度的相辅相成关系,基于初级形态的跨国研发投资提升了东道国技术能力,反之促进跨国研发向更高一层次转变。这提出了一个新的研究命题,即跨国研发动机、研发投资机构的功能和组织形态、创新能力之间存在怎样的关系。对这一领域的研究,多数基于案例观察,对跨国公司研发活动全球化的动因、研发机构在网络组织中的功能、性质和地位及其对东道国创新体系的交互影响缺乏全面深入的动态研究。

(二)问题的提出

技术进步是现代经济增长的重要推动力。美国 1909—1949 年非农业部门的人均产出翻番,其中 90% 源自技术进步的贡献,只有 10% 源自资本增量(Solow,1957)。缺乏获取现代技术的路径是一国穷困的主要原因。目前国际上实现技术提升的模式有三种:第一种是英美模式,主要依靠强化基础研究和技术创新能力来推动技术进步;第二种是日韩模式,侧重对国外先进技术的引进、消化、吸收和二次创新;第三种是中国—东盟模式。主要通过吸引 FDI 来缩小与发达国之间的技术差距,即通过投资活动的技术外溢和技术转移①,最终实现效率提升。英美模式是提升产业国际竞争力的最终出路,但由于发展中国家与发达国家之间技术差距大,技术创新能力普遍不足,创新风险高,这决定了发展中国家技术创新活动应从技术引进开始,逐步培育产业技术要素的比较优势,创造自主研发的要素条件。

20世纪90年代以来,为培育和促进出口产业的发展,我国采取二元(dual track)贸易政策:通过高关税保护国内产业;通过进口料件的关税减免政策鼓励出口,规定凡经加工后复出口的进口料件一律减免进口关税。梯级关税结构大大激励了在华投资和加工贸易②的发展。以东亚区域内垂直分工和产品间贸易为特征的中国"新三角"贸易模式(triangular trade pattern)备受关注。以日本、NIES(韩国、中国台湾、新加坡、中国香港)为主的东亚发达国,逐步将劳动密集型产业向以ASEAN、中国为主的东亚欠发达国转移,通过FDI和加工外包等方式出口资本品、中间品到该类国家,经生产、加工后销往欧美。中国成为承接中国香港、中国台湾、日本、韩国等国家和地区劳动密集型产业转移的重要基地。有研究者指出:"新三角"贸易模式推动了中国的技术进步。据日本机械进出口组合的统计数据,2008年中国超越德国,一跃成为全球第一大机电产品出口国。电子消费品(consumer electronic)和家电(domestic appliance)的出口占世界总出口的1/5以上。

综观中国高技术产品的贸易商品结构,呈现几大特征:(1)高技术产品进口以亚洲国家为主,出口则多面向欧美国家。受"三角贸易"模式的影响,中国从亚洲国家的进口占较大比重。2008年,中国高技术产品贸易60%以上来自亚洲国家和地区,23.45%出口到中国香港,18.75%出口到美国,23.57%出口到欧洲国家,而出口中国香港的货物多转口销往欧美各国。三个主要的高技术产品来源国和地区分别是中国台湾(17.14%)、韩国(15.30%)和

---

①　根据《联合国国际技术转让行动守则(草案)》,技术转移是关于产品制造、生产工艺或提供过服务系统的知识转移;根据OECD的《TBP手册》,技术转移是从一国的发明(包括新产品或专有技术)转移到另一国的过程。因此,国际技术转移是技术提供者将技术的使用权或所有权跨国界转移给另一方的行为。

②　所谓加工贸易(processing trade),是指进口料件经加工装配后销往国内或复出口的业务。包括来料加工装配(processing and assembling)和进料加工(processing with imported materials)两种类型。前者指出外方提供料件,经加工后复出口给该客户。外方同时拥有进口料件和出口成品的所有权。后者指从海外进口的料件经加工后销往海外其他客户。两种方式下进料料件时均暂时免征关税,但若成品销往国内,则需补税。

日本(13.56%)①。(2)中间产品②贸易对高技术产品贸易的贡献大。零部件贸易占中国高技术产品贸易的比重,进口为52%,其中68%用于加工环节而不是供应国内市场;出口为48%(Gaulier et al.,2004)。(3)FDI 加工出口对高技术产品出口的拉动大,但不同投资来源国的战略有所差别。如美国和欧盟对华投资以航空航天技术、生命科学技术和计算机集成技术为主,表现为技术密集型特征(Lemoine and Deniz,2004)。从欧美进口的高技术产品,一半以上为国有企业资本品进口。这表明欧美跨国公司的技术转移多遵循传统的资本品内部贸易(arm's length trade)的输出模式。而东亚地区的技术转移以零部件输出为主,有更深层次的生产网络特征。2008 年,除生命技术、生物科学以一般贸易为主外,前三大出口行业高度依赖加工贸易。加工贸易所需的零部件和料件,40%由"四小龙"提供,20%由日本提供,从欧美国家的加工进口不足 10%③。

投资战略不同,技术外溢的方式和深度也会有所差别。研究贸易和投资活动对我国本土企业技术创新的影响,应区分投资来源国和产品贸易类型进行分析。现行研究多从总量或行业的角度进行分析,基于投资战略的研究较少。本研究拟基于中国"新三角"贸易模式的现状和特征,从技术引进、R&D支出、FDI 投资三个路径来研究技术溢出对我国本土企业创新活动的影响。研究的主要问题有:(1)跨国研发的组织模式有哪些?(2)跨国研发活动为我国自主创新所带来的机遇与挑战?(3)我国通过贸易和投资吸收外部知识溢出的主要路径?(4)企业和地区如何利用集群创新提升吸收能力,实现 FDI和集群对经济发展的双驱动?

(三)选题的研究意义及其重要性

长期以来,对 FDI 技术外溢,抑或 FDI 研发投资战略的研究,国内经济学或管理学学者多倾向于从国家、地区或产业的层次,开展宏观和中观尺度的空

---

① 源自科学技术部发展计划司于 2009 年 7 月 27 日公布《科技统计报告》。

② 研究国际分工必须考虑各国(地区)的贸易品所处的生产阶段差异。联合国《按经济大类》(BEC)将产品按加工程度差异划分为初级产品、中间产品和最终产品三大类。其中中间产品又进一步细分为半成品和零部件,最终产品分为资本品和消费品。

③ Gaulier,Guilaume;Lemoine,Francoise and Deniz Ünal-Kesenci(2007),*China's Integration in East Asia:Production Sharing,FDI & High-Tech Trade*,Econ Change,40L 27-63.

间布局和经济效益研究,而忽视了微观领域的创新主体——公司或企业的创新活动对 FDI 研发投资战略的反作用。跨国公司海外研发机构是研发全球化的载体,也是东道国国家和区域创新体系的组成部分,不仅表现为对东道国创新环境的动态适应,同时也要服从跨国公司母公司基于研发资源配置效率最大化的策略安排。因此,对跨国公司海外研发机构在全球创新网络中的地位、功能演变及其通过技术外溢和技术转移对东道国创新能力的影响的研究,有利于动态了解母公司—海外研发机构—东道国企业之间的动态研发博弈过程,及其对东道国的创新要素禀赋、引资策略和跨国公司的全球研发战略、研发布局的影响。

本书尝试借助经济地理学、制度经济学的研究方法,从动态均衡的角度研究影响跨国公司研发资源配置决策的决定因素,及跨国公司海外研发机构的功能、性质、在全球研发网络中的定位和作用。以参与研发体系的跨国公司海外研发机构和东道国公司为研究对象,进一步探悉公司研发行为、研发组织的空间布局与创新环境之间的关系。由于公司研发活动往往跨行业、跨区域、跨部门展开,因此立足于公司层面的研究更能准确反映研发网络组织的战略活动。跨国公司在华投资已形成一条集销售、生产、研发、管理于一体的完整功能链,为本书提供了足够的样本和案例研究基础。

基于此,本书选择跨国研发资源全球化配置决策的影响因素作为研究主题,从研发动机、海外研发机构研发活动与东道国创新活动的交互影响、研发战略和研发组织模式的演进等层面展开研究,从企业微观层面揭示创新空间再生产的机理,以弥补现行研发全球化研究的不足,丰富跨国公司研发理论的内涵。本课题从系统论的角度,研究跨国研发战略的演化趋势和决定因素,对我国政府层就如何引导跨国公司在华研究层次的深化,对国内本土企业如何利用跨国研发投资提升技术能力都有重要的现实意义。

二、研究的对象

本书主要在文献和网络资料搜集的基础上,根据在华投资的跨国公司的经营历史,选取最具全球规模经营能力的世界 500 强跨国公司的海外研发中心展开研究。之所以选择最具实力的跨国公司研究,是因为:(1)研发活动需要巨额投入,且风险值很高。有能力实施研发全球化战略的公司往往具有很强的全球化实体经营经验。(2)美国、日本、欧洲国家的跨国公司占了全球跨国公司的 80%,且这些国家和地区是全球研发活动的集聚地。以这些地区跨国公司研发活动展开案例研究具有很强的代表性和说服力。

研发(R&D)是英文 Research and Development(研究开发)或 Research and Experimental Development(研究与实验开发)的缩写。联合国教科文组织(UNESCO)对 R&D 活动的定义是:"为增加知识总量(包括人类、文化和社会方面的知识),以及运用这些知识去创造新的应用而进行的系统的、创造性地工作"。传统研究中,往往将 R&D 作为一个整体,对研究(R)和开发(D)不作严格的区分。但事实上在产业领域,两者的功能存在实质性差别。不仅两类组织之间存在明显的技术转移障碍,而且行为模式和组织模式上也有较大的差异。研究(R)主要是基础研究和应用研究的过程。而开发(D)则是将研究成果产业化的生产过程。但随着组织行为一体化的发展,二者的界限变得模糊。部分研究文献甚至将产品的开发、设计、生产、流通、销售、使用和回收的全过程都是为研发活动的范畴。

根据研发活动的性质,R&D 活动可分为基础研究、应用研究和试验发展。所谓基础研究,指为获得关于现象和可观察事实的根本原理、新知识而展开的实验研究或理论研究。所谓应用研究,指为新知识的获得和应用而开展的独创性调查研究活动。所谓试验发展,指为生产新材料、新产品和新装备,为建立新工艺、新服务体系,为改造现有生产能力和设备而进行的科技创新活动。Cassiman 将应用研究界定成与经营直接相关或具专用特征的,以提高企业知识存量和市场绩效为目的的研发活动;将基础研究界定为有助于提高行业知识存量、具有普遍性的纯粹的理论研究。认为基础研究虽投入大,但因缺乏企业专有性而更容易发生技术外溢,为竞争者和全社会所拥有。因此基础研究往往需要国家的大力资助,企业则更加偏爱应用型研究。

研究中我们将 R&D 活动定义为三个阶段:(1)基础研究阶段。也叫产业科技基础研究阶段。该阶段重点研究产业共性技术,具有开发周期长、资金投入大的特点,主要基于知识存量和创新活动的创造性的开发成果。(2)应用科学研究和营销环境研究阶段。该阶段主要基于市场调查,就现行研究成果开展应用科学研究和技术开发,论证产品的技术可行性。(3)产品设计与开发阶段。即具体产品研发阶段。该阶段主要针对特定的市场需求研究开发适用性产品,根据可获得的技术,将知识转化为生产力。(4)产品修正和推广阶段。该阶段根据营销的反馈信息和市场需求的变化,对产品进行修正和完善,并逐步展开大规模的生产和经营(见图1—1)。与之相对应,研发技术可分为核心技术、共性关键技术和产品应用技术三个层次。

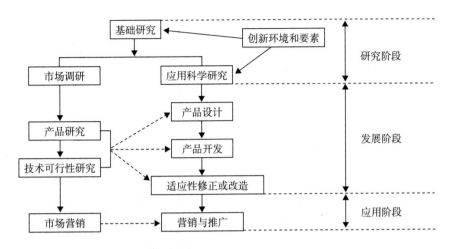

图1—1 研发(R&D)过程示意图

所谓跨国公司研发全球化,是指跨国公司利用各国的创新资源(包括科技人才、资金、知识存量和知识投入等)禀赋和创新环境支持,在两个或两个以上的国家和地区开展研发活动的行为,是企业组织通过新建、并购、技术联盟等方式,将原基于母国的研发活动扩展到国外,以创新资源配置全球化、创新组织网络化为特征的技术创新模式。可见,研发国际化的目的是资源配置效率最大化,具体表现在研发资源的全球配置和研发成果的转移与扩散,从战略决策看,既包括对外研发投资决策,也包括吸引外商研发投资的决策,还包括研发组织设计等内容。

海外研发机构是跨国公司在东道国设立的专门从事研发活动的自组织机构。所谓海外研发的自组织模式,是指海外投资的进入或设立模式。根据母公司控制权的大小,可以将海外研发机构的组织模式分为三种:一是以独资、控股或兼并方式成立的独立法人组织。该类机构或完全受母公司控制,开展服务于集团整体的应用研究和基础性研究;或享有充分自主权,能独立开展基础性研究和适应性产品研究。按其承担的主要研究任务,可分为技术支持实验室、海外产品发展机构以及研究中心(Lars Hakanson,1981)。Pearce 和 Singh(1992)的研究表明:20%的单位来自合并或收购活动。控股化或独资化的组织模式,往往将基础性、原创性的研究活动集中在母国,而将辅助性的研发活动放权给海外子公司,呈现出 R—D 的合作模型,有利于随时控制海外子公司与东道国地方创新主体之间的技术差距,能最大限度地减少技术扩散和技术溢出的可能性。二是合资、股权参与等方式设立,表现为子公司或合资公司的内部附属研发部门(包括内部研发部门和分公司)等非独立法人形式。该类组织机构在母公司的总体制度框架内享有部分自主权,设立程序相对简单,属于非独立核算单位,财务、管理上相对可控。虽研发规模较小,但灵活性强,有利于开展区域性或适应性产品研发活动。三是战略联盟组织。主要针对跨国公司与东道国高校、科研院所、企业成立联合实验室等在全球范围内雇佣研发人员开展合作研发活动。如合作生产、技术协作、联合营销、交叉营销、交叉许可证转让、联合研究等协议式战略联盟。在跨国公司的全球研发网络中,因行业分布、功能定位不同,各研发机构的自组织模式有较大的差异。如实验室往往是海外研发投资的初级形态,其目的是输出母国技术,开发适用东道国市场的产品,延缓技术的生命周期。到 20 世纪 80 年代,适应资源全球配置的需要,相继出现了研究所、研究中心、研究开发公司、技术联盟等自组织方式。各种自组织模式中,以战略联盟的管理问题最为复杂。如何对各自组织模式进行有效管理,是理论和实践中的重要问题,并以空间组织模式体现出来。但从目前全球 R&D 组织情况看,发展中国家几乎被排除在战略联盟之外,这意味着:发达国家跨国公司之间的技术联盟将使世界技术创新资源越来越集中于少数发达国家。发展中国家如果不寻求技术创新的路径,与发达国家之间的技术差距将会拉大。

不同国家对海外研发机构的界定不同。如美国规定:在美国境内的外资研发机构是指外国母公司拥有 50% 或 50% 以上控制权的独立的研发设施和场所。这一规定包括三层含义:(1)研发是其主要功能,与跨国公司在美的生产或销售性分支机构之间不存在从属或附属关系。实行独立经营、自负盈亏,直接向母公司的研发部门汇报工作;(2)海外母公司拥有绝对控制权;(3)研发活动不包括其与美国大学或科研机构之间展开的委托研究或合作研究。这意味着在美国,海外研发机构必须独资成立,外资工厂中的研发部门、跨国企业与美国大学联合设立的研发实验室等都被排除在定义之外。

根据《外资研发机构统计年报》,我国的外资研发机构,是指国外、境外(包括中国港、澳、台地区)组织和个人在我国独立投资或与我国企业、科研机构、高等学校等单位联合投资设立的以研发为主要业务的机构。国家外经贸部[2001]第218号《关于外商投资设立研发中心有关问题的通知》中明确:外商投资研发中心的形式可以是外国投资者(包括外商投资设立的投资性公司)依法设立的中外合资、合作、外资企业,也可以是设在外商投资企业内部的独立部门或分公司;研发中心是从事自然科学及其相关科技领域的研究开发和实验发展(包括为研发活动服务的中间试验)的机构,研发内容可以是基础研究、产品应用研究、高科技研究和社会公益性研究,研发科目不包括《外商投资产业指导目录》禁止类项目,也不得从事非本研发技术成果的其他技术贸易和除中试外的生产活动。研发中心可以转让自己的研发成果,可以委托或联合开发的形式与国内科研院所开展合作研发。研发中心不包括培训中心。外商投资研发中心的设立条件为:(1)有明确的研究开发领域和具体的研发项目,固定的场所、科研必需的仪器设备和其他必需的科研条件,研发中心用于研发的投资应不低于200万美元;(2)研发中心应配备专职管理和研发人员,其中具有相当本科以上学历的直接从事研发活动人员占研发中心总人数的比例应不低于80%。该定义相对于美国更为宽泛。根据该定义,在华投资的海外研发中心,可以是取得工商行政管理部门颁发的企业法人营业执照的独立法人实体(如独资、合资、合作设立的研发机构),也可以是附属于其他机构的非独立法人机构(如合资或独资生产企业内部的研发部门、投资性公司所属的研发机构、母公司研发机构的分支机构、地区总部内设的研发中心)。

本书主要基于跨国公司全球研发网络的高度,研究研发动机、行为和组织模式。研究样本和数据主体针对独立的法人研发机构。对非法人研发机构,只在定性研究中涉及。这里所说的跨国公司全球研发网络,主要由若干个本土研发机构(节点)和遍布全球的各海外研发机构(节点)构成,每一个节点都有各自的职责和机能。依据神经网络的概念,全球研发网络的主要构成要素为节点和连线。其中节点反应在物理空间上就是占据一定空间区位的研发机构(包括研发总部和分支);反应在网络空间上则为占据一定网络位置且不断调整位次等级的点;连线多表现为虚拟形态,表征着节点之间的能量交换和彼此间相互影响、相互依赖的网络关系或组织关系。

第二章　国内创新活动的发展

一、中国创新体系的发展历程

　　1949 年新中国成立后,为了建立现代工业体系,中国执行第一个五年计划,从苏联进口 156 个转轮,建立四百多个研究机构,由国家计委负责各研究机构(包括研究中心、大学研究室、生产者)的综合管理,负责规划及颁布年度计划和五年计划;教育部负责监管大学的教学活动;交通邮政部、机械部、化学工业部负责监管所属产业内的研究机构。1976 年"文化大革命"以后,中国开始将重心转到经济建设上来。计划体制下,我国科技体制由五方面构成:中国科学院、中央各部门所属研究机构、大专院校所属科研机构、各地方所属科研机构和国防系统科研机构。企业长期游离于研发活动之外,只负责完成国家计划下达的生产任务。结果,研发活动与生产活动脱节。研发课题由主管部门下达,难以与企业的市场需求相匹配。企业缺乏技术的积累和沉淀过程,难以吸收和完成研发成果的后续开发。研发机构也缺乏有效的途径从企业获得市场的信息反馈,以修正研发成果。

　　1978 年,召开"全国科技大会",颁布《1978—1985 年全国科学技术发展规划纲要(草案)》(以下简称《规划》)。1982 年,延伸提出了综合性的"六五攻关计划",明确《规划》中的部分研究重点。1985 年,《关于科技体制改革的决定》明确:现代科学技术是新的社会生产力中最活跃、最有决定性的因素;提出"经济建设必须依靠科技,科技工作必须面向经济"的战略方针。为开发技术市场,1986 年国家开始执行农村适用技术研发和推广"星火计划";1987年开始侧重高新技术研发的"八六三计划"[①];1988 年实行将高新技术成果产

---

　　① "八六三计划"以应用研发为主,涉及生物技术、电子讯息、自动化技术、能源技术、新材料五个领域,其目标是追踪国际领先技术,提高技术创新能力,为高技术产业发展奠定基础。

业化的"火炬计划"①；1990 年实行"科技成果重点推广计划"。这六个计划是对外开放初期的科技发展框架和思路。1992 年，国家制定《关于科学技术体制改革的决定》，拉开了吸引跨国企业 R&D 投资的序幕。"八五"计划中"继续推动火炬计划实施的高新技术开发区"，更推动了高新技术产业的发展（见图 2—1）。

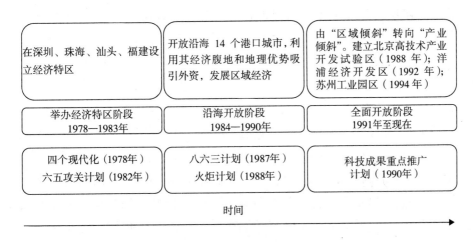

图 2—1　科技政策演进图

二、研发主体的变化

1987 年开始，国家改革科技拨款制度，政府研发支出占国家预算的百分比两年内下降 14%，迫使部分研究机构面向市场，技术市场的合同成交额从 1988 年的 72.49 亿元上升到 1991 年的 94.81 亿元。但受市场效率的限制，技术交易的效果并不理想。中国社科院的研究报告表明：85% 的企业认为科研机构提供的技术成果水平不高。国家省部级以上的重大科技项目和专利成果缺乏必要的途径在生产中推广，大量的科技投入难以转化为社会效益。企业在缺乏技术支撑和技术开发能力的情况下，只能依靠技术引进实现生产改造，这不仅浪费了国内资源，也会导致盲目引进和重复引进，难以形成消化—吸

---

①　"火炬计划"的目的是推动高新技术产业化，涉及新材料、生物技术、电子讯息、机电、新能源、环保与高效节能技术六大技术领域。围绕该计划，国家和地方先后设立 37 个高新技术产业开发区。

收—创新的良性循环。

1987 年以来,《关于推进科研设计单位进入大中型工业企业的规定》、《鼓励和支持大型企业和企业集团建立技术中心的暂行办法》相继出台,鼓励以个体兴建、科研院所分离或转化、合资等多种形式建立新技术企业,要求大中型企业和企业集团必须有起作用、靠得住的技术开发机构,以促使企业成为研发投入主体和技术创新主体,实现企业研发活动内部化。该阶段以技术创新科技拨款制度改革为先导,着重于科研机构的改革,迫使大部分科研单位走向市场,但由于缺乏源自企业内部研发需求的拉动,多数科研单位仍游离于企业之外。根据 OECD[2003]的报告,我国已成为全世界研究发展最积极的国家。R&D 支出高达 600 亿美元,仅次于美国(2820 亿美元)、日本(1040 亿美元)和德国(540 亿美元),世界排名第四;拥有世界第二多的科技研究人员(74.3 万人),仅次于德国(130 万人)、日本(64.8 万人)和俄罗斯(50.5 万人)。2004 年,大陆基础研究经费占政府 R&D 支出的 5.96%。我国已具备自主研发的比较优势,只是缺乏能够利用这种比较优势的知识和能力。当务之急,是要建立与这种比较优势相适应的竞争性市场机制和体制,逐步培养这种能力。

现阶段我国科研活动的特点是:(1)我国研发活动仍以试验发展为主,试验发展支出占研发支出的 65% 以上,主要执行单位为企业,对中科院、高校而言,试验发展只是研发工作的补充;应用研究所占比例在 20%—30%,主要执行单位为高校及中科院;基础研究的比例不到 10%,且多集中在中科院、高校、部属科研机构,地方科研机构及企业从事基础研究的少。对部属机构,应用研究与试验发展同等重要。(2)企业是我国最重要的研究主体,高校在科技创新中的作用越来越重要(见表2—1)。到 2004 年,企业 R&D 投入占全社会 R&D 经费的比例达 66.83%,接近发达国家 50%—74% 的比例(1998年日本为 74.3%;美国为 65.7%;1997 年法国为 50.3%)。但 R&D 资金投入向少数企业集中,54.4% 的企业没有 R&D 投入。即使设立有 R&D 机构的企业,多数也缺乏独立的研发能力。根据国际上的通行标准,研发强度(R&D 经费占销售收入的比重)小于 1% 的企业难以生存;2% 则勉强维持;5% 以上才有竞争力。2007 年,国家统计局对全国规模以上工业企业2004—2006 年企业创新活动的专项调查表明:大型企业的研发强度为0.97%,中型企业为 0.60%,小型企业为 0.22%。虽较 1999 年的 0.5% 有所上升,但比例仍偏低。

　　企业研发支出可以看成是一把双刃剑。一方面通过 R&D 投资的累积效应直接增强知识存量;通过间接提高吸收能力,即提高企业识别(identify)、吸收(assimilate)、获取外部知识的能力,改进企业生产工艺和流程,降低成本。另一方面由于存在 R&D 外溢,企业 R&D 活动也可能使竞争对手获益,一定程度上削弱 R&D 所带来的积极效应。

表 2—1　我国大陆研发支出的部门分布(2000—2007 年)

(单位:亿元)

划分基础	2000 年	2001 年	2002 年	2003 年	2004 年	2005 年	2006 年	2007 年
R&D 支出	895.7	1042.50	1287.60	1539.60	1966.30	2450.00	3003.10	3710.20
	100%	100%	100%	100%	100%	100%	100%	100%
按研究类型划分								
基础研究	46.76	55.57	73.78	87.60	117.19	132.30	156.16	174.38
	5.22%	5.33%	5.73%	5.69%	5.96%	5.40%	5.20%	4.70%
应用研究	151.91	184.84	246.70	311.46	400.54	421.40	504.52	493.46
	16.96%	17.73%	19.16%	20.23%	20.37%	17.20%	16.80%	13.30%
试验发展	697.03	802.00	967.25	1140.54	1448.77	1886.50	2342.42	3042.36
	77.82%	76.93%	75.12%	74.08%	73.68%	77.00%	78.00%	82.00%
按执行部门划分								
研究机构	258.00	288.50	351.30	399.00	431.70	514.50	567.59	687.90
	28.80%	27.67%	27.28%	25.92%	21.95%	21.00%	18.90%	18.50%
企业	537.05	630.00	787.80	960.20	1314.00	1675.80	2135.20	2681.90
	59.96%	60.43%	61.18%	62.37%	66.83%	68.40%	71.10%	72.30%
高校	76.70	102.40	130.50	162.30	200.90	242.55	276.29	314.70
	8.56%	9.82%	10.14%	10.54%	10.22%	9.90%	9.20%	8.50%
其他部门	24.00	21.60	18.00	18.10	19.70	19.60	24.02	0.26
	2.68%	2.07%	1.40%	1.18%	1.00%	0.80%	0.80%	0.70%

资料来源:科技资讯统计中心。2005—2007 年的数据根据国家科技部网站(http://www.sts.org.cn)公布的数据统计。

表 2—2 我国大中型企业研发支出活动类型构成(2000—2004 年)

（单位：亿元）

活动类型	2000 年	2001 年	2002 年	2003 年	2004 年
R&D 经费支出	353.6	442.3	560.2	720.8	954.4
其中：					
科学研究支出	19.1	23.7	34.0	52.0	84.3
	5.40%	5.36%	6.07%	7.21%	8.83%
试验发展支出	334.2	418.7	526.1	668.8	870.1
	94.51%	94.66%	93.91%	92.79%	91.17%

注：科学研究包括基础研究和应用研究。

资料来源：国家统计局。

三、研发活动的地区分布

从 2004 年我国研发支出在各省的分布情况看,开放较早的沿海城市,如北京(317 亿元)、上海(171 亿元)、江苏(213 亿元)、广东(211 亿元)等,研发支出远远高于其他各省,占了全国研发支出总额的 46.5%。广东(52201)、江苏(23532)、上海(20471)、北京(18402)、浙江(25294)等地的专利申请量占了全国专利申请量的 44.26%。可见,研发投入多的地区,也是创新成果突出的地区。庞咏刚等(2007)的研究表明:北京、上海、广东的区域创新体系主要由科研院所所支撑。北京、上海、深圳是国内跨国公司研发中心集聚的区域,但企业的研发力量相对薄弱。陈艳(2006)的研究证实:我国区域技术创新能力扩散呈梯度推进之趋势,形成从东部沿海开始,向西到中部地区,然后再向西到西部地区发展的三个层次。长期以来,由于行政区划、产业间竞争、政府组织能力等方面的原因,我国区域经济内的企业、产业、城市之间缺乏创新机制和创新活动的协同,使创新资源趋于分散,风险过度集中。单一创新主体凭借自身力量提升创新能力困难较大,即使形成创新成果,也难以向相关产业和地区有序地扩散。在恶性竞争、重复建设、仿冒伪劣产品充斥的市场中,这种压力更大,难以形成创新簇群的集聚效应。

四、不同所有制企业科技投入—产出情况分析

企业是研发活动的主体,且以试验发展为主,这决定了我国专利分布仍以实用新型和外观设计专利为主。从国内企业的研发投入看,以中国 500 强为代表的大企业研发投入占销售收入的比例不足 1% 。从创新的产出看,OECD(2005)以 Triadic Patent Families 为指标,指出 2000—2001 年,外国人在中国大陆从事研发工作并申请专利占全部申请专利数的 45.5% ,其中台湾占 19.6% 。2004 年我国申请的专利中,国内发明专利的绝对数量虽有上升,但仅占申请总数的 23.6% ,而国外占 86% 。两者份额的差距有进一步拉大的趋势。

Zhang et al. (2003)利用中国 33 个行业 8341 家大中型企业 1995 年的横截面数据,采用随机前沿方法(SFA)分析了我国产业研发效率问题,发现我国国有企业研发效率显著低于非国有企业。在非国有企业中,外企比内资集体企业和股份制企业的研发效率更高。表 2—3 显示,内资企业相对于外资企业,科技投入大于科技产出。内资企业的研发投入及产出皆高出外资企业许多,但在专利产出上,内资企业以设计和技术应用创新为主,多通过购买技术或委托研究机构研发获得。而外资企业(不包括台资企业)多以发明专利申

表 2—3　2006 年内资企业 VS 外资企业科技投入—产出比较

投入	R&D FTE 人员	3.90
	R&D 开支	2.67
产出	发明专利申请数	2.84
	拥有发明专利数	2.67

注:各栏数据为内资企业相对于外资企业的比例值。
资料来源:《中国统计年鉴》。

请为主。这说明内资企业在专利生产上不如外资企业有效。同样,高新技术产业在专利生产上不如制造业有效。这里没有考虑专利质量对专利申请意愿的影响。如在高技术产业,如果专利许可的质量很高,公司更愿保守技术机密,而不愿意申请专利。高技术产业具有较高的新产品出口收入比,说明高技术产业将更多的 R&D 资源投向新产品和新市场开发,但若高技术产业的新产

品源自可获得技术,则高技术产业的"高"和"新"将大打折扣。

五、高新技术产业投入—产出情况分析

发展高新技术产业,带动产业创新能力和改善贸易商品结构,是当前经济发展的重要战略。这里所说的高新技术产业,主要指电子计算机及办公设备制造业、电子及通信设备制造业、医疗设备及仪器仪表制造业、医药制造业、航空航天器制造业等。1995—2006年,我国高技术产品进出口从319亿美元增长到5288亿美元,年均增长36%,在同期全国外贸进出口总额的占比从11.4%上升到30%;贸易差额从-117亿元增长到342亿美元,在全国贸易差额的占比从-59.83%增长到10.98%①。2006年高新技术产品出口5288亿美元,占全国出口总额的29%;进口342亿美元,占全国进口总额的31.2%。高新技术产业的发展改善了我国贸易商品结构。

表2—4 高技术产品进出口概况(1999—2007年)

单位:亿美元

年份	1999年	2000年	2001年	2002年	2003年	2004年	2005年	2006年	2007年
出口额	247	370.4	464.5	678.6	1103.2	1653.6	2182.5	2814.5	3478.20
进口额	376	525.1	641.1	828.4	1193.0	1613.4	1977.1	2473.0	2869.8
进出口总额	623	895.5	1105.6	1506.9	2296.2	3267.1	4159.7	5287.5	6348.0
同比增长	—	43.74%	23.46%	36.30%	52.38%	42.28%	27.32%	27.11%	20.07%
差额	-128.9	-154.6	-176.6	-149.8	-89.8	40.2	205.4	341.5	608.4

资料来源:中国科技统计(http://www.sts.org.cn/)。

高新技术产业最为注重研发创新活动。由于高技术产品(如资讯电子产品)生命周期缩短,厂商必须采取"多地点同步创新"的方式减少时间和成本的压力。但应注意到,我国高新技术领域表现为外资依赖型。高新技术产品的出口并非源于产业结构的提升,而为外商投资企业(FDI)加工贸易所带动。2004年,FDI高科技产品出口高达1445.9亿美元,占全国高科技产品出口总额的87.44%。中国事实上成为亚洲国家在高新技术领域冲击海外市场的

---

① 根据《中国统计年鉴》计算而来。

跳板。

（一）高新技术产业科技投入情况

高新技术产业作为国家科技创新的重点发展行业,十年来贸易额显著增长,但近三年增长趋缓,呈现相对饱和状态。国家对高新技术产业投入了大量人力和资金。从图2—2可以看出,在科技人员投入中,科学家和工程师所占的比例逐年上升,2006年达到了29.62%;而科技资金投入中,企业投入资金比例最大,2000年跌至低谷为12.63%,之后投入比均超过55%,且逐年上升,2006年达66.28%,成为科技创新重要的资金来源。政府和金融机构的投入则呈逐年下降的趋势。

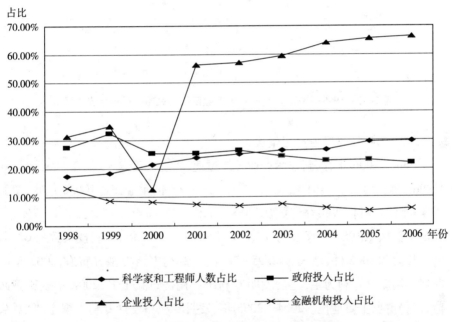

图2—2　1998—2006年高新技术产业投入情况

从研究项目的投入情况看,高新技术产业科技投入保持年均23.69%的增速,2006年达3003.1亿元,占国内生产总值的1.42%。其中72%以上的资金用于实验研究,而投入基础研究的比例不到5%(见图2—3)。

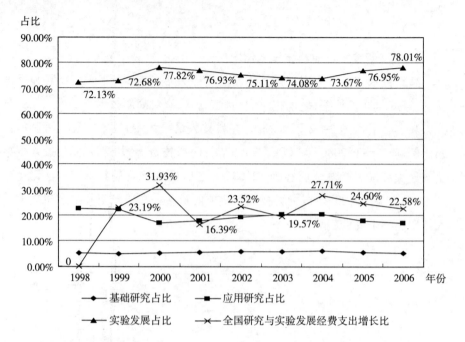

图 2—3 1998—2006 年高新技术产业研究和试验发展经费支出情况

(二)高新技术产业产出情况

1998—2006 年,高新技术产业发展迅速,工业总产值从 7111 亿元增长到 41996 亿元,增长了 4.91 倍;产业增加值从 1785 亿元增长到 10056 亿元,增长了 4.64 倍。科技成果登记数从 28584 件增长为 33644 件,增长了 17.7%;专利申请数从 121989 件增长为 573174 件,增长了 3.7 倍;专利授权数从 67889 件增长为 268002 件,增长了 2.95 倍。但从专利申请类型分布看,2003 年以前以实用新型专利为主,之后发明专利所占比例迅猛上升,2004 年该比例回落,但仍占据主要地位。2004—2005 年,发明专利和设计专利占据主要地位,实用新型专利占比下降(见图 2—4)。

从专利授权的类型分布看,2002 年以前,以实用新型专利为主,但呈逐年下降趋势,设计专利则逐年上升,2003 年超过实用新型专利占比,之后比例回落,2006 年重新为实用新型专利赶超。发明专利占比虽逐年上升,但比例较低,2004 年最大,但占比仍不超过 30%。

不同省份由于政策基础不同,高新技术产业发展不均衡。2005 年,高技术产业产值最高的省份广东(8838.3 亿元)较最低的省份西藏(4.1 亿元)高

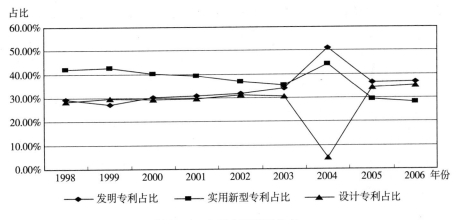

图2—4 专利申请类型分布

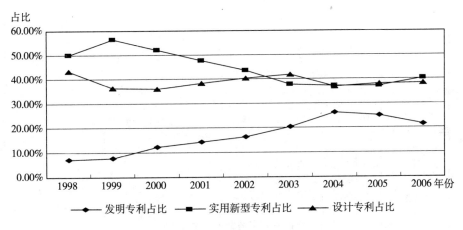

图2—5 专利授权的类型分布

出2155倍。其中北京1539亿元,江苏5029亿元,上海3259亿元。仅广东就占了全国高新技术总产值的1/3强。跨国公司在华投资设立研发中心,主要集中在高新技术产业密集分布的地区,如北京、上海、广东三大经济区域。

六、衡量国家或地区创新能力的指标体系

自主创新能力,关系到国家可持续发展的核心竞争力。建立科学、可行的评价指标体系尤为重要。自1985年起,我国开始系统使用科技指标。1991年起出版的中国科学技术指标报告,涉及科技资源、科技活动及产出的各项指

标。2000 年,中国科技促进发展研究中心主持国家软科学研究项目"区域创新创业能力与活力评估研究",提出从知识创造、知识流动、企业技术创新能力、创新环境、创新的经济绩效五个维度评价区域创新能力。现行国内文献研究主要从企业、网络、环境、投入—产出等角度构建国家或地区自主创新能力的评价指标,但与 OECD 的指标体系相比,仍缺乏国际可比性。

表 2—5　自主创新能力指标体系

一级准则层	二级准则层	指标层
技术创新能力	技术创新资源投入	R&D 人员数在职工总数中的占比 每万人拥有的科学家和工程师数 科学家与工程师占科技活动人员的占比 高级职称人员占职工总数的比重 拥有技术中心或研究所的企业数(或在所有企业中的占比) R&D 人员的流动度 R&D 经费占销售收入的占比 企业人员培训费用占销售收入的比重 政府 R&D 投入占政府财政支出的占比
	企业主体地位	企业科技经费投入占科技经费总投入的比重 企业科学家与工程师数占科学家和工程师总数的比重 企业专利申请占专利申请总量的比重
	R&D 能力	产学研联合开发的科研项目数 每年科研课题数 技术开发成果获奖数 各种专利数量 专利授权数占专利申请数的比重 科研成果转化成功率
	技术扩散能力	登记技术合同数 技术交易额 对外直接投资额 新技术在行业内推广所需的时间
	生产制造能力	生产设备中微电子控制设备所占比重 产品质量监督检验合格率 工人的技术等级指数
	技术创新效果	每年推出的新产品种类数 新产品产值占总产值的比重 新产品销售利润占利润总额的比重 工业创新数 工艺创新经济效果

一级准则层	二级准则层	指标层
技术创新的网络支撑能力	大学和科研院所	大学数量 科研院所数量 年大学毕业生数 高校和科研院所年发表论文数 高校和科研院所年科研课题数
	中介机构	科技服务机构数量 科技服务机构营业额 其他中介机构数量 其他中介机构营业额 风险投资总额 技术贷款总额
	创业水平	中小企业数量 年新增企业数量 创业服务中心数量 在孵企业数量 毕业企业数占孵化企业数的比重
创新环境的支撑能力	宏观经济环境	国内生产总值 工业经济规模 工业增加值 全员劳动生产率 出口创汇率 技术产品出口额 技术贸易指数 第三产业规模 高新技术产业产值占全部产业产值的比重 高新技术产业人均产值占全部产业人均产值的比重 高新技术产业就业人数占全部产业就业人数的比重 城镇人口规模 国内企业年投资额 外商直接投资年投资额 国家指导性计划项目数 省级星火计划项目数 省级火炬计划项目数 省级科技成果示范推广计划项目数

一级准则层	二级准则层	指标层
创新环境的支撑能力	基础设施	人均计算机拥有量 人均移动通信设备拥有量 年邮电业务总量 年客运总量 附近拥有的机场数量 附近拥有的高速公路数量 教育经费投入 高等教育专任教师数
	生活环境支撑创新	城市职工人均工资收入 城市建成绿化覆盖率 城市医院每万人拥有的床位数 城市平均气温

资料来源:根据相关文献资料整理。

对自主创新能力评价指标体系的研究,主要有层次分析法(花磊,2007)、国际竞争力评价法(庞咏刚等,2007)、因子分析模型(陈艳艳,2006)、综合评价法、AHP 法等。主层次法的步骤为:先求出各主层次指标及次级指标的权重,运用加权求和的计算方法建立综合评价模型。即:

$$A = \Sigma\Sigma B_i \omega_i (i = 1, 2, \ldots, m)$$

其中,A 为自主创新能力综合评价值;B_i 为主层次 i 的评价指标得分;ω_i 为主层次 i 的评价指标的权重;m 为主层次评价指标的个数。具体步骤为:(1)指标量(B_i)的确定。先根据数据资料、专家意见,确定指标等级和相应的分数(优 1.0、良 0.8、中 0.6、差 0.3),然后用同一指标的最大值去除以每一个指标,将其无量纲化,使指标之间具有可比性。(2)设定标度值。现采用九标度刻画法比较指标两两之间的相对重要性(见表 2—6),得出指标之间的两两比较判断矩阵。将所得到的 ω 经归一化处理后得到相应指标的权数。(3)比较矩阵的一致性检验。求解方程 $A\omega = \lambda_{max}\omega$,得出比较矩阵的最大特征根 λ_{max}。然后进行各层次排序,计算一致性检验指标 $CI = (\lambda_{max} - n)/(n - 1)$,求得随机一致性比例 $CR = CI/RI$。其中,RI 为平均随机一致性指标,当 $CR \leqslant 0.1$ 时,认为判断矩阵具有满意的一致性;否则要对其进行修正,直到满意为止。(4)权重(ω_i)计算。通过一致性检验的比较矩阵的最大特征根所对应的特征向量经过标准化后,可得出该组指标对于上一层指标的权重。如果将目标层(B_i)设定为第一层,则第 k 级准则层对第一层的相对权重为:$\alpha_k = B_k \times \alpha_{k-1}$。如果一共有 m 层,最底层对第一层的相对重要性权重为:$\alpha_m = B_m \times B_{m-1} \times \cdots \times B_3\alpha_2$。(5)综合创新力评价。将经过处理的指标量数据与其权重相乘后加总,可计算出各主层次因素自主创新能力值 B_m 和综合值 A。

表2—6 指标两两之间相对重要性设置

指标之间比较	权重设置
A 与 B 相比,有相同的重要性	1
A 与 B 相比,A 比 B 稍微重要	3
A 与 B 相比,A 比 B 明显重要	5
A 与 B 相比,A 比 B 强烈重要	7
A 与 B 相比,A 比 B 极端重要	9
备注:对于介于上述判断之间的情况,分别取值2、4、6、8。当 B 与 A 比较时,取 A 与 B 比较权重的倒数	

国际竞争力评价法的主要计算方法为:

$$S = \sqrt{\sum_{i=1}^{n}(X_i - \bar{X})^2 \frac{1}{n}}$$

$$STD_i = \frac{(X_i - \bar{X})}{S}$$

其中,X_i 表示指标 i 的原始值;$\bar{X}$ 表示指标 i 的平均值;n 表示地区的个数;STD 表示标准化值,S 表示标准差。

多数研究表明,我国各地区的创新能力指标差异很大。2007 年中国科技实力研究报告显示,中国科技创新指标超过印度、巴西,国内发明专利申请、国际论文总数均居世界第四位。在 SCI、EI、ISTP 三大国际检索系统中,中国发表的论文总数占 7%。这说明中国已具备了一定的创新能力。

七、我国创新结构的突出问题

综上所述,我国国家创新体系中的突出问题表现在:

1. 高新技术产业对创新能力的拉动作用不强。当前,外商投资集中在以机电产品(如空调、微波炉、冰箱、电视等)为主的制造业,存在科技含量低、核心技术空心化、对资源和环境的破坏严重等问题。一方面,政府应加大对效益好、产品附加值高的高技术产业的扶持力度,通过引入高新技术设备和中间品,加快技术外溢和自主创新的步伐。另一方面,要引导外资投入到计算机、电子通信、生物制药等高科技产业或传统产业的技术改造项目,以加快对汽车、机械制造行业的核心技术转移。

2. 应提升企业在技术创新体系中的主导地位。政府 R&D 资金投入的同时,应增强资金投向的市场导向,提高资金的使用效率。只有让创新主体的市场行为参与政府 R&D 资金的配置,才能发挥政府资金的杠杆作用和放大作用,带动社会资金投入自主创新活动,通过技术引进、消化、吸收,通过工程技术研究开发中心建设,展开高层次、综合性的合作研究,使企业成为发明专利的主要创新者。

第三章 技术创新的影响因素研究

面对经济全球化和知识经济所带来的竞争新格局,科技竞争在产业竞争中发挥越来越重要的作用,自主创新能力薄弱已成为制约经济可持续发展的桎梏。20 世纪 90 年代,各国开始注重建立国家创新体系,以增强国内技术创新。所谓技术创新,是指生产新知识的过程。陈至立(2005)指出:自主创新包括三层含义:一是原始性创新,即通过科研和开发获得的科学发现与技术发明。二是集成创新,即通过将各种相关技术成果融合、会聚,形成具有市场竞争力的产品和产业。三是二次创新,即在积极引进国外先进技术和设备的基础上,进行充分的消化吸收和再创新。可见,自主创新的首要特点是创造性。

20 世纪 80 年代,英国经济学家弗里曼首次提出"国家创新系统(NIS)"的概念,认为国家创新系统是一个主权国家内的公共部门和私人部门中各种机构组成的网络,这些机构的活动和相互作用促进了新技术和组织模式的开发、引进和扩散。20 世纪 90 年代开始,对创新体系的研究文献开始关注国家和地区的创新活动,认为创新者之间的学习和相互影响、创新机构的技能培训等活动均直接影响知识的生产和扩散。国家创新系统不仅包括 R&D 机构网,如生产、研发、用户之间结成的相互关系,还包括相关的激励和调节系统。如果将公司、大学、研究机构、政府组织作为创新者,则创新者之间的联系性质、产业集群、金融支持、教育支持、对外开放程度等共同构成国家的创新体系,进而决定创新效率。在这个体系中,企业是创新的主体,处于核心地位;政府作为创新网络中的一个基本节点,是创新环境的积极营造者;科研院所和大学则是创新人才和创新知识的输出源;各类中介机构,为成果转让、技术推广、资产评估、资信评级、战略咨询等提供综合服务,以促知识转移和技术扩散。

区域创新体系是指通过创造性集成区域创新资源,形成新的能力集,包括技术创新能力、制度创新能力、创新环境的支撑能力和传播能力等。对地区创新能力的研究,国内多集中在区域创新战略、区域技术计划与转移、区域创新政策等方面,研究方法多为案例研究,忽视 FDI 对区域技术创新推动的作用。研究表明:创新活动在空间上的分布并不均匀。新知识生产集群化及其所具有的不确定性、复杂性、静态性特征,决定了人与人之间的交流与活动是知识转移的重要路径。地理位置相近的国家之间更有条件加速知识转移。因此在国家创新体系(NIS)的研究中,需要重点讨论创新的重要性;组织在创新过程中扮演的角色;政府科技政策对创新活动的影响;创新要素彼此之间的交互作用;政策对创新能力的影响等问题。该部分研究的目的,是将国家视为一个有机体,讨论国内各个创新要素之间如何进行互动,并进而对国家创新能力产生影响。

一、关于比较优势陷阱和自生能力的争论

萨缪尔森在《经济学》中指出:美国从 1900 年到 20 世纪 90 年代的经济发展过程中,人均产出年均增长 1.8%,其中约 0.3% 的增长来源于资本的深化,其余则来源于科技创新。

在由北京大学中国经济研究中心举办的"CCER 中国经济观察"第三次报告会上,林毅夫(2006)提出"李约瑟之谜":中国古代发明和发现远远超过同时代的欧洲,特别是 15 世纪之前。但为什么近代工业和科技革命却没有发生在中国? 学术界的一种解释是:中国劳动力丰富且廉价,相对而言,技术和技术创新显得稀缺而昂贵了。这使得企业更愿意以工人替代机器,而不愿意从事技术创新活动。由于那些能节省劳动、提高效率的科技发明反而有可能使自己丧失竞争优势,对类似的需求也就下降了。"'十一五'规划有一个亮点,就是强调必须增强自主创新的能力。这到底是动力还是陷阱? 我觉得必须仔细分析。该观点引起学术界很大的争论。争论的焦点集中在两大领域:一是"比较优势陷阱"论,二是"自生能力"论。前者认为:发展中国家由于技术落后,如果仍然基于自然资源的比较优势参与国际分工,只能将自己局限在低层次、低价值的生产链,始终处于生产的落后状态,陷入比较利益陷阱。长期以来,中国注重发展劳动密集型产业(如轻工业),就是基于劳动力资源禀赋的比较优势,但这种比较优势并非一国产业竞争力和企业自生能力的充分必要条件(廖国民、王永欣,2003)。林毅夫、刘培林(2001)从企业禀赋的角度提出自生能力(viability)的概念,指出在自由竞争的市场结构中,一个自主经营的

正常企业,如果能获得不低于社会可接受的正常利润水平,这个企业就是有自主能力的。如果给定资本和劳动相对价格,则企业的自生能力取决于它的技术选择是否与资源禀赋结构相一致。赵坚(2008)认为:比较优势不能自动转化为竞争优势,只有那些能充分利用自主研发比较优势的企业或产业才可能形成竞争优势。因此,从政策层面,国家应重点扶持那些能充分利用我国自主研发比较优势的企业或产业,而不是拥有比较优势的企业或产业,通过创造公平竞争环境,引导和协助企业进行能力建设。从地区发展看,一个落后地区,只要有适合当地资源比较优势的科技竞争的体制或产业,仍可能产生技术后发优势,赶超经济发达地区。

随着全球化分工的进行,在技术密集型的行业,国际品牌大厂将核心放在研发与创新,逐步放弃制造功能,形成"中空型企业",将生产制造、物流服务等外包给包括中国台湾、印度、中国大陆在内的发展中国家或新兴工业化国家和地区的供应商。由于创新成果商品化的应用研究仍离不开供应商的支持,创新型企业与供应商之间存在相互依赖的关系。这意味着:中国在以跨国公司为主的国际创新网络中有着十分重要的角色。协同创新不是"零和"的博弈过程,中国必须注重培养创新要素,形成与跨国公司研发创新活动的互动,提升在资源配置中的地位和作用。Niosi 和 Bellon(1994,1996)研究美国、日本和其他欧洲国家自主创新系统(NIS)国际化的程度,发现:(1)各国间 NIS国际化程度差异大,小国 NIS 国际化程度高,大国则倾向于自主研发;欧共体市场 NIS 国际化程度最高,日本最低,美国则介于二者之间。(2)创新要素在国际间流动的程度不同,专利是流动程度最高的要素,研究人员则反之。Carlsson(2005)指出:法规制度的路径依赖、教育体系、公共建设、金融系统、货币及贸易政策、技术外溢、文化等因素均会影响 NIS 国际化。文献研究表明:国家创新能力因创新体系不同而存在差异。这是影响创新效率的关键原因。以往研究多集中在创新体系的作用、创新体系差异形成的原因等方面,基于案例的定性研究多,实证研究少,对深入到单一投入要素和效率因素影响的研究更少。在实证研究中,多数研究这以 R&D 强度(即 R&D 投入占地区工业增加值的比例)评估地区创新效率和技术的先进性,难以真实检验效率因素的影响。

二、创新体系组织架构

　　Liu 和 White(2001)认为:R&D 包括研发、执行、终端用户使用、教育、联系等活动。创新体系由主要参与者(primary actors)和次级参与者(secondary actors)构成。前者包括研究中心、大学研究所等,是 R&D 活动的主要执行者;后者为影响主要参与者的组织机构,包括创新要素的配置机构;研发目标或领域的制定机构;专利系统、R&D 税收优惠政策的制定机构等(见图 3—1)。1978 年以前,中国创新活动具有中央集权的特征,创新资源以中央政府分配为主,各参与者的创新活动受到功能或任务区划的严格限制。创新绩效由创新规模来评鉴,而与效率、可应用性、品质好坏的关联度不大。该阶段的技术创新活动缺乏市场竞争、缺乏政策激励、缺乏合作精神,技术成果转化慢、效率低。随计划经济向市场经济的转变,主要参与者逐步拥有研发自主权,可自行决定资源配置和运营决策。企业逐步进入研发领域,成为研发活动的主要力量。

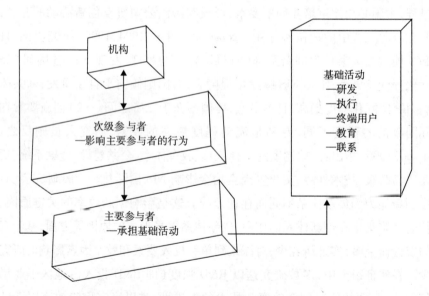

图3—1　创新体系的一般构成要素(Liu and White,2001)

三、创新产出及创新效率的衡量指标及其影响因素

（一）专利分布特点

OECD①Patent Database 的资料显示:1985—2005 年,全球创新来源主要分布在美国、欧盟及日本,这三个区域的知识创新占全球知识创新的 90% 以上。其中,美国的专利数占比稳居全球首位,日本近五年专利战略成果显著,世界排名上升到第二位。欧盟 27 国占比有所下降,但仍居第三位。中国近五年的排名从第 22 位上升到第 18 位,专利占比从 1985—1990 年的 0.05% 上升到了 0.47% 。

表3—1　**Triadic Patent Families②** 的专利分布(1985—2005 年)

国家 ＼ 年份	1985—1990 年 占比	排名	1991—1995 年 占比	排名	1996—2000 年 占比	排名	2001—2005 年 占比	排名
澳大利亚	0.55%	14	0.62%	14	0.68%	15	0.74%	13
奥地利	0.63%	13	0.58%	15	0.59%	17	0.62%	16
比利时	0.70%	12	1.01%	11	0.90%	14	0.70%	15
加拿大	0.92%	11	0.98%	12	1.24%	11	1.37%	12
丹麦	0.37%	16	0.48%	17	0.54%	18	0.45%	19
芬兰	0.38%	15	0.81%	13	0.92%	13	0.57%	17
法国	6.15%	5	5.74%	5	5.26%	5	4.95%	5
德国	14.52%	4	13.17%	4	13.75%	4	12.53%	4
意大利	2.10%	9	1.96%	9	1.59%	10	1.44%	10
日本	26.63%	3	26.94%	3	27.93%	3	29.38%	2

---

① OECD 的成员国包括:澳大利亚、奥地利、比利时、加拿大、捷克共和国、丹麦、芬兰、法国、德国、希腊、匈牙利、冰岛、爱尔兰、意大利、日本、韩国、卢森堡、墨西哥、荷兰、新西兰、挪威、波兰、葡萄牙、斯洛伐克共和国、西班牙、瑞典、瑞士、土耳其、英国和美国。

② OECD Triadic Patent Families 指标以三种统计条件作为技术数据的标准,其特点在于:(1)去除地主国优势误差,有利于比较国家或区域间创新产出的差异;(2)以发明人国家、优先权日期、透过分割计算的方式,使指标更贴近实际。发明人国家,可用于比较不同国家或地区创新活动的优劣势;优先权日期(the earliest priority date),可用于反映专利申请时间;分割计算(fractional counting),是将某一专利中共同发明人来源国分别加以区分计算至各国的统计数据中。

续表

年份 国家	1985—1990 年		1991—1995 年		1996—2000 年		2001—2005 年	
	占比	排名	占比	排名	占比	排名	占比	排名
韩国	0.08%	20	0.56%	16	1.15%	12	3.73%	6
荷兰	2.27%	8	2.04%	8	2.10%	7	2.35%	8
挪威	0.18%	18	0.23%	19	0.22%	20	0.21%	21
西班牙	0.18%	18	0.23%	19	0.27%	19	0.35%	20
瑞典	1.47%	10	1.82%	10	2.01%	8	1.42%	11
瑞士	2.78%	7	2.27%	7	1.83%	9	1.62%	9
英国	5.15%	6	4.51%	6	3.92%	6	3.43%	7
美国	33.67%	2	34.57%	1	33.11%	1	31.32%	1
欧盟 27 国	34.23%	1	32.65%	2	32.17%	2	29.19%	3
中国大陆	0.05%	22	0.05%	22	0.11%	22	0.47%	18
中国台湾	0.02%	23	0.05%	22	0.08%	23	0.17%	22
以色列	0.26%	17	0.40%	18	0.63%	16	0.71%	14
俄罗斯联邦	0.13%	19	0.13%	20	0.13%	21	0.11%	23
南非	0.07%	21	0.08%	21	0.07%	24	0.06%	24
OECD 国家	99.09%		98.90%		98.46%		97.70%	
世界总量(件)	169.941		157.413		212.213		244.587	
	100%		100%		100%		100%	

注:Triadic Patent Families 定义为欧洲专利委员会(EPO)、日本专利局(JPO)和美国专利商标局(USP-
TO)许可使用的商标以保护创新型发明。专利数根据最早的优先权日期、发明人居住国(country of
residence)分割计算。

资料来源:根据 OECD 全球专利统计数据库(OECD,Patent Database,June 2008)数据计算而来。

根据 OECD Triadic Patent Families①,1995—2000 年,专利数以年均 5.8%
的速度稳步增长。进入 21 世纪则呈下滑趋势,2001—2005 年年均增长仅
3%。表 3—2 显示,亚洲国家创新增长明显。德国仍然位居第三位,是欧洲创
新最活跃的国家。韩国位居第四位,是专利增长速度最快的国家,从 1985 年
的 7 件增长到 2005 年的 2811 件。但近十年,增长速度为排名第 15 的中国
(从 30 件增长到 356 件,增长了 33%)所赶超。20 世纪 90 年代专利增速较快

---

① Triadic paten families 的专利数来自欧洲专利局(EPO)、日本专利局(JPO)和美国专利
商标局(USPTO)。

的国家芬兰(从55件增长到278件)增速急剧下滑。2001—2005年,专利数排名前十名的国家分别是美国、日本、德国、法国、韩国、英国、荷兰、瑞士、意大利和瑞典,大都为欧洲国家。但荷兰、英国表现出下滑的趋势。到2005年,OECD所登记的专利数达51711件。

表3—2 不同阶段 Triadic Patent Families 专利数的年均增长率均值

国家 \ 年份	1985—1990年	排名	1991—1995年	排名	1996—2000年	排名	2001—2005年	排名
澳大利亚	7.53%	11	10.04%	10	11.68%	5	2.80%	10
奥地利	1.88%	21	7.41%	13	7.48%	11	6.73%	9
比利时	6.91%	13	11.32%	9	1.44%	19	2.15%	13
加拿大	9.12%	9	8.26%	12	8.04%	9	8.76%	5
丹麦	8.75%	10	14.29%	7	1.53%	18	1.04%	17
芬兰	23.52%	3	20.36%	2	1.23%	20	-2.72%	23
法国	5.18%	14	2.27%	22	1.77%	17	1.66%	16
德国	2.72%	19	6.73%	14	2.85%	15	0.88%	18
意大利	4.85%	15	-2.04%	25	-0.77%	23	0.83%	19
日本	14.28%	5	2.86%	21	8.78%	7	2.67%	11
韩国	71.91%	1	39.04%	1	22.65%	2	33.37%	2
荷兰	1.82%	22	6.01%	15	8.18%	8	-4.09%	24
挪威	10.42%	8	14.19%	8	12.27%	3	7.71%	6
西班牙	17.08%	4	3.90%	19	11.60%	6	6.81%	8
瑞典	0.99%	24	16.81%	3	-5.44%	24	2.38%	12
瑞士	1.30%	23	0.65%	23	0.50%	21	0.58%	21
英国	2.81%	18	4.84%	17	0.42%	22	-0.39%	22
美国	7.42%	12	4.07%	18	3.95%	14	1.87%	15
欧盟27国	3.42%	17	5.84%	16	1.96%	16	0.69%	20
中国大陆	3.74%	16	14.86%	5	40.03%	1	34.48%	1
中国台湾	45.00%	2	3.27%	20	7.85%	10	30.80%	3
以色列	11.26%	7	9.96%	11	12.03%	4	9.15%	4
俄罗斯联邦	13.30%	6	16.01%	4	5.33%	13	6.84%	7
南非	2.65%	20	14.35%	6	5.39%	12	2.11%	14
世界总量	7.52%	—	4.42%	—	4.98%	—	3.02%	—
OECD国家	7.54%	—	4.40%	—	4.89%	—	2.80%	—

资料来源:根据 OECD 全球专利统计数据库(OECD,Patent Database,June 2008)数据计算而来。

OECD Compendium of Patent Statistics(2005)指出:产业内 R&D 支出与 OECD 的 Triadic Patent Families 统计指标显著正相关。

目前跨国公司在华研发机构多从事 ICT 产业的研发活动。根据欧洲智财局(EPO)2002 年的数据,一国 ICT 产业在 EPO 申请专利数占该国在 EPO 申请专利总数的比例较高的国家有新加坡(66.3%)、韩国(57.6%)、芬兰(57.5%)、荷兰(49%),中国(45.6%),高于美国(36.6%)和中国台湾(34.9%)。从该指标的增长速度看,1991—2002 年,匈牙利虽然占比小(仅18.9%),但增长最快为 9.5 倍。中国大陆、中国台湾的增速(30%以上)均超过了韩国(30%),但小于芬兰(81%)和荷兰(44%)。

表3—3 ICT 产业申请专利数占该国在 EPO 申请专利总数的百分比

年 份 国 家	1991 年	2002 年
新加坡	48.4	66.3
韩国	43.2	57.6
芬兰	31.7	57.5
荷兰	34.0	49.0
中国大陆	18.3	45.6
日本	45.9	44.4
美国	31.4	36.6
中国台湾	17.3	34.9
世界总额	28.2	34.5

资料来源:OECD,Patent Database,December 2005。

中国研发创新活动已进入全面布局阶段,从价值链上游的基础研究,到价值链下游的技术发展与制程研究,中国都积极参与。在汽车、生物技术、农业、电子、通信、石化等行业,中国有强大的诱因吸引跨国研发投资,但目前看来,除 ICT 产业外,汽车与化工等其他产业的创新成果并不突出。如 Toyota 在华建立研发中心至今,尚未有任何创新成果产生。

与发达国家不同,中国作为经济发展中国家和转型国家,虽然拥有全球第二高的研发支出与研发人员数,但创新产出不高,创新能力相对低效,国内专利的地区分布不均衡。如 2003 年,广东、上海、浙江、江苏、山东五个发达省市,专利数占专利总数的 53%,而 15 个中等城市只占 11%。

从专利类型看,也存在很大差别。发明专利是最重要的技术密集型专利,但在专利总数的占比不足8%。多数专利为实用新型和设计专利,创新程度相对较低。

(二)研发密度

研发密度可以用每百万人均专利值(Patent to population)和单位GDP的专利值(Patent to GDP)进行衡量。根据Triadic patent families指标对专利的测度,在三大创新区域(美、日、欧盟)中,日本的研发密度最大。如果用单位GDP的专利值作比较,前十名分别为芬兰(4.3)、瑞士、日本、瑞典、德国、荷兰、以色列、美国、法国和比利时;如果用每百万人均专利值衡量,2005年前十名则为日本(117)、瑞士(108)、瑞典、德国、荷兰、以色列、韩国、美国、芬兰、卢森堡。其中专利密度增长幅度最大的是韩国,从1995年的6.99增长到2005年的58.40,增长了7倍多。中国的专利密度为0.27,创新能力低下,但专利数呈快速增长态势,增速快过印度。按每百万产业R&D投入的专利数产出衡量,2005年创新能力最强的几个国家和地区是日本、德国、瑞士、韩国、法国、欧盟、奥地利、英国。

表3—4　研发密度比较

国　家	专利值/GDP(十亿)			国　家	专利值/百万人		
	1991年	2002年	增长		1991年	2002年	增长
芬兰	1.55	4.30	177.42%	芬兰	32.30	114.12	253.31%
韩国	0.20	0.74	270.00%	韩国	2.14	13.23	518.22%
中国台湾	0.06	0.20	233.33%	中国台湾	0.83	4.55	448.19%
中国大陆	0.01	0.03	200.00%	中国大陆	0.01	0.11	1000.00%
日本	2.99	4.00	33.78%	日本	71.77	103.54	44.27%
美国	1.45	1.83	26.21%	美国	40.38	63.57	57.43%
荷兰	1.70	2.18	28.24%	荷兰	37.78	59.81	58.31%

资料来源:OECD,Patent Database,December 2005。

表3—5　研发密度比较二(1995—2005年)

国　　家	每百万人专利数					专利数/百万产业内R&D支出				
	1995年		2005年			1995年		2005年		
	数量	排名	数量	排名	增长	数量	排名	数量	排名	增长率
中国	0.02	—	0.27	33	1536.28%	—	—	0.01	16	—
意大利	10.65	19	12.33	24	15.76%	0.10	12	0.11	7	6.31%
爱尔兰	7.93	20	14.95	23	88.47%	0.06	16	0.06	12	15.29%
澳大利亚	12.36	18	18.74	21	51.65%	0.08	14	0.07	11	−10.83%
加拿大	12.54	17	24.04	20	91.74%	0.07	15	0.08	10	14.80%
新加坡	6.50	22	24.31	19	274.15%	0.04	17	0.06	12	41.07%
挪威	19.76	16	25.59	18	29.48%	0.10	12	0.09	9	−8.63%
英国	26.46	14	27.41	17	3.59%	0.12	10	0.13	5	7.44%
欧盟	24.29	15	29.63	16	21.98%	—	—	0.14	4	—
比利时	36.32	8	34.44	15	−5.16%	0.14	8	0.11	7	−22.73%
法国	32.84	10	39.35	14	19.85%	0.13	9	0.13	4	4.85%
奥地利	27.54	13	39.70	13	44.16%	0.16	—	0.13	5	−19.82%
丹麦	35.12	9	42.18	12	20.10%	0.17	6	0.10	8	−44.11%
OECD国家	31.95	11	42.97	11	34.50%	0.13	9	0.12	6	−5.03%
卢森堡	—	—	50.48	10	—	—	—	0.07	11	—
芬兰	60.77	4	53.04	9	−12.72%	0.24	1	0.08	10	−66.77%
美国	45.00	7	53.11	8	18.04%	0.11	11	0.09	9	−17.32%
韩国	6.99	21	58.40	7	735.69%	—	—	0.14	4	—
以色列	27.96	12	60.28	6	115.60%	0.13	9	—	—	—
荷兰	47.98	6	66.94	5	39.51%	0.23	2	—	—	—
德国	58.53	5	76.38	4	30.48%	0.19	4	0.18	2	−8.56%
瑞典	83.66	2	81.01	3	−3.17%	0.18	5	0.11	7	−40.22%
瑞士	103.82	1	107.56	2	3.60%	0.20	3	0.17	3	−17.18%
日本	75.31	3	117.21	1	55.62%	0.16	7	0.19	1	13.75%

注:国内行业R&D开支(GERD)以2000年百万美元购买力平价为基础,滞期为1年。
资料来源:OECD专利数据库(OECD,Patent Database,June 2008)。

　　研发密度也可以用专利值/每百万R&D支出来表示,代表每花费一百万R&D支出,可以创造多少创新产品。该值越高,表明创新效率越高。数据表明:创新效率最高的国家为瑞士、荷兰(0.224)、德国、芬兰(0.184)和日本。

美国排名第 16;新加坡排名第 19;韩国排名第 27;中国台湾排名第 24;中国创新效率最低,仅为 0.04。

(三)研发国际化程度

衡量研发国际化的指标主要有两个。

一是国内发明中的外资股权,用国内申请专利中外资企业所占比重来衡量,可反映一国吸引 FDI 的开放程度和 FDI 企业在该国研发的绩效。OECD(2005)的数据表明,中国该项指标为 45.8%,远远高于中国台湾(19.6%)、芬兰(8.6%)、韩国(4.7%)、日本(3.7%)[1]。此外,结合对 R&D 投资来源国进行分析,可一定层面反映一国吸引海外研发资金和创新投入国际化的程度。投资国所占专利比例越大,说明从该国吸引的海外研发资金越多,创新成果对跨国企业的贡献越大,创新活动越有效。表 3—6 表明:2003—2005 年,全球海外 R&D 投资的创新成果占全球创新成果的 15.7%。中国台湾(71.3%)、新加坡(36.1%)、中国(24.5%)吸引海外 R&D 研发活动最有效,但 21 世纪以来,国外跨国企业对其创新产出的贡献,在新加坡和中国大陆呈下降的趋势,而在中国台湾却增长显著。在华 R&D 投资来源国中,美国从 2002 年的 18.3% 降至 2005 年的 9.8%;日本从 2.4% 降至 1.4%;欧盟则从 13.9% 降至 8.3%。

表 3—6　国内发明中的外资股权

(单位:%)

国　家	排　名	1990—1992 年	1993—1995 年	2000—2002 年	2003—2005 年	2005 年分布情况		
						与美国	与日本	与欧盟
新加坡	9	77.2	—	49.7	36.1	12.6	5.9	12.9
中国大陆	18	49.2	25.5	45.8	24.5	9.8	1.4	8.3
荷兰	20	18.5	27.7	19.8	22.3	6.7	0.2	12.8
印度	12	68.5	—	33.4	32.5	22.1	0.3	6.7
芬兰	32	13.0	8.7	8.6	8.8	2.3	0.1	5.2
韩国	33	7.8	13.9	4.7	5.4	2.8	0.8	0.7

---

① 日本、韩国吸引的海外研发机构少,故该比例偏低。

续表

国　家	排　名	1990—1992 年	1993—1995 年	2000—2002 年	2003—2005 年	2005 年分布情况		
						与美国	与日本	与欧盟
日本	34	3.4	11.2	3.7	4.4	2.4	0.0	1.3
中国台湾	1	13.1	—	19.6	71.3	49.7	3.8	11.9
美国	31	7.6	7.2	12.7	11.2	0.0	1.2	6.0
欧盟	30	8.2	10.7	11.4	13.0	7.7	0.5	0.0
全世界	28	—	13.7	15.8	15.7	4.7	0.7	6.9

资料来源:根据 OECD,Patent Database,December 2008 的数据计算而来。

二是国外发明的国内股权,即本国跨国企业在海外从事 R&D 活动所申请的专利数占其专利申请总数的百分比。该指标可反映出一国海外研发的主要依赖国和投资区位选择。表 3—7 显示:小国研发国际化的趋势明显,排名前十的国家人口均不超过 4000 万人,有 7 个国家为小国,如第 5 名的新加坡;第 8 名的澳洲;第 9 名的加拿大(人口 3100 万人),这主要受限于其狭小的国内市场规模。而美国由于有庞大的国内市场和创新资源,国际化程度较低,排名仅第 16,2002 年美国①海外研发成果仅占美国创新成果总数的 17.3%。芬兰(26.5%)排名第 10,从 1992 年(9.7%)到 2002 年成长了 2 倍多,是此期间国际化发展最快的国家。韩国、日本注重自行研究,很少向外寻求合作,跨国研发投资少,但研发效率相对较高。2002 年韩国海外创新成果仅占其创新成果的 5%,其中对英、美两国的 R&D 投资的创新成果占其海外创新成果的 80%。2002 年中国排名第 11,其海外 R&D 活动非常活跃,两项指标均超过了 20%,投资区域集中在欧盟(占 34.5%)、美国(占 30%)。其中在法国的研发活动最有成效;芬兰主要向瑞典进行 R&D 投资;中国、荷兰、爱尔兰主要在欧洲同时开展研发工作;新加坡、中国台湾的 R&D 投资区位则集中在美国;印度的海外 R&D 投资从 1990 年的 68.5% 下降到 1992 年的 33.4%,表现出母国集中研发的倾向。结合 R&D 海外投资的区位进行分析,可以比较各国海外创新的主要区域。

表 3—7 显示:美国是各国海外 R&D 创新活动的主要地区,其次是德国。

---

① 美国跨国企业多在本土从事研发创新活动,1990—1992 年,研发国际化比例仅 11.3%;2002—2002 年,该比例上升至 17.3%。

OECD Triadic Patent Families 指标显示：美、日、西欧的创新产出效率最大，研发国际化突出表现为三大区域之间的相互投资，三大区域不仅是吸引海外 R&D 投资的重点区域，而且也是知识密集、产出和创新效率最高的地区，研发成果占全球海外研发成果的 92.7%。这与以往对"跨国公司研发中心全球布局"的研究结论一致。

表 3—7 海外发明中的国内股权（1990—2005 年）

（单位:%）

国　　家	排　名	1990—1992 年	1993—1995 年	2000—2002 年	2003—2005 年	2005 年分布情况		
						与美国	与日本	与欧盟
荷兰	5	40.0	45.25	33.9	45.08	11.85	1.07	26.77
新加坡	9	26.7	—	31.3	26.29	7.66	2.10	3.76
芬兰	8	9.7	10.08	25.6	28.63	10.49	1.31	12.54
中国大陆	27	12.5	—	22.6	8.63	3.44	0.59	1.56
中国台湾	2	7.8	—	11.8	63.11	22.08	2.08	8.83
韩国	33	9.5	13.83	5.0	4.39	1.66	0.65	1.04
日本	34	2.7	5.51	3.8	4.08	2.42	0.00	0.90
美国	18	11.3	10.98	17.3	13.84	0.00	1.14	7.30
欧盟	20	5.3	8.52	8.1	11.54	6.68	0.67	0.00
全世界	16	—	13.66	15.8	15.41	3.68	0.66	7.39

资料来源:OECD,Patent Database,December 2005。

研究表明:中国 Triadic Patent Families 总量较高,但创新效率低,在研发活动上国际化程度较高,有相对中国台湾、韩国更大的诱因吸引跨国研发活动。在海外研发方面,中国更青睐美国和欧洲国家,以展开合作或独立研究。

四、创新产出和创新效率的影响因素

Furman et al.(2002)基于波特的产业竞争优势理论、国家竞争体系理论,将创新能力的决定因素分成经济投入要素、环境差异要素和二者联系强度三类,采用普通线性回归法(OSL)实证检验创新强度与国家创新体系变量之间的关系,认为创新活动的差异是国家创新能力差异的反映。据此,影响创新能力的因素分为存量因素、创造因素和环境因素三方面:(1)存量因素。指从经济实体中获得的知识存量,是知识积累或技术积累的过程。目前,我国在技术积累①方面存在诸多问题,表现在:国内企业对技术积累的重要性认识不足;企业技术积累要素匮乏;企业技术积累环境不完善等。(2)创新因素。指依赖自身的 R&D 努力,或通过与外界高等院校、科研机构、科技型企业等的合作实现的知识创造。包括企业技术能力、创新人才资源、企业家精神、企业组织管理能力等方面。其中企业技术能力是企业对技术系统进行跟踪、选择、吸收、运用、改进和创新的能力。创新人才资源不仅局限在对科技领头人和高技术人才的衡量,还涵括对创新潜能的识别、信任文化和宽松的研发氛围。企业家精神主要指企业家敢担风险、追求创新源、善于捕捉变化的良好素质,其作用在于将现存和潜在知识、网络和市场转化为商机创造和利用的行为。企业组织管理能力强调企业创新行为、企业技术能力、企业市场扩张、企业组织能力之间的战略协同。(3)环境因素。指由市场机制作用并决定的产业组织变化和制度环境。对创新能力的研究,国内文献主要集中在从市场结构、企业规模、所有权结构等方面测度 R&D 产出的生产效率及其决定因素,从经济学角度比较地区的效率差异。

Xibao Li(2006)采用 Meeusen and Vanden Broeck(1977)首次提出的生产前沿函数研究国家因素对创新体系效率②的影响,不仅可以给出无效率水平的无偏估计,而且可以调查无效率因素,检验效率水平差异的成因。为区分

---

① 企业技术积累是指企业作为一个有机系统在生产技术活动中所产生的技术知识和技术能力的递进。企业技术积累可分为两个层次:(1)个人层次的知识和能力积累;(2)组织层次的知识和能力积累(杜涛,2004)。

② 生产率的估计方法有两种:参数法与非参数法。参数方法是通过设定生产函数,测定不同时期经济体的生产率水平。具体方法有三种:(1)随机边界方法(the parametric stochastic frontier approach,SFA)。该方法允许误差项中包括无效率因素,可测量 X-效率(包括技术效率和分配效率)。误差项的分布假设是:无效率 μ 服从非对称半正态分布(无效率只能使成本增加而超出最佳边界水平);随机误差项 V 服从对称标准正态分布(随机波动可增加或减少成本)。(2)自由分布方法(DFA)。即假定在所有时间内效率差别是稳定的,对每家公司估计的效率是其平均剩余和在边界线上的行业平均剩余之间的差额。(3)厚边界方法(TFA)。非参数方法对样本容量的要求较低,并且对生产函数的具体设定没有要求,因此可很大程度上避免由于生产函数形式的差异而导致分析结果出现分歧。非参数方法包括:(1)数据包分析(DEA)。(2)自由可置壳(FDH)。

不同要素的影响和作用,Xibao Li(2006)假设投入要素决定专利的生产边界,差异要素以非线性的方式间接影响创新潜力的合理性,并进而影响专利生产的效率。将创新体系视为"X-效率",效率水平由地区和时间变量决定。创新者不完全理性,但受限于理性,他们采取"令人满意"的行动,虽非最优化,但一定是 X-有效率。Xibao Li(2006)采用 log-log 描述分析,变量取自然对数或比例值,使所有投入要素和无效率要素均可识别和估计。利用生产前沿函数,可说明创新效率中不同要素的重要性,找出专利生产边界的决定性因素,实证检验 X-效率对创新产出及环境因素对创新无效率的影响。

$$Y_t = \alpha_0 + \sum_{j=1}^{J} \alpha_j X_{j,t} + \varepsilon_t - \mu_t \tag{3.1}$$

$$\varepsilon_t \subset N(0, \sigma_u^2)$$

$$\mu_t \geqslant 0, \ \mu_t \subset TN(\mu_t, \sigma_t^2), \ \mu_t = \beta_0 + \sum_{k=1}^{k} \beta_k Z_{k,t} \tag{3.2}$$

$$t = 1, \ldots, T; j = 1, \ldots, J; k = 1, \ldots, K$$

其中,Y_t 为 t 年专利产出的自然对数。由于三种专利授权的经济价值不同,对技术、R&D 投入的要求不一样,存在质量差异。研究中分别将发明专利、实用新型专利和设计专利的授权数作为自变量,以知识生产过程为基础,将解释变量划分成 X 变量和 Z 变量两类。X 变量代表资源等直接投入要素;Z 变量代表效率要素。公式 3.1 中,$X_{j,t}$ 为投入要素 j,$\sum_{j=1}^{J} \alpha_j X_{j,t}$ 为投入要素集合,决定专利的生产边界。测量误差由两部分组成。ε_t 为随机项,反映创新效率的非决定因素(如技术积累)引起的观测误差,服从正态分布。μ_t 为无效率项,反映实际产出对生产边界的偏离程度。这里假设值为负,服从单翼正态分布。公式 3.2 中,μ_t 的均值由时间变量 $Z_{k,t}$($k = 1, \ldots, K$)决定,该变量可能包含在 $X_{j,t}$($j = 1, \ldots, J$)中,也可能不包含在其中。在中国,发明专利许可的申请和授权的间隔期为三年,实用新型、设计专利的申请和授权的间隔期不超过一年。这意味着 R&D 投入和专利授权之间存在滞期,因此考虑滞期模型,分短滞期和长滞期两阶段进行研究。所有变量取自然对数或百分比。货币值用消费价格指数(CPI)平减,人均 GDP 用实际增长率调整回 1998 年不变值。

五、创新投入的影响因素

国家和企业 R&D 投入少,是导致创新能力低下的重要原因。那么,是什么因素制约了 R&D 投入的积极性?张海洋(2008)认为自主创新投入主要由赢利能力、市场竞争程度、政府公共政策、要素禀赋、技术机会、外资活动六大因素决定。在此基础上,采用《中国科技统计年鉴》1998—2002 年 28 个行业的数据,从自主创新投入与产出两个方面检验了外资活动对我国工业自主创新能力的影响。其研究表明:在整个工业部门,行业自主创新投入增长最主要的决定因素是要素禀赋和技术机会,而外资活动、赢利能力、政府资金和市场竞争程度都没有显著影响;从分组结果来看,高科技行业自主创新投入增长的决定因素是技术机会,一般行业是要素禀赋和技术机会。张海洋(2008)设定自主创新投入的基本模型为:

$$\mathrm{Ln}(RD_{it}) = a + \beta_1 \Delta \mathrm{Ln}(PS_{it}) + \beta_2 \mathrm{Ln}(HFDL_{it-1}) + \beta_3 \mathrm{Ln}(GFR_{it-1}) + \beta_4 \mathrm{Ln}(TDP_{it-1}) + \beta_5 \mathrm{Ln}(RDLAG) + \beta_6 \mathrm{Ln}(FOR_{it-1}) + \beta_7 \mathrm{Ln}(1 + Stock_{it-1}) + \varepsilon_{it}$$

$$(3.3)$$

其中, RD 表示 R&D 强度。用 R&D 支出(技术开发支出)占销售收入的比例衡量。

$\Delta \mathrm{Ln}(PS)$ 代表赢利能力。$HFDL$ 指 H(赫芬戴尔)指数,用以衡量市场竞争程度。GFR 为政府资金占科技活动经费筹集总额的比例,用以衡量公共政策。TDP 代表科技人员占年末从业人员比例,用以衡量人力资源要素禀赋。$RDLAG$ 代表技术机会(知识存量),用滞后一期的 R&D 强度表示。FOR 为三资工业总产值的比例,用以衡量外商投资企业活动的影响。$Stock$ 代表行业存货,用销售收入与工业总产值的比例衡量,用以控制销售收入的周期性暂时效应,消除经济周期的影响。为避免内生性问题,除 $\Delta \mathrm{Ln}(PS)$、$RDLAG$ 外,将各变量滞后一期考察其对因变量的影响。其中 i 和 t 分别代表行业和时间。

张海洋(2008)的研究过程为:(1)总样本的研究表明:要素禀赋和市场机会是影响我国工业自主创新投入增长的主要决定因素。这警示在欠发达国家,应根据要素禀赋所决定的比较优势,注重从发达国家引入适用技术,而是选择成本相对高昂的自主研发来发展劳动密集型产业;在进口设备的同时,注重高端人才引进,以弥补高新技术产业要素禀赋的不足。(2)将样本分为高技术行业组和一般行业组。高技术行业组又分为 R&D 密集度高组和 R&D 密集度较高组①。分组样本表明:技术机会是高技术行业自主创新投入增长的唯一决定要素,在一般行业是要素禀赋和技术机会。这暗示,高技术产业技术创新的主要动力并非要素禀赋,应鼓励高技术产业积极开展技术创新活动,实现经济增长模式从比较优势→后发优势→竞争优势的转变。(3)将样本按国有和非国有内资工业部门进行分组,结果发现:市场竞争和技术机会是国有部门 R&D 支出增长的最主要决定因素。要素禀赋是非国有部门自主创新投入增长的决定因素。这可能是因为:国有部门垄断程度高,自主创新的意愿强。但竞争削弱了创新激励。在非国有部门,企业根据各自的要素禀赋决定创新投入,以提高创新效率。(4)当控制周期性的存货后,一般行业政府资金投入(GFR)的系数变为显著,但在高技术行业变化不显著。说明在高技术行业,应加强政府资金配置的市场导向,推行 R&D 优惠税,让企业成为创新活动的主体。(5)外资活动(FDI)对一般行业和高技术行业 R&D 投入的影响不显著。但对非国有部门自主创新意愿的影响为正。可见,产权清晰是有效发挥竞争效应的先决条件。(6)市场竞争(HFDL)在高技术行业显著负相关,在一般行业显著正相关。说明在高技术行业,竞争促进了自主创新;而在一般行业,由于垄断程度下降,竞争迫使企业规避自主创新的风险,转而寻求模仿或技术引进。(7)在有关内资企业的总样本、高技术样本组、非国有企业样本组中,科技人员(TDPP)的弹性高于技术开发支出(STEP),而在一般行业组和国有部门组恰恰相反。这说明在高科技领域和非国有部门的新产品生产中,科技人员所起的作用更大。(8)外资活动(FDI)对创新产出的影响为正。说明外资尽管对创新投入的影响不显著,但通过示范效应、学习效应、人才流动效应,外资对自主创新产出有显著的溢出作用。表3—8 列出了文献研究

---

① 张海洋(2008)根据《2000 年全国 R&D 资源清查工业资料汇编》,将 R&D 经费内部支出和外部支出占产值、增加值和销售收入比重等 6 项指标都高于工业平均水平的行业归入 R&D 密集度高组,将 R&D 经费支出比重等 6 项指标中有 5 项高于整个行业平均水平的行业归入 R&D 密集度较高组。R&D 密集度高组包括电子及通信设备制造业、仪器仪表及文化办公用机械制造业、电气机械及器材制造业、交通运输设备制造业、普通机械制造业、专用设备制造业 6 个机电行业。R&D 密集度较高组包括化学原料及制品制造业、医药制造业、塑料制品业、金属制品业 4 个行业。其余 18 个行业为一般行业。

中常见的投入—产出指标。

张海洋(2008)将 H 指数作为控制变量,设定自主创新产出的基本模型为:

$$\mathrm{Ln}(NP_{it}) = \beta_1 \mathrm{Ln}(STEP_{it}) + \beta_2 \mathrm{Ln}(TDPP_{it}) + \beta_3 \mathrm{Ln}(HFDL_{it}) + \beta_4 \mathrm{Ln}(FORLAG_{it}) + \varepsilon_{it} \tag{3.4}$$

其中,NP 表示新产品总产值,换算成 1999 年不变值。用以衡量自主创新的产出。$STEP$ 表示科技开发经费。用 R&D 支出价格指数平减。R&D 支出价格指数为消费价格指数和固定资产价格指数的加权平均值。其中消费价格指数的权重为 0.55,固定资产价格指数的权重为 0.45(朱平芳、徐伟民,2003)。$TDPP$ 代表科技活动人员。考虑到外资活动对自主创新生产效率的作用有一定的时滞性,研究中考察滞后一期变量($FORLAG$)对因变量的影响。

(一)赢利能力

由于资本市场不健全,企业 R&D 投入主要依靠内部资金。因此,赢利能力是企业 R&D 投入的重要决定因素之一。关于"现金流对 R&D 投入的影响",理论研究并未得出一致的结论。Hall(1992)、Hall et al.(2000)发现美国和法国企业的现金流对 R&D 支出有显著的正效应;Bhagat 和 Welch(1995)则发现加拿大企业的现金流对 R&D 支出有显著的负效应。Himmelberg 和 Petersen(1994)指出:企业现金流对 R&D 支出存在不同的影响,主要源自暂时性现金流和持久性现金流的效应区分。由于存在较高的调整成本,企业 R&D 投入难以对暂时性现金流作出显著反映。当控制暂时性效应后,现金流对 R&D 支出的影响显著为正。

公司以往的赢利(past profitability)同样会影响当期的研发投入。历史的赢利水平往往促成(engender)研发动机。而且企业在资本市场的借贷活动往往依据以往的业绩来判断若经营记录良好,说明企业可以融更多的资金用于当期的研发活动。文献研究中,赢利能力的常用衡量指标是利润资本比率。Loeb(1983)证实:研发活动与公司规模和以往赢利正相关。Lunn 和 Martin(1986)采用同步平衡模型则发现:R&D 与赢利能力负相关,而与出口比例正相关。

Banerjiee 和 Ping 对垂直生产链企业间租金利益分配的博弈模型进行了分析。一方面,下游企业开展应用型研发活动,有利于刺激当地的消费市场,使产品需求增加。下游企业的市场扩大,意味着下游企业对上游供应商的投入品需求增加。当供应商产能没有同步扩大时,会形成投入品的供不应求,刺激投入品市场价格上升,挤占下游厂商的利润,形成抑制下游厂商研发积极性的负效应。如果供应商具有一定的市场垄断势力,下游厂商同样会处于被动地位。但如果供应商与下游厂商结成市场同盟,共同研发和生产以适应市场需求的变化,则投入品的价格将被控制在一个合理的范围,对下游厂商研发活动将形成稳定的激励作用。基于此,Banerjiee 认为:投入品价格和下游厂商的R&D 支出是一种替代关系,投入品的高价格与研发的低支出相伴随。另一方面,下游厂商开展研发活动,将提高那些没有从事研发活动的竞争者的成本,形成研发激励的正效应。当下游企业拥有一定的市场垄断势力,能通过操纵投入品价格抬高竞争者的成本时,投入品价格将与下游厂商的R&D 支出形成互补关系。下游厂商R&D 高支出将伴随投入品的高价格。当下游企业处于完全竞争的市场结构时,只要能有效控制技术外溢,研发激励始终会存在。这意味着:市场对跨国经营企业的研发激励应高于非跨国经营企业。

(二)知识溢出对研发支出的影响

影响知识溢出的要素,包括资本、资源、资金、人力等。Nelson(1986)、Jaffe(1988)发现企业的要素禀赋显著地促进了 R&D 支出。但 Campisi 等(2001)的研究表明:知识溢出对 R&D 开支所起的作用小。尤其当公司获得 R&D 支持的渠道有限,知识贬值快、产业外 R&D 水平低时,这种溢出效应会接近零。再者,外部知识(extramural knowledge)不能完全替代内部研发(in-house R&D)。不管从外部获得多少技术,公司内部的 R&D 投资总是为正。

Adams et al. (2001)发现美国的产业—大学联合研究中心显著地促进了企业与大学之间的知识溢出。企业与大学之间的合作对 R&D 支出有显著的促进作用。

(三)FDI 技术外溢对研发支出的影响

根据 UNTAD 的报告,世界上大部分的研发任务都是由跨国公司所承担。这意味着一国的技术进步与该国企业规模、外商直接投资状况都有十分密切的关系。有关跨国公司技术优势对东道国技术进步的影响也就成为关注的焦点。Lall 和 Urata(2003)指出:企业技术转移主要有内部化(internalized)和外部化(externalized)两种模式。技术内部化的企业,往往对东道国企业的依赖小,有利于在东道国建立技术优势和品牌优势,并借此占领东道国市场;而技术外部化的企业,需承担较大的资金和经营风险。首先存在技术对接的风险,即如何将内部技术与外部更有价值的技术相对接;其次存在技术开发的风险,外部技术的开发需要配合海外营销通路和营销能力,使技术开发活动真正与市场需求相适应;再次存在吸收能力的限制。海外技术的吸收与开发程度取决于自有知识存量的积累和增长路径。中国在资本存量有限、研发水平不高、研发成果转化能力较差的现实背景下,应兼顾技术外部化战略,通过大力吸引FDI 政策,用外资带动技术流入,以实现国外资本补充国内资本、国外研发替代国内研发的目的。鉴于此,部分发展中国家执行"以技术换市场"的战略,要求跨国公司子公司或有稳定的研发机构,或与当地企业开展研发合作,以期利用 FDI 技术外溢提升自身的技术能力和生产效率,改善本国竞争条件。

FDI 投资类型包括新建、并购、股权投资、合资、增资设厂等。有研究表明:兼并容易获得技术溢出效应的当地企业有助于在短期内减少技术溢出。FDI 类型不同,对东道国的研究活动将产生不同的影响:(1)具有特定优势的跨国企业往往青睐绿地型 FDI 投资,以利用竞争优势争夺东道国市场。该类投资有利于扩大东道国国内产能,但会加剧竞争,降低东道国企业和行业整体的价格和利润。国内企业为保持竞争优势,或加大研发投入,或设法节流减耗以降低成本。具体决策取决于国内企业对外资企业对自己决策的反应预期。如果预期外资企业不会对自身的研发决策作出反应,国内企业会选择加大研发投入,使行业研发密集度增加,进而使行业整体的研发密集度增加。但如果预期外资企业会作出反应,增加 R&D 投入,国内企业只有在认为自身的 R&D 弹性大于外资企业作出反应的 R&D 弹性的时候,才会增加 R&D 投入。如果预期外资企业所作出的"加大 R&D 投入"的反应可能引发 R&D 战,或认为外资企业不会构成严重的威胁时,国内企业个会改变其 R&D 行为,行业 R&D 密度也不会发生改变。(2)对于并购型 FDI(非绿地)投资,由于行业产能不会增加,国内企业的利润不会立即受损,因此反应滞后。外资对本土企业(被并购方)利润的影响取决于并购方与被并购方之间的技术差距。如果被并购企业(本土企业)的技术优于海外并购企业,并购企业(外方)将加大 R&D 投入以从被并购方学习更多的技术,从而使行业整体的研发密集度增加。反之,如果并购企业(外方)的技术更为先进,为使技术适合东道国的市场条件,同样会增加研发投入。可见,在 FDI 投资的情况下,国内企业至少不会减少 R&D

开支,这有助于行业整体研发密集度的提高。1992 年,美国外资企业的 R&D 投资达到 140 亿美元,占当年美国 R&D 总投入的 13% 。这说明 FDI 确实对东道国产业的研发密集度产生影响。

Catherine(2000)采用美国 1981—1991 年四位 SIC 行业数据,通过对绿地 FDI 组、非绿地 FDI 组、全部 FDI 样本组分别进行双边固定效应面板回归,研究假设 FDI 会对公司利润产生影响,则 FDI 的投资动机会对内外资企业的 R&D 行为产生影响,亦即 FDI(t-1,…,t-N)→R&D(t)。结果表明:只有非绿地型投资对美国产业的 R&D 密度有显著影响。这暗示:当 FDI 的研发效应在经济上表现显著时,国家政策应引导 FDI 投向 R&D 密集型行业。

Waller 采用母国和东道国之间的指标差异,分析了反向技术外溢的可能性和条件(见表 3—8)。

表 3—8　衡量反向技术外溢的指标体系

差异性指标	指标定义	经济意义
R&D 经费的差异	衡量两国在技术资金支持上的相对比较优势	R&D 经费包括公共支出和企业支出。若指标为负,暗示东道国有潜在的向母国反向技术外溢的可能性
标准化产品出口量的差异	反映两国在产业生产上的相对比较优势	若指标为负,说明东道国在该产业生产上具有比较优势,母国更有可能在东道国开展以"技术获取"为目标的研发活动
硬科学的获奖人数*差异	反映两国在杰出科技人才上的相对比较优势	若指标为负,说明东道国具有人才优势,母国可能通过雇佣这些基础科技人才或其指导的人员和学生,获取更大的创新资源
大学教育程度的人员比例差异	反映两国在教育规模上的相对比较优势	若指标为负,说明东道国具有更大的教育资源,能为母国的研发活动提供人力资本保障
GDP 的绝对值差异	反映两国在经济实力上(包括科技能力、消费水平、市场容量等)的相对比较优势	若指标为负,说明东道国的经济实力更强,更有实力提升技术存量,并通过反向技术外溢扩大母国的技术资源

资料来源:根据薛求知、关涛(2005):《跨国国内公司 R&D 投资国际化动机的理论研究》,《研究与发展管理》整理。

---

* 这里所说的硬科学获奖人数,是指物理、化学、医学的诺贝尔奖及其他重要奖项的获奖人数。

六、环境差异要素的直接影响因素

(一)市场结构

最先将市场结构与创新活动联系起来的学者是熊彼特。他认为一个厂商或企业拥有某种程度的市场规模和垄断势力,是开展创新活动获得经济增长的先决条件。首先,垄断利润为企业创新活动提供强大的内源资金支持。由于研发项目具有高风险、高不确定性、高投入的特征,需要雇佣大量的技术人员、工程师、科学家;购买相关的设备。在研发初期,如果没有动产或动产做抵押,或第三方强势机构提供担保,获得来自银行或金融机构的信贷支持非常困难,因此强大的内源资金保证就显得格外重要。其次,通过垄断力量获得创新租金,对企业的研发活动也起到了正向激励作用。这里所说的垄断力量,是指防止创新被竞争对手模仿而使其利润受损的能力。为保持这种垄断力量,垄断企业必须施加压力,要求政府强化知识产权和专利权保护,或与上下游企业在建立垂直生产链支撑体系时附加严格的保密条件。企业对垄断力量的追求会要求它进行创新,而害怕垄断力量的丧失会促使它不断投入,持续开展创新活动。据此,熊彼特及其理论追随者提出相关命题:(1)垄断性市场结构比竞争性的市场结构更具有创新的激励。只有拥有垄断力量的厂商才有实力去防止模仿、伪冒,并为创新活动提供资金支持。(2)大厂商比小厂商更具创新动力,以获得垄断市场下的规模经济。但部分研究者认为,光有垄断势力是不够的,更重要的还在于企业文化建设和企业家精神。首先,要有好的研发团队,以抓住有利的研发时机,制定行之有效的研发策略,防止因松散、官僚化和过度自信出现 X 无效率。其次,要有寡头垄断的市场结构,通过寡占者之间的竞争,使创新的超额利润较垄断的超额利润更具诱惑力,没有创新,就无法保持垄断。再次,受市场利益的驱动,市场适应型的创新活动可能较基础性创新活动更受青睐,这意味着,基础性创新活动不能单纯依赖企业主体,更重要的是来自政府的支持。波特(1980)在《竞争战略》中将 SCP 范式引入企业竞争战略分析,提出"五力竞争模型",认为潜在竞争对手的进入、替代品的威胁、现有竞争对手之间的竞争、供应商讨价还价能力、客户讨价还价能力五种力量综合决定了企业的竞争优势。之后,波特在"钻石模型"中除生产要素、需要条件外,概括了产业组织战略、相关和支持性产业、同业竞争、机遇和政府的作用等环境因素,认为企业的成功关键取决于其所处的产业结构特征,企业外部资源比内部资源更重要。

对市场结构的研究主要包括竞争性、行业集中度、市场份额、产品的需求价格弹性、市场开放度等方面。现行市场力是否意味着有更多的创新机会存在? 人们往往认为:产业集中度越高,研发开支应越大。部分研究证实:产业集中度对研发活动的影响为正,但显著性小。谢勒(F. M. Scherer,1967)考察了美国 56 个行业的工程师和科学家的就业情况,发现市场集中度与研究开发在 10% 的水平上显著正相关。施里夫斯(R. E. Shrieves,1978)利用美国 1965年 56 个三位数产业中 411 家企业的样本数据,通过因素分析和主成分分析法,研究发现从事研究和开发的职工人数与企业集中度在 5% 的水平上显著正相关。格拉博维多和巴克斯特(Grabowski and Baxter,1973)基于 R&D 费用和现金流的研究则证实二者负相关。多数研究证实:产业 R&D 密度随产业集中度增加而增大,但增大幅度呈下降趋势。这意味着在集中型产业,从创新活动获得的收益较大,研发密度均值相对较高。但超过某一临界点,产业集中度越高,企业创新的压力和动机越小,因此研发密度增长缓慢。Levin et al.(1985)基于 1976 年美国四家公司的商业数据的研究发现:R&D 密度与市场集中度之间呈倒 U 形函数关系。当集中度在 50%—60% 以下时,研发密集度随集中度的增加而上升。当集中度超过该区域,则研发密集度随集中度的增加而下降。卡米恩(Kamien,1982)证实:R&D 强度先随厂商规模成比例增长,但达到某一临界点后,该比例会下降。

竞争性的市场结构是决定 R&D 投入的重要因素之一。一方面,由于技术创新具有高风险、高投入、高不确定性、非竞争性的特点,企业难以获得全部的创新租金,创新回报率将低于社会回报率,因此企业的创新激励被削弱,R&D支出将低于社会最优水平(Schumpeter,1932);但另一方面,企业为了保住原有的市场份额,被迫增加 R&D 投入(Arrow,1962)。Zietz 和 Fayissa(1992)比较了高科技与低科技行业市场竞争对 R&D 支出的影响,发现市场竞争会促进高科技产业的 R&D 支出,而在低科技产业却没有发现这种效应。这主要是因为高科技行业面临的外来竞争更为激烈,企业更注重高端领域的技术竞争,需要不断加大 R&D 投入,保持垄断利润。而在低科技产业,边际利润低,企业更注重模仿或学习效应,规避自主研发的高成本和高风险。杜涛(2004)认为:中国目前大多数行业接近完全竞争,且多处于产业链的中低端,企业技术创新的积极性小,外商技术扩散的能动性低。闫冰、冯根福(2005)分析了市场结构对研发效率的影响,发现中国工业企业的研发效率与行业竞争强度呈负相关关系。文献研究中衡量市场竞争程度的指标是进口渗透度或产业集中度。前者如赫芬达尔指数;后者如行业内大型企业销售额占比等。

罗森贝格(Rosenberg,1976)考察单一厂商研发投入的决定因素时发现:研发投入还受市场份额的影响。一个有较大市场份额的厂商比市场份额较小的厂商具有较少的研发激励,因为他的市场份额已经足够大了。Kamien 和 Schwartz(1982)认为:开放程度同样会对研发密集度产生影响。市场对公司产品的需求越大,公司越有可能增加研发投入。但进口增加所带来的竞争效应,迫使企业加强研发以保持竞争力。而出口增加意味着市场规模扩大。由于海外市场竞争更为残酷(more unrelenting),企业更需要加大研发投入以建立长久竞争力。

Needham(1975)认为:研发活动所产生的产品需求扩张效应要大于生产成本降低效应。研发密集度可以看成产品价格、需求研发弹性的函数。为研究市场结构对研发密集度的影响,以利润最大化为目标,可设定国内企业研发密度的相关模型为:

$$\gamma = f(\varepsilon_d, \varepsilon_r) = \frac{(\varepsilon_R + \varepsilon_{conj} \times \varepsilon_{Rr})S}{\varepsilon_m + \varepsilon_d^* S^*} \tag{3.5}$$

该模型可用于解释 FDI 对国内企业研发行为的影响。在技术搜寻型投资项下,如果外资并购方的经营效益或技术能力较低,则部分影响因素会发生变化,国内企业的研发密集度也会随之变化。但这种并购行为并不影响该模型的经济意义。其中,γ 代表公司的研发密集度,用研发开支/销售额表示。ε_d 代表公司产品的需求价格弹性。该弹性受公司规模(S)、产品需求价格弹性(ε_m)、竞争对手的市场份额(S^*)和产品价格弹性(ε_d^*)的影响。ε_r 代表公司本身研发开支的需求效应,即公司的研发弹性。当竞争对手对公司的研发决策不会作出反应时,该弹性取决于公司研发活动对需求的影响(ε_R)、公司研发活动对竞争对手研发活动的影响预期(ε_{conj})和竞争对手研发活动对公司产品需求的影响(ε_{Rr})。

Needham(1975)的模型是以公司数据为基础。由于该类数据难以获得,Catherine(2000)采用行业数据,以 Needham(1975)的模型为基础研究行业

研发密集度的变化。影响东道国产业研发密集度的因素很多。研究中将外资企业看成国内企业的竞争对手,则国内企业的市场份额(S)越大,研发密集度(γ)越大。市场的需求弹性(ε_m)越大,外国产品对国内产品的可替代性(ε_d^*)越强,国内企业的研发密集度将越低。若外资企业对国内企业的研发活动不会作出反应,则国内产品需求的研发效应(ε_R)和国内企业的研发密集度均较大。外资企业的研发活动对国内产品需求的影响(ε_{Rr})为负。但当国内企业增加研发投入时,其对外资企业所做反应的预期影响(ε_{conj})并不明确。如果ε_{conj}为负,则研发密集度增加;但如果ε_{conj}为正,则各因素对研发密集度的综合影响取决于国内企业需求研发效应(即研发活动对需求的影响)的相对影响。如果$\varepsilon_{conj}\varepsilon_{Rr} < 0$且$\varepsilon_R > |\varepsilon_{conj}\varepsilon_{Rr}|$,则$\gamma$较大。

假设外资企业的研发密度模型为:

$$\gamma^* = \frac{(\varepsilon_R^* + \varepsilon_{conj}^* \times \varepsilon_{Rr}^*)S^*}{\varepsilon_m + \varepsilon^d S} \tag{3.6}$$

为简化分析,假设国内企业与国外企业的弹性测量方法相同,则行业研发密集度(R)的模型为:

$$R = \frac{nr + n^* r^*}{n + n^*} = \delta r + (1 - \delta)r^* \tag{3.7}$$

其中,n, n^*分别代表国内企业和外资企业的数量。$\delta = \dfrac{n}{n + n^*}$。不管是绿地投资还是非绿地投资,都会使$\delta$下降。FDI使$\delta$、$r$、$r^*$均会发生改变。$R$的变化取决于$\delta r$、$\Delta r$的变化程度。如果$\Delta \delta r < \Delta(1 - \delta)r^*$,则$R$上升。研究中用行业利润代替公司利润;用行业集中度(Concentration ratios)代替市场份额。行业销售额、规模、对外开放度的增长可作为东道国市场内外资企业构成变化的代理变量。鉴于此,相关回归模型可描述为:

$$R_{it} = \alpha_i + \gamma_t + \beta Z_{it} + \delta_1 FDI_{it-1} + \delta_2 FDI_{it-2} + \varepsilon_{it}$$
$$i = 1, \ldots, N; t = 1, \ldots, T \tag{3.8}$$

其中,R_{it}代表 t 期 i 产业单位销售净额的研发开支。根据两位 SIC 编码引入产业哑元和年度哑元变量。ε_{it}为纠错项,为独立分布,且不同时期不同产业的分布相同。α、γ分别代表产业效应和时间效应。Z矩阵(matrix):包含产业集中度(CR)及其平方(CR^2)、进出口比例($IMPSH$和$EXPSH$)、产业销售额增长（*GROW*）、产业规模（*SHIP*）、以往赢利（*LPCM*）等。若 *CR* 的系数显著为正，而 CR^2 的系数显著为负，说明产业研发密度随集中度的增加而增大，但增大的程度呈下降趋势。文献研究多表明：外贸变量与研发密度显著相关，且 *EXPSH* 的系数往往大于 *IMPSH* 的系数。*GROW*、*SHIP*、*LPCM* 等变量往往与研发密度正相关。*FDI* 用 *FDI* 的发生数来表示。考虑到 FDI 企业完成 R&D 计划需要时间，研究中采用二阶段滞期 FDI_{it-1} 和 FDI_{it-2}。如果 FDI_{it-2} 的系数大于 FDI_{it-1} 的系数，证实 R&D 活动确实需要时间计划和实施。研究中对不同类型的 FDI 分组进行研究，若 FDI 系数不显著，说明该类型 FDI 对相关产业研发密度的影响不显著。该模型虽然无法告知 FDI 将给国内产业 R&D 密集度带来多大程度的变化，但通过不同动机类型的 FDI 研究，可以推断出不同外资进入方式下国内 R&D 活动的方向。

基于文献研究，盛文军、梁跃生（2004）认为：过度竞争可能挫伤创新的积极性；而过度垄断又可能导致自满。只有适度的市场集中，才有助于激励企业的研发活动。企业规模到底多大，才会激励企业的创新活动？对此并没有一致的结论。根本上还取决于企业家精神和竞争战略。以市场领先者为目标的企业往往更注重创新，而甘愿充当市场追随者的企业则宁愿依赖其他方面的优势，不急于进行大量的研发投入。Xibao Li（2006）利用生产前沿函数，采用1998—2004 年 30 个省、自治区和直辖市的面板数据，实证检验 R&D 投入和其他时间序列因素对国内专利许可的影响，发现不同地区对三类专利产出效率的影响不同。工业结构是重要的影响因素之一，高技术产业的效率和创新力均低于预期。教育机构、政府支持对发明专利、实用新型专利的生产非常重要，但对设计专利生产效率的影响不显著。从效率估计均值看，实用新型专利最高，设计专利最低。从地区排序看，发明专利和实用新型专利具有典型的中心——边缘特征。

（二）政府公共政策

这里所说的公共政策包括 R&D 直接补贴和 R&D 优惠税两方面。当存在市场失灵时，通过公共政策对私人 R&D 活动提供支持尤为重要。Hall 和 Van Reenen（2000）、Bloom et al.（2000）的研究表明：R&D 直接补贴和 R&D 优惠税对 R&D 支出均有显著的正面影响。而 Mamuneas 和 Nadiri（1996）、Busom（2000）对美国和西班牙的研究发现：R&D 直接补贴会对私人 R&D 活动产生挤出效应,这在低科技产业尤为明显。Czarnitzki 和 Fier(2001)对德国服务业的研究表明:每增加一单位的 R&D 补贴,将增加 1.37 单位的下一期 R&D 支出。R&D 补贴的效益大于成本,不存在挤出效应。

不同国家建立竞争优势的路径不同,决定了政策主张的差异。Lall 和 Urata(2003)指出:韩国在科技政策方面表现为自主型,即主张提升本土研发能力,减少对 FDI 的依赖。中国台湾对 FDI 的态度则较为开放。新加坡表现为 FDI 战略依赖型,即在依赖 FDI 的同时,鼓励本土跨国企业注重 R&D 领域(如设计和研发)的投资。中国一方面结合韩国和新加坡的策略,R&D 支出占 GDP 的比例较高;另一方面加强对 FDI 的引入,注重结构调整。美国对 FDI 则采取中性的政策,既不鼓励也不限制。当然,不同国家因禀赋条件不同,科技政策会存在差异。经济环境、金融环境、历史文化、吸收能力、本土技术水平、人力资本、产业结构等均会影响政策的选择。文献研究中对公共政策常用 R&D 补贴比例和 R&D 优惠税来衡量。

(三)市场机会

这里所说的市场机会,又称技术机会,是指潜在的技术可利用的程度,可用研发支出的产出弹性来表达。新古典经济学将其定义为通过研究开发投入扩大社会对生产可能性边界利用的潜在可能性。文献研究中一般采用 R&D 存量衡量市场机会。不同行业的技术需求不同,因此会面临不同的市场机会。在市场机会较多的产业,往往表现出较大的研发程度和技术进步。如制药行业较其他行业更容易获得专利。在一些生产同品质产品的行业,如石油天然气、矿产采掘业、烟草加工业,新产品创新显然受到较多的限制(Comanor and Scherer,1969)。Hay(2001)指出:如果考虑技术机会,集中度与研发密度之间的相关性是不显著的。技术的专用性在很大程度上影响市场机会。所谓技术的专用性,是指持续排除模仿并能够排他性地、寡占性地利用技术知识的程度。如果技术很容易被模仿,则专用性弱。强化专利保护制度是否一定能增强市场机会呢?答案是模糊的,因为这一方面和专利权的注册门槛有关。门槛越高,说明技术专用性越强;另一方面和知识的技术外溢效应有关。溢出效应越大,模仿越容易,市场机会的延伸空间变小,研发和创新激励越小。张亚斌等(2006)利用误差修正模型和 Granger 因果检验,证实在短期内,中国生产型物质资本投资和 R&D 投资可以促进经济增长。从长期看,生产性物质资本投资对经济增长的作用始终为正,但随时间推移而减弱。R&D 投资对经济增长的作用则不明显,中期作用为负。研究者认为,这可能源自投入与要素禀赋的匹配性。长期以来,中国经济增长一直靠投资(即生产型物资资本投入)拉动。R&D 投资作为社会总需求的一部分,短期内对经济增长的拉动效应虽为正,但因 R&D 生产并不符合中国的要素结构特征,R&D 要素投入的边际报酬趋于递减,长期拉动效应可能为负。因此从长期看,单纯依靠 R&D 投资的拉动难以促经济向发达国家收敛。但如果能有效拉动技术进步,则可一定程度上冲销 R&D 投资的边际报酬递减规律,最终拉动经济增长。

现行研究多从外部因素(如外部环境、产业结构特征)研究企业研发投资的影响因素,但该类研究未能解释为什么在同样的环境下,在同一产业内,不同企业会有不同的研发活动。据此,Penrose、Wernerfelt、Barney 等人从企业内部资源和能力出发,提出基于资源观的企业理论,认为企业是资源和能力的组合,具有黏性和难以模仿性。不同企业的资源和能力组合不同,存在异质性。企业不断获取、发展和扩张其资源及能力组合,使资源和能力随时间推移而不断动态演变。基于该理论,刘立(2003)认为:企业研发投资行为可看成是企业内部资源的函数,将企业资源分为有形资源(包括金融资源和物质资源)和无形资源(包括人力资源①和商业资源)两大类,其中无形资源被视为企业最重要的战略资源和竞争优势的基础。各类资源对企业研发投入的影响见表3—9。

---

① 这里所说的人力资源,指企业所属个人的经验、知识、判断力、技能技巧、冒风险的倾向以及智慧(刘立,2003)。

表3—9 影响企业研发投入的资源分类

资源大类	资源子类	衡量指标	经济意义
有形资源	金融资源	自有资金比例 负债比例	用以衡量企业从事研发活动的资金支持。自有资金比例越高,说明R&D激励越大
	物资资源	企业规模	由于(1)存在规模经济和阈值;(2)可通过研发分散化降低失败风险;(3)拥有较大的市场主动权;(4)拥有更大的互动性研发资源,大企业比小企业更有动力创新。但小企业交流协作网络更灵活,能通过战略控制和非正规金融控制弥补金融上的不足,反而能滋生R&D正效应。Williamson认为:规模大小对企业研发活动的影响不能一概而论,创新的类型和产业均有一定的影响。如小企业可能在产品创新方面更有效;大企业可能在规模生产和分销创新方面更高效。Acs和Audretsch发现:大企业在高度集中型产业中更有优势;小企业在新兴产业或分散型产业中更有优势
		资本强度 固定资产比例	这里所说的资本,指设备、制造工具、建筑等。可用固定资本比例衡量资本强度。资本强度越高,意味着企业从事R&D的可能性越大
无形资源	人力资源	科学家或工程师占比 本科以上学历职员占比	这里所说的人力资源,主要指高素质、高技术和高智商人才。企业人力资本储备越高,其从事研发活动的动力越大
	商业资源	形象或声誉 出口比例 非国有股权比例	形象和声誉有助于企业获取与创新相关的配套资源。出口扩张有助于通过"以进养出"带动出口行业的创新和技术进步。根据清华大学的调查,合资企业、股份制企业较全民和集体企业更注重建立研发部门。可见,商业资源与企业研发激励正相关

资料来源:根据刘立(2003)整理。

七、研究局限性

从创新能力衡量指标体系的设计和研究方法看,仍存在局限性和不足。现行国际上常用的评价科技产出效率的指标有:专利、科技论文、技术贸易、高科技产品或技术密集型产品等。根据《欧洲专利公约》第 52 条、我国《专利法》第 22 条①的规定,专利最能反映创造性的成果,因此专利授权数量被广泛采用,作为评价区域创新能力的重要指标。由于各国专利标准不同,统计方法存在差异,因此依据专利资料进行国别研究容易产生偏差。如我国大量专利授予独立个人。Xibao Li(2006)以非机构专利申请数代表居民的创新能力,将非机构专利作为国家创新活动的重要组成。但由于我国 R&D 投入统计值只考虑了机构投入,用统计值研究创新效率和 R&D 生产可能存在效率损失。Griliches(1990)指出:不是所有发明都申请专利,也不是所有发明都能成为专利,不同技术领域或部门的专利质量也有很大差别。以专利作为创新产出的替代变量,仍存在缺陷。专利指标的应用上,依不同的分析目的应有不同的统计方法。如比较各国创新能力,应以发明人的居住地国籍为统计条件,而非专利申请人或专利拥有人。合理的专利指标应具有以下几个特点:(1)能提供地理区域的相关信息,包括专利申请地、专利发明人居住地、专利申请人居住地等。专利申请地应结合专利局的申请流程、申请地专利保护的完备性、专利局的声誉和规模等进行考虑。专利发明人居住地可用以分析一国的创新能力。专利申请人居住地则可用于分析创新活动的地理分布。(2)当分析国际化程度时,应将专利发明人在不同国家的分布情况做一充分表达。(3)由于外国人申请与本国人申请往往存在 12 个月以上的时间差,若存在专利合作条款,这种时间延滞更达 13 个月以上,因此对技术被发明的时间判断,应以优先权日期②(priority date)而不是登记的专利申请日(Application date)为准。

---

① 《欧洲专利公约》第 52 条规定:专利授予任何新的、有创造性的,并能在工业上应用的发明。我国《专利法》第 22 条规定:授予专利权的发明和使用新型,应当具备新颖性、创造性和实用性。

② 所谓优先权日期,是指做成专利申请档案的日期,以保护专利拥有人的权益。

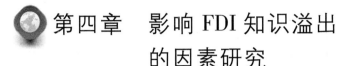# 第四章　影响 FDI 知识溢出的因素研究

在开放条件下,外部因素对经济增长的作用机制,往往受到诸多方面的制约。一方面,跨国公司更关注的是其全球经营战略,投资目标和动机可能与东道国的引资需求不一致;另一方面,东道国到底能在多大程度上消化、吸收外部资源也直接影响了 FDI 技术外溢的可能和效果,这意味着,内资企业也并非总能有效利用 FDI 技术外溢。Kokko(1994)将 FDI 技术外溢效应概括为:(1)外部压力。FDI 企业的进入,给东道国企业带来竞争压力,促使其一方面充分发挥现有的技术效率,提高产品质量;另一方面增大技术投入,开展技术创新活动。(2)技术转让。FDI 企业将相关技术提供给垂直生产链上的上下游企业。(3)人员流动。FDI 企业培训的相关技术、管理人员进入东道国企业。由于存在技术外溢,企业虽然支付了所有的研发成本,却不能独享所有的研发收益。Mansfield 的调查显示:60% 左右的专利在四年之内被模仿。

学术界对"FDI 技术外溢效果"的研究没有得出一致的结论,本章从跨国公司和东道国两层次来讨论 FDI 技术外溢的制约因素。

一、跨国公司的投资类型与所有权安排

跨国公司技术输出战略与其所投资的行业特征、投资方式、投资战略密切相关。从跨国投资的角度看,主要有两方面制约。

(一)跨国公司的投资类型

投资类型决定了外资企业与国内企业之间的链接效应,主要表现为规模经济和技术互补效应。水平型 FDI 不是技术外溢的主要渠道。因为水平型FDI 是以低交易成本占领东道国市场为目的,与东道国行业内企业间的竞争

性大于合作性,他们不但不会主动外溢技术,反而会想方设法加强技术保护,防止技术外溢。所以,水平型 FDI 难以成为技术外溢的主要渠道。实证研究的结果也支持这一推论,FDI 不存在显著的行业内技术外溢。Goldsmith 和 Sporleder(1999)从前向链接和后向链接两个方面考虑 FDI 对国内产业的影响,认为垂直型 FDI,尤其是后向链接,是技术外溢的主要渠道。因为垂直型 FDI 是以充分利用要素价格差异(如廉价劳动力)为目的。跨国公司根据比较优势原则在国家之间合理安排各生产工序,与东道国企业形成供应商—客户关系,有助于东道国企业通过进口增加中间产品的种类,提高最终产品的生产效率,通过出口或提供上游部件给跨国公司,实现干中学效应、向客户学习效应、示范、培训效应,以及员工流动效应。

但研究者同时指出:当东道国与投资国之间存在较大的技术差距时,容易产生投资的"飞地"现象①,即 FDI 企业与东道国国内企业之间缺乏垂直型联系,难以通过技术外溢实现产业带动。"飞地"型投资对东道国的各种市场调节信号和宏观调控措施反应慢,投资目标往往偏离东道国产业政策的目标,不利于东道国潜在优势产业的发展。

(二)跨国公司的所有权安排

跨国公司 FDI 的所有权形式主要包括合资和独资。不同的所有权安排会影响 FDI 技术外溢的程度。首先,外溢效应与合资项目强相关。合资项目通常对东道国当地的资源依赖性较强,较多表现为垂直型 FDI。因此,东道国人员与外国同行的人员接触得比较频繁、直接,学习和交流的机会较多,特别是那些只能意会、不能言传的缄默型技能,只有在现场观摩和亲手演练中才能学会并熟练掌握。但 Kinoshita(2000)对捷克制造业的研究表明:合资企业中中方并没有从其国外合作伙伴中获益。

其次,外溢效应与独资项目不相关。独资项目通常对东道国的资源依赖性不强,且以产品出口或进入东道国市场为主,多属于水平型投资,与东道国企业和员工的交流、互动少。即使是跨国公司内部的中方科研人员,也难以接触最核心的技术,因此难以产生技术外溢。由于技术外溢少,独资企业更可能

---

① 所谓投资项目"飞地"化,是指跨国公司投资企业与东道国企业和产业之间缺乏一定的前向、后向联系,宛如东道国经济中的孤岛,故名"经济飞地"。

从母公司获得更先进的技术。

当前对外资所有权安排方面的研究多集中在"在跨国公司的技术转移与进入模式的研究"方面,尚未形成一个较为系统的理论分析框架。学术界较为主流的观点认为:跨国企业因投资动机不同,有不同的进驻模式。当跨国企业具有技术、知识、管理和营销技能等方面的特定优势时,往往倾向于绿地投资(独资新建企业),以防止技术转移。而东道国则希望外资以合资模式进驻,以更好地吸收 FDI 技术外溢。因此东道国政府往往对外资股权予以限制,对合资企业给予政策优惠。Gatignon 和 Anderson(1988)、Asiedu 和 Esfahani(2001)的研究证实:产业的 R&D 密集度与外资分享股权的进驻模式负相关。技术越先进,跨国公司越愿意采用独资的进驻模式。但 Comez - Casseres(1990)在引入"政府对外资股权的干预"这一政策变量后发现:政府干预和研发密度与跨国公司独资进入的比例正相关,但统计上并不显著。在此基础上指出:外资进入模式的选择,实际上是跨国公司与东道国政府之间博弈均衡的结果,它取决于双方谈判力量的对比;当跨国公司与东道国企业之间的技术差距较大、技术扩散的机会成本相对较低时,跨国公司愿选择合资模式以获得政策优惠。但若技术差距不足以弥补技术扩散的机会成本,跨国公司则会利用其掌握的优势谈判力迫使东道国接受其独资或控股的要求。Neven 和 Siotis(1996)指出:具有知识优势的跨国企业,如果能完全把握东道国企业的技术水平,将更愿从事绿地投资①活动以减少技术外溢。但如果信息不完全,当东道国企业 R&D 投入达到一定程度时,即使跨国企业具有技术优势,也会因担心技术反超而减少对外投资动机。

关于外资股权比例对 FDI 企业技术水平的影响,Lee 和 Shy(1992)证实:对合资企业中外国资本比重的限制可能负面影响跨国公司的技术转移水平。Aitken 和 Harrison(1999)对委内瑞拉的研究表明:合资企业中外资股权比重越大,企业的生产效率越高。Aaditya Mattooy 等(2001)采用古诺均衡证实:在独资企业中跨国公司通常会转移更为先进的技术。国内仅张宇(2006)就外资股权结构对东道国企业技术外溢程度的影响进行了较为系统的分析,认为当跨国公司掌握了外资企业的控股权时,通常会采取更为严格的管理措施,以防止与技术有关的各种要素在外资企业与东道国企业之间流动。现实中的现

---

① 所谓绿地投资,是指投资新建企业。

像是:在外资控股的企业中,外方管理人员控制着生产、技术的核心环节,并对企业的人员流动有更多的限制。通过理论推导,张宇(2006)得出结论:(1)在外资控股的 FDI 企业,掌握控股权的跨国公司能有效地控制技术外溢的程度,不需依赖过高的先进技术来维持其在东道国市场上的垄断优势,因此没有向东道国的子公司转移先进技术的动机。而东道国因学习难度加大,学习动机也会下降。(2)FDI 企业的技术水平将随外资股权比例的增加而增加,但未必会对内资企业的技术提升起到积极的作用。当外资股权比例较低时,从 FDI 企业获得的收益不足以弥补其技术转移成本,跨国公司不愿向 FDI 企业过多地转移技术,导致 FDI 企业的技术水平偏低。如在合资公司,外商转移的多为批量化生产所需的成熟技术,技术层次较低。当外股股权比例较大时,虽然容易从跨国公司获得较先进的技术,但过高的技术会对内资企业的消化吸收产生障碍,且跨国公司会利用其控制权优势,严格限制技术、人员的流动,最终限制了技术外溢。可见,对通过 FDI 获得技术外溢的政策期望不宜过高。在理论分析的基础上,张宇(2006)经过实证计算发现:外商独资企业的资产贡献率和劳动生产率分别达到 1. 39 万元/人和 89. 70 万元/人,技术水平明显领先于外商合资、合作企业。研究中张宇(2006)作出四个假设。

假设一:市场上存在一家内资企业 d 与一家外资企业 f,其各自的技术水平分别为 K_d 和 K_f。则两家企业的技术差距 K 可定义为:$K = K_d/K_f$。进一步假设当两家企业实现利润最大化均衡时,收益函数分别为 $R_d(k)$ 和 $R_f(k)$,且收益函数呈凸性,满足:

$$R_f'(k) < 0, \ R_f''(k) < 0, R_d'(k) > 0, \ R_d''(k) < 0$$

即外资企业的收益[$R_f(k)$]是内外资企业间技术差距(K)的减函数,且外资企业的技术领先优势越大,市场对其产品的需求越大,收益也越大;国内企业的收益[$R_d(k)$]是技术差距(K)的增函数,技术差距越小,内资企业的市场竞争力相对较强,收益越大。该假设暗示的经济含义是:外资企业的收益随技术差距的拉大(技术先进程度增加)而增加,内资企业的收益随技术差距的减小而增加,但均呈边际收益递减。

假设二:设外资企业的技术转移投入量为 I_f,内资企业的消化吸收投入为 I_d。外资企业的技术水平 K_f 为 I_f 的增函数。为简化起见,假设二者之间存在线性关系:$K_f = \delta I_f$,并假设内资企业的技术水平完全来自外资企业的技术溢出,即:

$$K_d = \Phi(I_d, K_f)K_f = \Phi(I_d, I_f)K_f[0 < \varphi(*) < 1]$$

由假设一和假设二,可得:$K = K_d/K_f = \Phi(I_d, I_f)$。其中 $\Phi(I_d, I_f)$ 可以看成是外资企业技术溢出的程度。内资企业消化吸收投入(I_d)增加,有利于 FDI 技术溢出;而外资企业技术的先进程度(I_f)提高将增大内资企业的学习难度,使技术溢出程度下降。据此可作出基本假定:

$$\partial\varphi/\partial I_f < 0; \partial\varphi/\partial I_d > 0$$

同时为简化起见,假设:$\partial^2\varphi/\partial I_f^2 = \partial^2\varphi/\partial I_d^2 = 0$

假设三:假设外资企业的技术转移成本和内资企业的消化吸收成本分别为 $C_f(I_f)$ 和 $C_d(I_d)$,且假设成本随投入的增加而增加,边际成本递增,即满足:$\partial C_f/\partial I_f > 0, \partial C_d/\partial I_d > 0$,同时有:$\partial^2 C_f/\partial I_f^2 = \partial^2 C_d/\partial I_d^2 = 0$

假设四:假设跨国公司在外资企业中所占的股本比例为 θ,并按该比例进行利润分成,但外资企业的技术全部来自跨国公司,即跨国公司承担全部的技术转移成本,则跨国公司和内资企业的利润函数分别为:

$$\Pi_f = \Phi R_f(k) - C_f(I_f) = \theta R_f[\Phi(I_d, I_f)] - C_f(I_f)$$

$$\Pi_d = \Phi R_d(k) - C_d(I_d) = \theta R_d[\Phi(I_d, I_f)] - C_d(I_d)$$

为使利润函数最大化,则一阶必要条件为:

$$\theta R_f^{'}[\partial\Phi/\partial I_f)] - C_f^{'}(I_f) = 0$$

$$R_d^{'}[\partial\Phi/\partial I_d)] - C_d^{'}(I_d) = 0 \tag{4.1}$$

由各假设条件,可知二阶必要条件满足:

$$R_f^{''}(\partial\Phi/\partial I_f)^2 < 0$$

$$R_d^{''}(\partial\Phi/\partial I_d)^2 < 0 \tag{4.2}$$

(4.1)式实际上是跨国公司技术转移投入和内资企业消化吸收投入的反应函数。易知两反应函数的斜率:$\partial I_f/\partial I_d > 0$。事实上只要两个反应函数的斜率满足一定条件,则可得到稳定的技术转移投入(I_f^*)和消化吸收投入(I_d^*)水平。

在不考虑跨国公司控股权的情况下,由一阶必要条件可得:

$$\partial\theta/\partial I_f = [-\theta R_f^{''}(\partial\Phi/\partial I_f)^2]/R_f^{'}(\partial\Phi/\partial I_f) > 0$$

即在均衡条件下,FDI 企业的技术水平(I_f)会随着外商股权比例(θ)的增加而增加。这意味着外资企业的反应曲线 f 会随着 θ 的增加而向上移动。因此均衡条件下 FDI 企业的技术转移投入(I_f^*)和内资企业消化吸收投入

（I_d^*）会上升。又因为$\partial I_f^*/\partial K_f^* > 0$,可得出结论:在均衡条件下,外商投资企业的技术水平会随着外资企业股权比例的增加而上升。

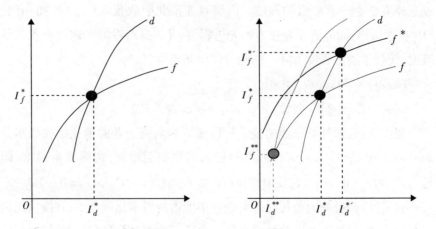

图4—1　均衡条件下FDI企业的技术水平与外商投资股权比例的关系

之后,张宇(2006)进一步考虑跨国公司对外商投资企业的控股权问题,并对技术溢出函数$\Phi(I_d,I_f)$做进一步的区分。假设跨国公司掌握控股权时的技术溢出函数为$\Phi_C(I_d,I_f)$;而未掌握控股权时的技术溢出函数为$\Phi_N(I_d,I_f)$。一般认为,跨国公司掌握控股权时,技术溢出难度加大。因此有:

$$\partial\Phi_N/\partial I_d > \partial\Phi_C/\partial I_d > 0 \tag{4.3}$$

这意味着在跨国公司掌握外资企业控股权的情况下,东道国企业消化吸收投入的边际效率将下降。

由一阶必要条件(4.1)式可知,在跨国公司股权份额为θ时,其技术投入要满足:

$$R_d' = \frac{\partial R_d}{\partial\varphi(I_d,I_f)} = \frac{C_d'(I_d)}{(\partial\varphi/\partial I_d)} \tag{4.4}$$

结合(4.3)式和(4.4)式,得:

$$\frac{\partial R_d}{\partial\varphi(I_d^C,I_f^C)} = \frac{C_d'(I_d)}{(\partial\varphi_C/\partial I_d)} > \frac{\partial R_d}{\partial\varphi(I_d^N,I_f^N)} = \frac{C_d'(I_d)}{(\partial\varphi_N/\partial I_d)}$$

由于$\frac{\partial R_d'}{\partial I_f} = R_d''\left[\frac{\partial\varphi}{\partial I_f}\right] > 0$,$\frac{\partial R_d'}{\partial I_d} = R_d''\left[\frac{\partial\varphi}{\partial I_d}\right] < 0$,可知$\frac{\partial R_d}{\partial\varphi(I_d,I_f)}$为$I_f$的增函数,$I_d$的减函数。由此可知$I_f^C > I_f^N$;$I_d^C < I_d^N$。即:当跨国国内公司掌握控股权时,内资企业的反应曲线d将向左移动,结果均衡的技术转移程度(I_f^*)和消

化吸收程度(I_d^*)均降低。

张宇(2006)进一步考察外资股权结构对技术转移程度的影响。

由 $K_f = \delta I_f$; $K_d = \Phi(I_d, I_f)K_f[0 < \varphi(*) < 1]$,得:

$$\frac{\partial K_d}{\partial K_f} = \frac{\partial \varphi}{\partial I_f}\frac{K_f}{\delta} + \varphi(I_d, I_f)$$

因 $\dfrac{\partial^2 K_d}{\partial K_f^2} = \dfrac{\partial \varphi}{\partial I_f}\dfrac{2}{\delta} < 0$,故 $\dfrac{\partial K_d}{\partial K_f}$ 是 K_f 的减函数。即当 $K_f(\theta) = K^*(\theta^*)$ 时,

$\dfrac{\partial K_d}{\partial K_f} = 0$,由 $\partial K_f / \partial \theta > 0$,得:

当 $K_f(\theta) < K^*(\theta)$ 时,即 $\theta < \theta^*$ 时,有 $\partial K_d / \partial K_f > 0$,从而 $\partial K_d^* / \partial \theta > 0$。

当 $K_f(\theta) > K^*(\theta)$ 时,即 $\theta > \theta^*$ 时,有 $\partial K_d / \partial K_f < 0$,从而 $\partial K_d^* / \partial \theta < 0$。

这反映出外资股权与内资企业的技术水平之间可能呈现倒 U 形的关系。外资股权增加,并不一定会对内资企业的技术提升起到积极的作用。

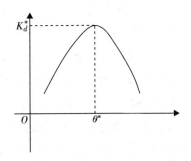

图4—2　FDI 企业外资股权比例与内资企业技术水平的关系

(三)跨国公司的投资战略

跨国公司的投资战略,会直接影响到技术外溢的深度和广度。如果跨国投资企业为成本追求型企业,其投资目的是获取东道国廉价的原材料和劳动力,通过全球一体化战略实现内部化利益。该类企业将对技术实行严格控制,技术转移率低,表现为"大进大出"的特征,生产链本土化水平低,中间投入品进口替代型产业和深加工产业所占比重低下,不利于技术外溢。如果跨国投资企业为市场攫取型企业,其目的就是瞄准中国市场消费的潜力,夺取中国市场。该类 FDI 投资主要集中在制造业;房地产业;电力、煤气、水的生产和供应部门,其对人员的需求存在二元格局:一方面大量吸纳简单劳动力从事装配工

作;另一方面以高薪和良好的工作环境吸引高级管理人员和技术人员为其服务。

随着我国经济的发展,越来越多的跨国公司开始在我国经济发达的区域建立研发机构,但同时,独资化、技术垄断的倾向也越来越明显。技术垄断主要表现在三方面:一是加强知识产权管理。随 FDI 在华研发机构的建立,逐步制度化和体系化的知识产权管理,成立专业部门负责在华知识产权活动。如摩托罗拉成立了大中华知识产权部,主管其在中国内地、台湾和香港的专利事务;EM 和西门子公司也相继成立了知识产权管理部。二是重视专利战略,以抢占新兴产业的制高点,加大中国企业模仿—学习—创新的难度。为避免产品被模仿,跨国公司采取"产品未到、专利先行"的战略。2003—2004 年,在华申请了大量与 3G 两大技术标准 WCDMA 和 TD—SCDMA 有关的专利,并沸沸扬扬拉起"INTEL 诉东进"、"DVD 收费问题"、"WAPI 事件"、"思科起诉化为侵权案"等知识产权保卫战,给中国高科技产业的发展和创新施加了强大的压力。三是严密的监控措施。为防止技术扩散,FDI 企业掌握关键技术的高层均来自母国,对高技术的转移采取严密的监控措施。跨国公司的控制机制主要表现在:(1)多数股权。如通过拥有多数股权或表决权来有效控制与研发有关的重大经营决策;(2)董事会控制。即通过董事权力来控制企业的重大产品和技术更新;(3)控制战略性资源。即对资源投入实施严格控制,直接由母公司派员担任技术部门、人力资源部门的重要职位。

跨国公司的股权投资决策暗示政府层:应制定灵活的引资政策,吸引多种模式的 FDI 企业进驻,以提高技术外溢。国家应根据不同行业和地区的特点来选择、引导跨国公司以最适当的形式进入中国。对国内企业技术基础较好、吸收能力较强、业已形成一定规模的行业和地区,可适当放宽外资股权比重的限制,鼓励外商建立独资企业,以引入更多的先进技术,增大学习机会。对那些基础较差、起步较晚的行业和地区,仍应鼓励外资以合资、合作方式经营,以最大限度地吸收技术外溢。

二、东道国的吸收能力与竞争机制

从东道国层次看,主要表现在吸收能力和竞争机制两方面的制约。

（一）国内企业的吸收能力

"吸收能力"这个概念最早由 Cohen and Levinthal（1989）在分析企业研发作用时提出，认为企业研发投入对其技术进步的影响表现在促进技术进步和提高企业对外来技术的吸收、学习和模仿能力两方面。Dahalman 和 Nelson（1995）将国家的吸收能力定义为：学习和使用发达国家已经存在的先进技术和有关实践的能力。Borenzten（1998）[①]认为：只有具备一定劳动技术水平和基础设施的国家才能从 FDI 中获益。人力资本积累是衡量技术吸收能力的重要指标。日本、韩国、新加坡的经济发展无不依赖于其较强的学习、模仿和创新能力。于津平（2004）证实：外资对国民利益的积极影响与 FDI 知识外溢有关。而知识外溢的作用不仅要求外资企业具有较高的技术水平，同时还要求内资企业具有较强的知识接受能力，以及国内具有良好的知识传播媒介。徐雪刚等（2006）认为：FDI 技术外溢并不是伴随 FDI 的进入而自然产生的。FDI 企业带入技术和形成技术冲击是技术外溢发生的重要条件，而本土企业的正向反应行动是技术外溢发生的充分条件。

吸收能力在发展中国家的技术进步研究中已经成为最重要的概念之一。发展中国家要想通过外向型经济发展经济，关键要突破吸收能力的"门槛水平"。因此，研究发展中国家制约吸收能力提升的因素，成为最为迫切的命题。

（二）东道国的竞争机制

充分竞争是产生溢出效应的有效机制，体现在市场结构、经济开放度等方面。Sjoholm（1999）对印度尼西亚的研究表明：行业中企业竞争越激烈，FDI溢出效应越明显。这可能是因为竞争迫使 FDI 企业较快地引进母国的先进技术。在企业竞争力差距较小的行业中，内外资企业之间的竞争越充分、越有效，越有利于溢出效应的产生。如果 FDI 进入竞争不充分的行业，则容易产生行业垄断，限制技术外溢，甚至通过种种手段限制、约束内资关联企业的自主研发活动。

---

①　Borensztein, E. , Gregorio and Lee（1998）, "How Does Foreign Direct Investment Affect Economic Growth?", Journal of International Economics, pp. 45, 115–135.

为检验外资企业与本土企业的相互作用,Kokko(1994)构造了研究模型①:

$$VA/L^d = f(FDI, X_1^d, X_2^d, \dots) + VA/L^f + e \qquad (4.5)$$

$$VA/L^f = f(Y_1^f, Y_2^f, \dots) + VA/L^d + e \qquad (4.6)$$

其中,VA/L^f 代表外资企业的人均劳动生产率。VA/L^d 代表本土企业的人均劳动生产率。模型 4.5 在考察 FDI 溢出效应的基础模型上增加了变量 VA/L^f,用以反映外资企业的竞争对本土企业劳动生产率的影响。模型 4.6 在外资企业劳动生产率的基础模型上增加了解释变量 VA/L^d,用以反映本土企业的竞争对外资企业劳动生产率的影响。若两模型中内外资企业的劳动生产率之间显著相关,说明两类企业存在显著的竞争关系。Kokko(1994)对总样本进行检验,发现两个模型内外资企业的劳动生产率均不显著。但当去除外资比例较大、内外资企业间劳动生产率差距较大的行业后,两个模型的 VA/L^f 和 VA/L^d 之间均显著正相关。

Li 等人(2001)利用中国 1995 年工业普查的数据,对因竞争而产生的溢出效应进行了经验研究。结果表明:中国国有企业的劳动生产率与外资企业的劳动生产率显著正相关,说明两类企业之间存在明显的竞争关系,并因此促进劳动生产率的提升;而非国有企业的劳动生产率与外资企业的劳动生产率负相关,说明企业竞争对非国有企业的劳动生产率产生了负面影响。陈涛涛(2003)利用中国制造业 84 个四位码行业的数据,对 FDI 对中国产业行业内溢出效应的内在机制进行了经验研究。结果表明:充分竞争是产生溢出效应的有效机制,在内外资企业竞争能力差距较小的行业,竞争更加充分和有效。黄静(2006)证实:在高新技术产业,市场集中度与规模效应对 FDI 技术外溢的贡献为正;外资企业进驻带来的竞争压力,一定程度上促进了 FDI 技术外溢。

陈涛涛(2003)以 Caves(1974)、Globerman(1979)、Blomstrom 与 Persson(1983)的建模方法为基础,参照 Kokko(1994)的建模形式,构造 FDI 行业内溢

---

① 多数实证研究单纯从静态的角度考虑 FDI 对东道国企业产出或生产率变化的影响,以衡量 FDI 技术外溢效应。这种分析往往忽略因内外资企业之间的技术差距、市场竞争而产生的内生性问题。Kokko(1994)的研究首次解决了这个问题,他认为内、外资企业之间存在相互影响:外资企业的介入会提高内资企业的技术水平,进而扩大竞争效应,反过来迫使外资企业提高技术水平。Blomstrom 和 Person(1983)通过建立内外资技术水平相互决定的联立方程模型检验了这种互动关系。

出效应模型:

$$LP_d = a_0 + a_1 FDI + a_2 K/L_d + a_3 LQ + e \tag{4.7}$$

$$LP_d = a_0 + a_1 FDI + a_2 K/L_d + a_3 LQ + a_4 LP_f + \varepsilon \tag{4.8}$$

$$LP_f = \beta_0 + \beta_1 K/L_f + \beta_2 Size_f + \beta_3 LP_d + \varepsilon \tag{4.9}$$

其中,LP_d 表示行业中本地企业人均劳动生产率的平均值。用行业内本地企业工业增加值均值/本地企业的职工总数测算。FDI 表示外资企业的年末总资产占该行业国内总资产的比率,用以反映 FDI 在行业中的参与程度。K/L_d 指内资企业的人均资本,用年末总资产与劳动力数量的比率表示,以反映行业中内资企业的资本密集程度。K/L_f 代表外资企业的人均资本,用以反映行业中外资企业的资本密集程度。LQ 表示从事技术性工作的职工占职工总数的比例,用以反映行业中内资企业劳动力的平均质量。LP_f 表示行业中外资企业人均劳动生产率的平均值,用行业内外资企业工业增加值均值/外资企业的职工总数测算。$Size_f$ 表示外资企业的平均规模。

　　为进一步检验竞争能力差距对 FDI 技术外溢效应的影响,陈涛涛(2003)将研究样本划分为"内外资企业能力差距较小组"和"内外资企业能力差距较大组",并采用资本密集度、经济规模、技术等差距指标来反映内外资企业在竞争能力的差距。结果表明:只有在能力差距较小的组中 FDI 的溢出效应才显著。这可能是因为当内外资企业的技术能力差距较大时,容易形成外资企业对本地企业的市场挤占,缩小行业内本地企业的生存空间,迫使本地企业寻找新的市场空间,结果形成不同的市场细分,如外资企业占领高端市场,本地企业占领低端市场,以避免同一市场的竞争冲突,但难以产生竞争效应。当资本密集程度、技术、规模的差距较小时,竞争可能更为充分、有效,有利于形成内外资企业的彼此促进;但当资本密集程度、技术、规模的差距较大时,竞争更可能导致本地企业劳动效率的降低,起到相互削弱的负面作用。可见,适度竞争是促使 FDI 行业内技术溢出的有效机制。当务之急,是要在竞争能力差距较小的行业中,培育或创造一个有效的竞争环境,以有利于技术的自然外溢;而对竞争能力差距较大的行业,应通过适当的政策倾斜和扶持,帮助本土企业的快速成长,尽快缩小与外资企业的能力差距。

三、影响东道国吸收能力的主要因素

　　FDI 在中国的技术外溢的经验研究并未得出一致的结论。一些研究发现,FDI 对制造业生产率和增值率都有显著的正溢出,FDI 对中国国内专利申请的数量有正面的、显著的影响,对少数革新如外观设计专利影响最显著。但另有研究发现,外商投资对提高中国内资工业部门总体资源利用效率有帮助,但程度很有限;FDI 只存在突出的扩大就业效应,技术外溢效应并不明显;更有学者认为,"以市场换技术"的总体成效并不理想。上述研究结果间的不一致可能与以下原因有关:技术外溢评估标准的非唯一性(全要素生产率、专利)、有关数据的不可得性、时间序列数据的不合意性(如存在单位根过程),以及计量方法本身的约束(内生性、多重共线性)等。多数研究过于笼统,没有针对不同类型、不同所有权安排形式的 FDI 分别进行研究,也没有考虑国内企业的吸收能力以及国内竞争环境对 FDI 技术外溢的影响。

国内外学者对吸收能力的研究集中在三个层次。

(一)技术差距学说

Jammes(1999)指出:东道国自身的技术水平对 FDI 技术外溢效果有重要影响。各国政府通过研发的财政资金投入,以提高本土企业技术研发能力。随东道国技术水平的提升,一方面,对 FDI 先进技术的消化吸收能力增强;另一方面,根据经济增长的收敛效应,本国企业与外国企业之间的技术缺口将缩小,弱化 FDI 技术外溢效应。近期研究表明:FDI 技术外溢很少出现在内外资企业间技术差距很大的行业或技术落后的国内企业(Blomstrom and person,1983;Liu et al. ,2000)。

Findlay(1978)认为新技术的溢出效应是内外企业间技术差距的增函数。根据新经济增长理论:技术差距越大,外资企业提供的示范—模仿空间越大,则国内企业赶超的潜力越大,落后国可通过学习发达国的先进技术,实现后发优势。

Wang 和 Blomstrom(1992)认为:外资企业的技术引进决策与本土企业的学习型投资和竞争能力正相关。东道国市场的激烈竞争,将刺激本土企业增加学习性投资,从而提高劳动生产率,缩小内外技术差距,并进而促使外资企业向东道国子公司转移更多的先进技术,FDI 技术外溢和技术转移的空间得以拓展。Dimelis、Louri 和 Kokko 指出:技术外溢并不是在所有的行业都会发生。在外资股权比例大、内外资企业间技术差距较大的行业,外资容易形成对内资企业的市场挤出,使技术外溢的壁垒增加。Haddad 和 Harrison(1993)对摩洛哥的研究发现:在技术水平相对较低的行业,FDI 技术外溢效应显著。他们对这一结果的解释是:在技术水平较低的行业,内外资企业之间的竞争更为充分。Blomstrom 和 Kokko(1995)的研究证实:东道国行业市场竞争越激烈,外资企业引进技术越多越快,引进技术的费用也越高。

Kokko(1994,1996)基于墨西哥和乌拉圭两国制造业的研究表明,低技术水平、过大的技术差距影响了外资企业与国内企业建立产业关联的积极性,严重阻碍了 FDI 技术外溢。Lapan 和 Bardhan(1972)认为:溢出效应与技术差距负相关,过于先进的生产技术可能并不合适落后的东道国。Kokko 等(1996)、Perez(1997)认为:国内企业应主要依赖技术存量(即过去能力的积累)实现吸收能力的提升。当技术差距较小时,本土企业具有一定的学习能力吸收海外先进技术。但若技术差距大,意味着本国或本土企业技术积累不足,吸收能力过于薄弱,学习模仿能力差,难以利用外资技术以实现示范—模仿效应。

Basant(1997)对印度九百多家制造企业的研究发现:内资企业的 R&D 开支与 FDI 外溢效应显著正相关。R&D 活动是反映技术外溢吸收能力的重要指标。Kathuria 进一步证实:在科技型企业,知识外溢和 R&D 之间存在互补关系。但 Haskel, et al. (2002)对英国 1973—1992 年制造业全要素生产率(TFP)的研究表明:外资股权每增加 10%,内资企业 TFP 增长 0.5%。对规模较小、技术相对落后的企业,FDI 行业内外溢效应更为明显。

黄静(2006)考察我国企业的吸收能力时,发现技术差距对中国 FDI 技术外溢的影响显著为负,说明中国现有的内外资技术差距不合时宜。由于技术差距大,跨国公司转移的技术难以被国内企业所吸收。一定程度上负面激励了内资企业的创新动机。而且跨国企业更愿从海外采购高品质的原料和零部件,结果难以形成与国内企业的产业链联系,不利于技术扩散,也减少了国内企业学习和消化吸收外来技术的机会①。

Tian(2007)认为:在 FIEs 吸纳技能工较多的行业,技术差距较大,技术外溢的正效应较轻。国内消费品可能较出口产品(主要销往发达国家)的技术

---

① 杜涛(2004)认为:过大的技术差距将阻碍 FDI 企业的技术扩散,具体表现在四个方面:一是如果国内企业技术、管理、规模、人员素质均与外资企业存在较大的差距,将难以吸收 FDI 的技术外溢。二是如果国内中间品的生产企业存在设备老化、工艺落后、产品单一等问题,将难以成为 FDI 企业的配套厂家,难以产生垂直型的联系效应。三是在合资企业内部,如果中方研发能力弱、技术落后,难以为合资企业的技术开发活动提供支持,将加重中方对合资方技术的依赖,降低"干中学"的效果。四是过大的技术差距将加剧高层次人才的单向流动状况,形成逆向技术外溢。

含量低,内、外资企业间的技术差距较大。因此在 FIEs 出口较多的行业,技术外溢较少;而 FIEs 以新产品生产为主的行业,技术差距较大,技术外溢较少。研究中 Tian(2007)引入了变量"FIEs 相对于国内企业的劳动生产率比率"(F/Dgap)。该比率越大,说明技术差距越大。但 Tian(2007)在控制技术差距变量(F/Dgap)或用 1 年滞期(F/Dgap$_{t-1}$)替代时,结果基本保持不变。这说明:通过资本、就业、产品销售产生的技术外溢对技术差距变量不敏感,无法用技术差距理论加以解释。

以上研究表明:技术差距影响了技术外溢的程度。只有当技术差距在合理的范围内,才存在显著为正的技术外溢。

(二)人力资本学说

作为知识产品的主要载体,人力资本是技术外溢的重要渠道,也是东道国能否吸收技术外溢效应的核心因素,在新增长理论中被视为衡量技术进步的重要指标和跨越技术吸收"门槛"的切入点。Kokko(1996)发现,当地企业对学习活动进行的投资越多,就能从跨国公司的溢出效应中吸收越多的新技术。Keller(1996)以 Dixit 和 Stiglitz(1977)的模型为基础,考察了为何同样实行外向型政策,南美洲国家的经济增长率却远远低于东亚国家这一事实。研究发现:正是人力资本积累的差距,导致两类国家吸收能力不同,并进而影响经济的增长。Borensztein et al.(1998)首次运用人力资本对东道国吸收能力进行量化分析,研究结果表明:人力资本存量是影响外资企业技术外溢效应的关键因素,只有当东道国人力资本足够丰裕时,东道国经济才能吸收 FDI 的技术外溢。许丽琴(2000)认为:外商进行技术转让时还要考虑国内企业本身的技术人员和技能工人的配备情况,因此人员素质的高低在一定程度上也能影响外商的投资行为。赖明勇等(2002)以 Borensztein et al.(1998)的模型为基础,以 1980 年为基期对 1980—1999 年的统计数据进行处理,首次测算并比较了我国对 FDI 的资本累积效应与技术外溢效应,证实人力资本存量的丰裕度决定了中国对 FDI 的技术扩散效应的吸收程度,并最终影响经济增长。现阶段中国人力资本存量仍处于较低水平,虽然能较好地吸收以劳动力密集型为主的 FDI 技术外溢,但不利于 FDI 产业结构的提升。因此,加强教育投资、注重人力资本的积累是增强我国对 FDI 吸收能力的关键。王志鹏、李子奈(2004)利用我国 1982—2001 年 29 个省份的经验数据展开实证研究,发现 FDI 的技术外溢具有鲜明的人力资本特征,各地区必须跨越一定的人力资本门槛才能从 FDI 中获益。包群、赖明勇(2003),黄静(2006)的研究均证实:中等教育程度的人力资本促进了 FDI 技术外溢。这与我国当前以加工贸易为主的投资现状一致:加工贸易业多属于劳动密集型行业,FDI 企业在东道国的研发活动多与加工贸易相适应,对劳动者教育程度的要求不是特别高。但李杏(2007)的研究则显示:大学和高中教育程度的人力资本对 FDI 技术外溢才有明显的促进作用,而且大学教育程度的人力资本作用大于高中教育程度。这暗示中国外资经济的技术结构可能升级,整体经济不再表现为劳动密集型、资源密集型为主的结构,经济增长对高级人力资本要素的依赖程度加深。加强教育投资、重视高层次人力资本建设已成为中国 FDI 政策调整的重要内容,因为只有高素质的人力资本存量,才能诱导高技术含量的 FDI 企业投资和转移技术,产生更大的技术外溢。

研发投入被视为影响人力资本素质的重要因素。只有有助于增强吸收能力的研发投入才是有效的,才有可能产生更多的新技术成果。Cohen 和 Levinthal(1989)认为技术知识产品具有很强的自我积累性和路径依赖性,因为任何新技术知识都是在已有的技术知识的基础上开发出来的,较大的技术知识存量意味着具有较强的研发能力去开发出更多的新技术产品。

Borensztein et al. (1998)指出:根据新增长理论,技术进步是资本深化(Capital deepening)的结果。如果用资本品种类的增加数代表资本深化的程度(即将资本积累的过程视为资本品种类扩张的过程),可得出消费品生产函数:

$$Y_t = AH_t^\alpha K_t^{1-\alpha} \tag{4.10}$$

其中,H 代表人力资本;K 代表物资资本。

假设为吸收 FDI 技术外溢,东道国企业须支付吸收成本 F。如果以 n^*/N、N/N^* 代表初始的技术缺口,则由技术缺口决定吸收成本 F 的相关函数为:

$$F = F(n^*/N, N/N^*) \tag{4.11}$$

且:$\partial F/\partial(n^*/N) < 0, \partial F/\partial(N/N^*) > 0$

其中,n^*/N 代表东道国外资企业数(n^*)在企业总数(N)中的占比。若 n^*/N 的比值小,说明到东道国投资的外资企业少,国内企业缺乏向 FDI 企业学习先进技术的机会,技术缺口大,获得技术外溢效应的可能性也增大。

N/N^* 代表东道国企业总数（N）与资本品生产企业数（N^*）的比值。

假设国内市场可自由进出，引入拉姆齐模型的跨时消费效用决策方程：

$$U_t = \int_t^\infty \frac{\sigma_s^{1-\alpha}}{1-\sigma} e^{\rho(s,t)} ds$$

由跨时消费效用最大化，Borensztein et al.（1998）构建了增长方程式：

$$g = \frac{1}{\sigma}[A^{1/\alpha}\varphi F(n^*/N, N/N^*)H - \rho] \tag{4.12}$$

其中，g 代表实际增长率。A、H 分别代表东道国的技术产出率和人力资本存量。

σ、ρ 为与跨时消费决策有关的两个指数。

Kinoshita（2000）将研发的作用分为创新和学习效应两部分，其对捷克制造业的研究表明：研发支出增强模仿创新能力的效应要大于它直接促进创新的效应。只有在那些研发支出较多的行业里，FDI 技术外溢效应才比较明显。Kathuria（2000）对印度的研究表明：FDI 溢出效应并非自动产生，企业要从中受益，必须对"学习活动"进行投资。当地企业对"学习活动"投资越多，吸收能力越强。

赖明勇等（2002）的研究表明：当单独用 FDI 回归时，回归系数为正但并不显著。当代入 FDI 与人力资本的交互项进行回归时，发现 FDI 的系数显著为负，说明在目前储蓄总额居高不下的情况下，如果将利用外部资金作为引资的简单目标，可能导致负的资本累积效应并阻碍投资总量的增加，即 FDI 对国内投资存在"挤出效应"（Crowd-out effect）。而交互项的系数显著为正，说明 FDI 更多与人力资本相结合推动经济增长。FDI 对我国国民经济的推动作用较少反映在资本累积效应上，而更多体现在技术外溢效应。赖明勇等（2002）指出，人力资本是影响吸收能力的最重要的因素。但我国人力资本的积累仍处于初级阶段，虽然较低的人力资本存量能与 FDI 加工型特征很好地结合并促进经济的发展，但一定程度上制约了 FDI 产业结构的调整。

徐雪刚等（2006）认为：模仿创新行为和技术扩散主体本身的利益结合在一起，是最积极、最主动利用 FDI 技术外溢效应的方式。本地企业要实现模仿创新，必须要承担模仿创新过程中的研发支出。研发支出的增加对接 FDI 技术外溢的能力，可以降低 FDI 输出国和东道国之间的技术差距，降低技术转移的成本，同时给跨国企业相应的竞争压力，迫使其将先进的技术转移到东道国。

黄静(2006)利用 Cobb-Douglas 函数,并借用 Kokko(1994)在分析墨西哥 FDI 溢出效应影响因素时采用的方法,将外资企业自产与反映内外资企业技术差距的指标相乘后作为解释变量进行回归,从技术差距、人力资本结构、企业的研发学习三个因素来检验我国人力资本状况与研发对 FDI 技术外溢的贡献,基于技术研发层面考察我国的吸收能力。结果显示:技术差距对 FDI 技术外溢效果的影响为负,高质量的人力资本结构、较高的研发投入对 FDI 技术外溢效果的影响为正。

李杏(2007)用与黄静(2006)同样的方法,以《中国统计年鉴》(1988—2005 年)中国 29 个省、市、自治区(西藏除外)的面板数据为基础,研究过程为:(1)先采用 IPS 单位根检验时间序列数据的平稳性。结果表明:在 5% 的置信水平下,所有变量的水平序列基本上都是非平稳的,而它们的一阶差分都是平稳的,即都是 I(1)序列。因此可采用协整分析方法来确定各变量之间的长期稳定关系。(2)检验表明:在 95% 的置信水平下,各变量间至少存在一个协整关系,所以可用变量的水平值进行回归分析。(3)对 FDI 的资本累积效应与技术外溢效应的测算比较显示:FDI 促进技术进步的直接效应(LnFDI)和间接效应(share)均不明显。

文献研究中人力资本结构的衡量指标有:科学家和工程师占企业科技人员的比例。研发学习的衡量指标有:研发费用占总销售收入的比例、研发支出占 GDP 的比例等。我国研发支出和研发人员存量仍处于低水平。人均研发支出和每百万人中研究人员数无论同 OECD 国家还是同亚洲新兴工业化国家都有较大的差距,甚至低于美洲的巴西和阿根廷。2001 年 OECD 国家研发支出占 GDP 的比例是中国当年该比例的两倍以上,亚洲新兴工业化国家的研究开发支出占 GDP 的比例也明显高于中国(徐雪刚等,2006)。

(三)贸易效应学说

主要观点体现在两个方面,一是蒙戴尔(Mundell)提出的贸易替代效应;二是有日本学者小岛清在 Mundell 模型的基础上拓展提出的"投资与贸易互补效应学说"和贸易创造效应。Mundell 模型是在 H-O-S 要素禀赋比率定理的假定条件下构造起来的,认为国际直接投资实际是在有贸易壁垒的情况下对初始的贸易关系的替代。简言之,贸易与投资之间具有替代性,即贸易障碍会产生资本的流动,而资本流动障碍会产生贸易。贸易与投资之间的这种替代关系从"关税引致投资"的实践中得到了验证。以小岛清为首的学者则认为,FDI 实质上可以看成是资本、技术、经营知识等一揽子活动的综合体由投资国向东道国同类产业的特定转移过程,是以两国存在着不同的生产函数为前提的。通过要素的移动,FDI 所带来的先进生产函数,将通过培训、示范等方式逐渐在东道国普及和固定下来,形成 FDI "生产函数改变后的比较优势",使东道国整个产业的生产要素发生积极变化。FDI 对东道国生产率的积极作用,最终又会创造新的贸易机会,使贸易在更大规模上进行。Aitken 和 Harrison(1999)对委内瑞拉 1976—1989 年制造业的研究表明:在外资股权比例高的部门,内资企业效率高。如果 FDI 企业零部件高度依赖进口,则国内供应商无法从规模经济中获益,FDI 的后向外溢表现为负。Aitken et al. (1997)发现:外资企业出口有助于提高国内企业的出口导向。Barrios 和 Strobl (2002)对西班牙制造业实证研究发现:技术外溢仅仅发生在出口型企业,因为出口型企业迫于国际市场压力,会进行更多的研发投入以提高吸收能力。黄志勇(2004)分析指出,外商直接投资对我国出口贸易的促进作用非常大,而且对我国出口产业的结构提升也有很大的促进作用。但 Kokko(1994)发现贸易开放对 FDI 技术外溢的影响是不确定的。Greenaway et al. (2004)指出:尽管外资企业出口对内资企业的出口导向可能产生影响,但对出口强度的影响并不显著。即通过外资企业出口对内资企业出口导向产生的外溢效应很小。

总体来说,国内外学者对影响 FDI 技术外溢的吸收能力的理论研究颇多,实证研究较少。对吸收能力影响因素的研究,主要集中在 R&D 投入、技术差距、竞争效应、人力资本等方面。Abramowitz(1986)的社会能力学说指出:一国只有拥有了足够的基础设施、技术水平,才能获取外界技术成果。Olfsdotter (1998)认为:经济开放度、政府政策、人口增长率、基础设施状况、行政效率、知识产权保护度等宏观环境对吸收能力同样起到重要的作用。因为良好的环境有助于吸引更具活力的 FDI 流入,加大当地企业接触 FDI 企业先进知识的机会,扩大示范—模仿效应。Wang(1990)和 Batiz(1991)认为:对外开放的规模与 FDI 技术外溢正相关。Moran(1998)认为:自由开放的经济和制度环境,有利于 FDI 在东道国建立出口导向型企业,作为其全球生产和采购系统的一部分,并为其提供技术和人员支持,这将有利于技术外溢。Olfsdotter(1998)的研究表明:人力资本与经济开放度的交互项的回归系数为负,说明政策导向会影响吸收能力。Balasubramanyam 等(1996)发现:与遵循进口替代贸易政策的东道国相比,实施出口导向贸易政策的东道国往往能够获得更为显著的技术外溢效应。Alfaro et al(2000)指出:学习、引进海外技术需支付大量的固定成本,如学习费用、谈判成本、关键设备和技术的购置成本等,金融市场效率直接决定了创新者通过贷款和资本市场运作获得的支付能力。包群、赖明勇(2003)的研究表明:经济开放度的提高、基础设施的建立和完善均有利于吸收 FDI 技术外溢。

杜涛(2004)认为:(1)国内企业追求技术进步的动力不足。如国有企业对政府仍有较强的依赖性,尚未真正成为技术进步的主体。(2)政府行为往往导致 FDI 投资目标发生扭曲。如政府为了挽救困境中的国有企业,用行政的手腕安排企业间合资行为,导致资产购并行为非市场化,没有充分考虑企业的长远发展目标,也削弱了企业的学习动机。(3)不完善的要素市场是制约 FDI 技术转移与扩散的关键。首先,缺乏全国性的、区域性的竞争性劳动力市场;其次,缺乏能专业提供人员培训、技术咨询与评估的公共服务机构;再次,知识产权保护不力,使外商在输入核心技术时缺乏安全感。由于要素环境缺失,迫使 FDI 企业采用严格的管理措施防止不正当竞争行为,封锁了技术外溢的路径。

黄静(2006)的研究证据支持开放度与 FDI 技术外溢正相关的假设。但李杏(2007)的研究表明:人均电信服务量与 FDI 技术外溢正相关;外贸依存度与 FDI 技术外溢负相关。这可能与我国以加工贸易为主的贸易方式有关。要改变这种状况,就必须加强政策引导与规范。如要求提高加工产品原材料的国产化率、延伸加工贸易的国内增值链,以促其向深加工、技术密集型方向发展。

经济开放度,一方面反映我国企业与外资企业接触的机会,另一方面反映了对外开放的政策倾向。文献研究中衡量经济开发度的指标主要有:行业内外资企业的资本占比、行业出口占总产值的比例等代表(行业)外贸依存度的指标。

国内研究表明:地区的经济发展水平也影响 FDI 技术外溢。潘文卿(2003)对 1995—2000 年外商在华直接投资对中国工业部门溢出效应的研究表明:FDI 技术外溢总体为正。但西部地区经济落后,难以吸收 FDI 带来的先进技术。杜涛(2004)认为:中国企业的规模多数还没有达到创新的临界水平。

黄静(2006)从行业层面入手,以《中国高新技术统计年鉴》(1998—2002年)15 个三位码国以及年销售收入在 500 万元以上的非国有工业企业的面板数据为基础,考察微观、中观、宏观层面各吸收能力指标对 FDI 技术溢出效果的影响。在拓展的吸收能力的研究中,发现市场开放度、集中度和规模效应对我国高新技术产业 FDI 技术外溢的影响为正。蒋殿春(2001)利用博弈论指出:一旦大厂商控制了较大的市场份额,只要新的技术机会不会动摇其市场地位,大厂商会选择 R&D 投资决策,具有创新动机。可见,大规模的企业不仅可实现规模经济效益,还可借助其雄厚的资金实力和市场力量开展研发创新,发挥竞争效应。

四、技术扩散的制约机制

许丽琴(2000)指出:20 世纪 80 年代以来,FDI 在华投资虽然实现了量的持续增长,但在"质"上的技术外溢却有所不足,主要原因不在于外商对技术的严格控制,而在于人员流向的单向性。解决该问题的关键,是要建立有效的扩散机制,包括人员、知识、地区三方面。

(一)人员扩散机制

技术作为一种依附于人身上夺得无形资产,其可积累性和可投资性也体现在其载体——人力资源的配置上。正如前面所分析,技术水平靠什么来提高呢?一是增加资本、技术、研发资金的投入,更重要的是训练与完备的技术力量相匹配的高技能劳动力。二是加强内外资企业之间的交流和人员流动,扩大知识的传播效应。

中国劳动力要素具有典型的两极特征:以脑力劳动为主的高层管理人员和技术人员(俗称"白领"),除追求高工资、高效率外,更追求良好的工作环境和工作氛围,强调自我价值的实现。以体力劳动为主的简单劳动者(俗称"蓝领"),工资是影响其行为的唯一决定要素。FDI 企业面临的劳动力市场呈"买方市场"特征。相对于国有企业、集体企业,FDI 企业具有环境优越、工资相对较高(见表4—1)、工作岗位具有一定的挑战性、节奏快、效率高等特征,有利于吸引东道国包括高校学生、科研院所在内的不同层次的人才,使得劳动力供给远远大于需求,供给富有弹性,对工资变化的敏感性强。

表4—1 我国不同经济单位的职工平均工资(1991—2007 年)

(单位:元)

	1992年	1993年	1994年	1995年	1996年	1997年	1998年	1999年	2000年	2001年	2002年	2003年	2004年	2005年	2006年	2007年
国有单位	2878	3532	4797	5625	6280	6747	7668	8543	9552	11178	12869	14577	16729	19313	22117	26620
城镇集体单位	2109	2592	3245	3931	4302	4512	5331	5774	6262	6867	7669	8678	9814	11283	13014	21952
港澳台投资单位	4740	5147	6376	7484	8334	9329	10027	10991	11914	12544	13756	14691	15727	17273	19045	21952
外商投资单位	4374	5315	6533	8058	9383	10361	11767	12951	14372	16101	17892	19366	20440	21902	24784	27942

资料来源:根据《中国统计年鉴》(1991—2008 年)的数据整理。

可见,在 FDI 企业,劳资双方的力量对比不对称。在这个市场中,90% 以上的人员都是在三资企业之间流动(刘恩专,1998),向其他经济组织扩散的比例很低。相反,以国有企业、城镇集体单位为主的其他经济成分则人才流失严重。FDI 企业吸引了中国大量优秀的人才。曾经涌现的"民工潮"和"孔雀东南飞"现象是劳动群体向外商投资集中地区转移的体现。

表4—2 企业人才流动取向

(单位:%)

	国外	外资企业	合资企业	民营企业	乡镇企业	机关
最优秀人才	15.3	22.7	17.3	10.5	3.4	30.8
优秀人才	3.7	14.5	31.2	16.3	6.5	27.9
一般人才	1.7	3.7	19.7	29.6	17.2	28.0

资料来源:许丽琴(2000)根据《中国经济年鉴》(1998)第 914 页整理。

十九年来,外商直接投资带动了开放地区的经济发展,但同时也加剧了地区间的发展不平衡。当前国内劳工流动仍呈现单向流动的特征,大批优秀的劳动力从经济欠发达地区向经济发达地区;从国有、乡镇企业向 FDI 企业转移。这种单向流动在一定程度上限制了技术扩散,削弱了技术外溢。FDI 研发机构从国有企业、科研院所挖走人才,甚至会形成逆向技术扩散。正如刘易斯所言:如果当地人只能作为廉价劳动力为外国资本家工作,那么外国企业可能给本国带来的好处就会白白浪费。跨国公司对中国产品市场和人才市场的争夺,可能加剧国内产业的空心化,使业已形成的产业基础,研究工作因失去市场依托而被迫减弱,进一步加剧了企业的技术依赖。可见,要实现技术外溢,就必须建立完善的人员扩散机制,改变单一流向,用最直接、最快捷的方式将FDI企业中人员拥有的知识存量转化为生产力。

一是要完善内功,吸引优秀人才回流。对比内外资企业,我们发现各类企业均有优势和劣势。FDI企业具有灵活的用人机制和高效率的工作节奏,但也存在竞争压力大、职工福利无保障、雇佣与被雇佣关系不稳定、外方掌握最高决策权、劳方谈判力不强等问题。利用这一点,国内企业可以通过节能增效,改善工作环境,建立现代管理体系,尤其在工资分配、福利保障等方面向现代企业靠拢,增加职工归属感,通过货币和非货币奖励的方式吸引FDI企业的优秀人才回流。

二是要完善用工市场,增强信息的透明度。目前在用工信息方面存在严重的信息不对称问题。一方面是用工单位急需人才,却苦于找不到人;另一方面是大量闲散拉动力急需解决就业问题。由于市场信息不对称,劳资双方搜索成本高,急需建立和完善人才中介机构,建立双向交流机制,并根据用工信息有针对性地开展人才培训工作。

人员扩张机制的实现要求内资企业效率必须得以提升,工作环境必须有效地改善,这些都需要一个过程,因此难以成为先行技术外溢的主要扩散机制。

(二)知识扩散机制

这里所说的知识扩散机制,是一种"虚拟人员流动"。从短期看,FDI企业从业人员进多出少的状况难以改变。在国内企业知识存量没有积累到一定阶段的时候,人员扩散机制发挥的作用十分有限,必须考虑其他知识外溢的间接途径。具体策略包括:一是加强内外资企业间的交流与合作。内资企业可以主动出击,请外资企业代为培训相关技术和管理人员;或直接开展项目合作,加强横向联合。二是充分重视高校的作用。目前许多FDI研发机构都开始重视与高校的交流与合作。加强校企合作,不仅有利于科研成果向生产力的转化,也有利于嫁接知识桥梁,借助高校本身比较完善的知识转化机制和传播机制,将 FDI 企业的技术扩散到其他的经济组织。三是重视网络等传播媒介的作用,与海外专家、技术人员直接展开信息交流。

知识扩散机制可以看成是人员扩散机制的补充。它是以 FDI 研发机构的设置和信息交流为前提。因此,在经济发达地区,这种扩散机制容易实现,但在经济欠发达地区,由于企业基础薄弱、FDI 投资少、人才流失严重,这种扩散机制往往见效慢,存在时滞性。

(三)地区扩散机制

地区经济发展不平衡,也是限制技术外溢的区域性经济条件之一。东南沿海地区经济发展到了一定阶段,但各种生产要素的成本不断攀升,资源优势越来越不明显。与中西部劳动力成本的差距拉大。外商直接投资正逐步向越南、老挝等劳动力成本相对低廉的国家转移。对此,国家应制定相应的引资优惠措施,吸引 FDI 企业向内地欠发达地区转移;或通过税收优惠引导 FDI 企业以转移定价的形式拓展内地市场,放开在交通运输、邮电通信等领域的投资限制,加强内陆基础设施的建设。

其次,要建立梯级的产业结构。鼓励高技术企业以直接或间接的方式带动内地企业的发展。如帮助其进行人员培训;开展项目合作;引入 BOT 投资机制,由国内大企业集团与经济欠发达地区政府之间展开合作;建立垂直型产业链关系;等等。

再次,要建立地区间共享的劳动力市场,完善地区间的物流基础设施,降低劳动力交易成本和地区间的物流成本。

以上三种扩散机制是针对我国现行技术外溢的限制性因素提出的战略对策。三种扩散机制互为补充,互为替代,形成有机的统一体,其目的是要突破人员单向流动的限制,建立有效地传导机制。如果将引资看成技术提升的第一步,则沿袭 FDI 进驻→竞争机制→示范—模仿效应→学习效应→二次创新的递进关系,每一阶段都需要靠有效的传导机制来实现。而企业挖掘内在潜能,实现技术创新则是重中之重。

五、创新、技术转移和贸易的决策模型

过去20年的产业组织研究文献,均将创新视为一种"将资源投入到研发

活动以开发创造的生产过程"。

Jensen 和 Thursby(1987)将创新的概念融入贸易模型,认为南北间的贸易模式类似于弗农的产品生命周期理论。在该模型中,创新作为一种新产品开发活动,主要在北方研发产业进行。北方企业将研发部门或非贸易品生产部门的可替代劳动力投入到研究开发活动中。在初始阶段,该类企业往往具有垄断地位,当具有廉价劳动力的竞争优势的南方通过学习效应掌握这些新产品的生产技能之后,产品循环的贸易模式开始出现。Jensen 和 Thursby(1987)的研究表明:由于技术转移的存在,北方企业无法获得研发活动的全部收益。追求利润最大化或效用最大化的北方企业最优的创新频率将小于全球最优的创新频率。只要技术转移加快,北方企业利润最大化行为与 R&D 行业规模正相关。随着技术转移的加快,新产品销售的潜在收益减少,迫使北方企业削减生产规模。但由于批量生产下的消费者效用增加,可以抵消(offset)R&D 投入增加下的潜在利润损失。这一点很重要,是北方 R&D 规模扩大的重要原因,即:一旦南方企业利用"干中学"掌握了新产品的生产工艺,将利用廉价劳动力优势接管北方企业的市场,迫使北方企业将劳动力向研发领域集中配置。

在 Krugman 的初始模型中,当创新频率不变时,随技术转移速度加快,北方的贸易条件恶化。在 Jensen 和 Thursby(1987)的总体均衡贸易模型中,假设北方产业为不完全竞争,新产品生产的目标是实现利润净现值最大化。研发活动需要投入劳动力,而这种投入品的效率应反映产品生产中"干中学"的作用。Jensen 和 Thursby(1987)认为:随创新频率加快,贸易条件的变化取决于生产规模和开发效应,后者与非贸易品生产的预期劳动力机会成本部分相关,因此模型设计中考虑了北方非贸易品的竞争,有利于检验了技术转移速率和创新速率之间的交互作用,及技术转移对 R&D 本身和 R&D 行业规模的影响。

假设将世界经济体分成两部分:南方和北方。北方有两个行业:不完全竞争的贸易品行业,以开发、生产新产品为主;完全竞争的非贸易品行业。北方消费者偏好相同。偏好方程为:

$$U_N = c_{nt}^{\gamma} \int_0^n c_N(\eta)^{\gamma} d\eta, 0 < \gamma < 1 \qquad (4.13)$$

其中, U_N 代表北方效用;n 代表贸易商品的消费数量; $c_N(\eta)$ 代表第 η 个贸易商品的消费数量; c^{nt} 代表非贸易品的消费。该模型中考虑了非贸易品,可用于检验新产品开发的资源成本时,该资源成本与其他相关研发产品和其他类型产品的预期消费有关;$\dfrac{1}{1-\gamma}$ 代表贸易品的替代弹性。

式(4.15)暗示贸易品和非贸易品之间存在替代弹性,这说明在自由贸易条件下,北方为不完全专业化生产。假设南方为完全竞争,消费偏好相同。则:

$$U_S = \int_0^n c_S\,(\eta)^{\gamma} d\eta, 0 < \gamma < 1 \tag{4.14}$$

其中,U_S 代表南方效用。

这里劳动力是贸易品生产中的唯一投入要素。假设各国劳动者可生产任一单位的贸易品,且掌握有生产技术,但只有北方的劳动者可生产新产品。这里所说的新产品,是最新开发的贸易品,其生产技术仅为北方劳动者知晓。与之相对应的旧产品,是生产技术已公开的贸易品。最初所有的贸易品均为旧商品。一旦开展研发活动,创新和技术转移的速度决定了新产品和旧产品的划分。这里所说的创新,是指新产品开发和技术转移活动。但可能存在生产效率提升而技术不变的情况。非贸易品的生产投入要素为劳动力和固定要素(如土地)。假设将 $\varphi(L_{nt})$ 定义为非贸易品的产出,为劳动力的函数,由于存在固定要素,$\varphi' > 0$, $\varphi'' < 0$。该假设可充分考虑研发部门雇用决策中的工资效应。

综上所述,技术外溢的效应,关键在于人才培养和引进机制。政府应制定灵活的优惠措施,重点引进学科或技术领域带头人、海内外杰出的科学家和技术研究人员;建立高级人才库;牵头组织国内一流高校、科研院所与驻外机构联合跟踪国际前沿学科动态等。

第五章　FDI 知识溢出的路径研究

在开放条件下,一国经济的增长最终取决于内部资源和外部因素的共同作用。FDI 作为国际资本流动的主要方式,成为各发展中国家经济发展的重要传导机制。早期对 FDI 的研究主要基于发展经济学,强调 FDI 对东道国资本积累的作用。Rostow 认为:吸收 FDI 有利于缓解发展中国家面临的"资本短缺约束"。Chenery 和 Strout 在哈罗德—多马模型的基础上,提出"双缺口"模型。但部分发展中国家如同中国一样,储蓄缺口并不明显,甚至略显富余,单纯用资本积累效应难以解释这些国家 FDI 流入增加和发达国家之间双向直接投资增多的客观事实。

一、技术外溢的理论研究

技术外溢具有正向外部性,有助于拉动东道国经济和研发能力的增长;同时由于技术市场失灵,技术外溢也具有负的外部性,使研发者的研发收益无法达到最大化。关于 FDI 技术外溢的理论,学术界主要有产业组织理论、国际贸易理论和内生经济增长理论三类。

(一)产业组织理论

产业组织理论强调 FDI 对东道国的外部作用,认为 FDI 通过技术转移对东道国的市场结构产生影响。跨国公司拥有丰富的资金、技术、资源,以无可比拟的竞争优势进入东道国市场,打破了东道国原有的市场均衡,削弱当地企业的垄断力量,迫使东道国企业或淘汰出局,或设法增加现有的技术存量,提高生产效率,保住市场份额。

(二)国际贸易理论

国际贸易理论主要解决"FDI 为什么会发生"、"厂商如何选择出口模式或 FDI 进入模式"这一类的问题。根据国际贸易理论,FDI 被定义为一个具有联合投入或具有公共财产特征的知识资本。公共知识①的使用不受使用次数、使用人数的影响而保持恒量。在此基础上,可以将技术外溢看成东道国企业利用 FDI 企业转变为公共知识的技术知识,组建自身技术并推动技术进步的过程,具有明显的正向外部性。但该理论没有深入探讨 FDI 对技术进步的速度和模式的影响。

Vernon(1966)的产品生命周期理论对跨国公司对外直接投资行为在时间维度上做了很好的阐述,该理论假设存在垄断的市场结构,即在产品导入阶段(初期阶段)、产品出口阶段(中期阶段)、海外投资阶段(产品成熟阶段),只有一家公司拥有新产品生产的技术优势。但若引入水平分工,所有参加企业仅生产差异化产品,则市场结构转变为垄断竞争型的。假设各企业均投入大量的研发支出、拥有巨大知识存量。此时可以预期:由于技术创新的产品功能可能覆盖竞争性产品的功能,单一厂商的技术创新可能对其他竞争者构成威胁,这就迫使其他竞争者必须迅速地学习这种新技术,以提高产品的市场竞争力,从而由市场竞争引发技术竞争,产品更新换代的速度加快。在电脑芯片制造业,摩尔定律形象地对产品更新速度做了描述,指出产品更新速度加快的直接后果就是缩短,甚至消除了 Vernon 意义上的产品生命周期。即产品从导入至成熟这一生命周期不再分时段、呈波浪状在不同的时间和空间(市场)出现,而是同时在不同空间(市场)出现。产品生命周期不再展现为不同市场之间的产品生产与消费更替,而是表现为一定产品在不同市场、同一时间内的产品导入至衰退的周期。这意味着跨国经营策略将发生改变。许多跨国公司在全球市场上同时推出特定新产品,以出口、FDI 等多种形式输出,尽快在产品更新周期内实现最小规模经济,抢占市场。这使产品生命周期对 FDI 行为的解释力大为下降。

Williamson(1971)的纵向一体化理论指出:在市场失灵的情况下,内部化过程可以用跨国公司的内部组织等级制度代替不完全的外部市场。市场不完

---

① 任何一项技术,它的知识结构中都会有一部分是由公共知识构成的,并且伴随该技术的使用,知识结构中会有越来越多的特有知识转化为公共知识。

全,是指知识市场不完全、外部市场存在交易成本。由于知识的外部交易存在定价困难等问题,拥有特殊知识的企业往往倾向于将知识交易内部化。根据契约经济学,市场交易存在信息搜寻、合同履行的事前和事后成本。当市场交易成本较高时,例如通过许可证贸易获得新技术时,往往由于谈判成本和估价成本高而失败,企业有动力将其组织进一步扩大,以便将后向的研发环节纳入同一组织内部;另一方面当企业购入中间投入品以生产成品时,由于中间产品供应商对其价格控制,企业可能面临相应的交易风险。这种交易风险的存在促使跨国公司通过FDI纵向一体化的方式获取新技术,使中间产品的贸易在跨国公司内部完成,将交易风险负的外部性内部化。在技术密集性行业,R&D投入巨大,跨国公司必须在较大生产规模上实现最小规模经济。同一跨国公司内的技术知识可视为公共产品,在跨国公司的分公司内低成本使用。随着跨国公司规模扩大,跨国生产、销售的网络化能力增强,越容易实现与R&D相应的最小规模经济,企业增加研发投入的动机随之增加,内部化能力也相应得到提高,垂直一体化产生的对外直接投资的动力也就越强。

(三)内生经济增长理论

内生经济增长理论将技术视为人们出于自利而进行投资的产物,赋予技术一个完全内生化的解释。根据该理论,FDI作为人力资本积累、技术变革、知识传递的重要来源,虽然对经济增长有正向作用,但FDI技术外溢不会自动产生。政府不再对技术无所作为,可以通过支持教育、刺激资本积累、保护知识产权、补贴研发等激励性政策体系来促进FDI的技术外溢。Wang和Blomstrom(1992)将FDI技术转移看成一种内生平衡现象,认为该现象是由FDI企业与当地企业之间相互作用的结果。技术外溢的程度取决于东道国对技术差距的反应程度,以及在消化进口技术上所做的努力。

二、FDI技术外溢的路径

文献研究表明:FDI可能通过四种路径对东道国企业产生积极影响。

(一)示范—模仿效应(demonstration and imitation effect)

合理的模仿创新是实现技术外溢的重要渠道,也是实现技术积累的初级阶段。所谓模仿创新,是指企业通过学习模仿率先创新者的创新思路和创新行为,吸取率先者的成功经验和失败的教训,引进、购买或破译率先者的核心技术或技术秘密,并在此基础上改进完善,在工艺设计、生产—品质管理、成本控制、市场营销等创新链的中后阶段投入主要力量,生产出在性能、质量、价格方面富有竞争力的产品与率先创新的企业竞争的经济行为。据此,模仿创新是一种渐进性创新行为,一般需经历简单复制→模仿创造→改进创新三个阶段。在简单复制阶段,企业以简单模仿国外产品的工艺为特点,属于对有形资源的抄袭阶段,通过简单应用型技术的提升让企业的技术水平上一个台阶。在模仿创造阶段,企业开始在消化、吸收引进技术的基础上对关键设备或工艺技术实施国产化,以减少对技术输出国的依赖。企业一旦完成了技术积累过程,将进入改进创新阶段。该阶段企业基本具备自我研发的能力,能够根据市场的需求,对外来技术进行适应性改进,扩大引进技术的应用领域;或利用FDI 的技术外溢进行新产品开发。可见,实现模仿创新需要具备两个前提条件:一是模仿者是追随者,应有追随学习的对象;二是模仿者同时也是技术创新者,必须投入足够的研发力量,对学习的对象进一步研究和开发,实现二次创新。日韩模式最值得发展中国家借鉴。日本通过优选技术,在引进技术的基础上加快消化吸收,并在关键领域进行技术创新,从而实现技术赶超和经济的高速增长。韩国则大力引进发明型和创新型技术成果,进行商业化的模仿、开发,最终实现国产化生产,衍生出大量的技术选择机会和技术发展连锁效应,从而推动了其 20 世纪 90 年代的经济飞跃。

　　20 世纪 80 年代以后,人们开始重视对发展中国家企业技术创新和国际化的研究,发现发展中国家具有与发达国家不同的成长路径。威尔斯(Wells,1983)认为:发展中国家通过对发达国家成熟技术的复制模仿、改进、消化和吸收,形成适应东道国环境的本土技术,建立起自己的比较优势。英国经济学家拉奥(Lall,1983)深入研究了印度企业的跨国投资动机,提出技术地方化理论,认为发展中国家跨国企业的创新更多表现为小规模生产、仿制技术和劳动密集型特征,以顺应东道国的要素价格条件和本土市场的需要,实现技术知识的当地化。英国坎特威尔和托兰惕诺(Cantwell & Tolentino,1990)系统考察了发展中国家的对外直接投资活动,提出技术创新与产业升级理论,认为发展中国家在创新上主要采取"拿来主义",研发资源多投向对现有技术与生产工艺的掌握与改进方面,其国际化成长是以地域扩展为基础,以技术积累和创新为内在动力的。内生增长理论认为：在国际技术外溢的过程中，技术落后国家可以利用后发优势进行合理的模仿创新以缩小与发达国家之间的技术差距，并最终实现赶超。Kokko(1994)认为：外资企业不仅将新设备、新产品和新工艺引入东道国，还带来了产品选择、销售策略、管理理念等非物化技术。东道国通过学习—模仿可快速提升技术和生产力水平。Keller(1996)认为：仅仅能够取得国外技术并不一定能够提升一国的发展速度，模仿支出可以为 FDI 创建所需的知识和技能基础，为 FDI 转移更先进的技术提供先决条件。Glass(2000)论证了有效的模仿对自我创新的基础性作用，认为有效的模仿可以通过积累相应的知识存量而大大降低技术落后国家的创新成本。Toshihiko Mukoyama(2003)分析了一国经济增长过程中模仿和创新的关系，假设只有技术领先的国家才能进行创新活动，而技术落后国家只能通过模仿而成为领先者。对模仿行为进行补贴将会有效促进先进技术的扩散和一国的技术进步。模仿还可以通过增加创新产业的数目促进总体创新行为。推进模仿行为不仅能提高一国的静态效率，还可以推动一国动态的技术进步率。

由于技术产品具有非竞争性，因此复制、再生产新技术知识的附加成本是很低的。模仿创新的优势在于：(1)落后国家对技术领先国家的模仿成本远远小于技术领先国家的创新成本。随着二者之间的差距减小，国际技术趋于收敛。Mansfield(1981)对美国化工、制药等 48 个行业产品的调查表明：平均模仿成本仅仅是创新成本的 65%。Segetrom(1991)认为：在稳定条件下，与技术的模仿和转移相比，封闭的技术创新成本要昂贵得多，而这种成本的差异导致了技术的转移和模仿的盛行。(2)模仿成本与可供模仿的技术知识产品选择集成反比。模仿国与技术领先国的技术差距越大，可供模仿的技术知识产品选择集越大，模仿的回报率也越高。因此在吸引 FDI 的初级阶段，技术差距往往很大，东道国可以以较低的模仿成本获得较高的收益率，通过模仿实现的 FDI 技术外溢显著。基于此，施培公(1995)指出：模仿创新战略为企业技术积累提供了高起点的技术平台，企业通过模仿创新可以循序渐进地学习发达国家领先企业的技术成果和创新经验，快速、有效地实现技术积累。

通过技术模仿实现二次创新的假设往往基于两个假设前提。一是模仿者必须有一定的技术存量和技术吸收能力；二是有引进或购买关键或核心技术的通路。中国作为技术落后的发展中国家，通过模仿实现技术跨越的设想不容乐观。首先，跨国公司越来越重视核心技术的保护和控制，希望通过外商直接投资引入关键技术非常困难。在多数制造行业,核心技术和关键设备仍严重依赖国外母公司。其次,跨国公司在华投资企业实施专利战略,形成对中国企业创新活动的围堵。跨国企业通过专利申请,甚至是商务模式、技术方法、服务方式等非传统概念的专利申请,来维护其垄断利润,抬高仿制门槛。近10 年,仅八家国际品牌在华申请专利数就达 20350 件,专利申请量年均增长30%①。再者,跨国投资企业独资研发、内部技术转让等方式,均削弱了技术外溢的程度。中国企业在技术能力难以提升的情况下,依靠外资被动地获得技术越来越困难。

(二)竞争效应(competition effect)

该效应多发生在产业内各厂商之间。FDI 的竞争效应主要表现在两方面:(1)学习效应。FDI 给内资企业(特别是非关联企业)带来更大的竞争压力的同时,也为其树立了学习的标杆。市场竞争迫使内资企业加强学习与模仿,提高生产效率,改善管理,降低生产成本,改进产品质量。通过对进口制成品或中间品的研究、学习和模仿,可以启发东道国企业的创新意识,甚至开发出具有竞争性的相似产品,从而缩小技术差距,降低 FDI 企业更为先进的技术转移到东道国的成本,进一步扩大技术外溢。如日本通过进口关键技术、设备、料件和信息资料,对最先进的产品进行模仿和改进,不仅很快掌握了这些产品的生产技术,而且大量生产和出口,形成逆向设计的示范—模仿效应(demonstration-imitation effect)。Das(1987)认为:竞争效应取决于市场环境、MNE 子公司与当地厂商之间的相互影响。Glass 和 Saggi(1998)分析了 FDI 转移的技术水平和东道国模仿创新活动之间的关系,认为东道国能否通过吸引 FDI 引进更先进的技术取决于模仿和母国创新速度之比。(2)市场挤占效应。Langdon(1981)认为:FDI 的进入加大了行业竞争,因市场争夺可能挤占国内企业的市场份额,迫使国内企业增加 R&D 投入,努力通过二次创新或采用新技术以提高生产效率,以保住原有市场份额。Wang 和 Blomstrom(1992)构建了关于 MNE 子公司与当地企业的博弈模型,证实:MNE 为在竞争中保持技术优势,被迫引进或开发新技术,结果导致新一轮的技术溢出。这两方面均有利于促进国内劳动生产率的提升。但 Aitken 等(1997)、Atiken 和 Harrison

---

① 陈志红:《跨国公司与中国企业的自主创新》,《世界经济研究》2007 年第 7 期。

（1999）提出：FDI 同样具有负的外部性（negative externality）。FDI 企业争夺国内企业市场，使国内企业的市场需求削减，面临减产压力，导致资源闲置和产能过剩，成本上升。形成负的市场——挤占效应（market-stealing effect）。当这种负效应更为显著时，可能抵消 MNEs 技术外溢的正效应，使 FDI 的技术外溢效应总体表现为负。从长远看，竞争对国内企业效率的影响为正，如使国内企业更有效率，或迫使无效企业退出市场。但从短期看，FDI 流入的影响为负，但该结论仍需实证检验。

（三）联系效应（linkage effect）

在联系效应方面，文献研究得出的结论一致，认为当外资企业与国内企业存在紧密联系时，国内企业容易获得外商的技术支持（Aitken and Harrison，1999；Buckley et al.，2002）。当 FDI 企业与国内供应商等上游企业发生后向联系或与国内销售商等下游企业发生前向联系时，将促使 FDI 企业向当地企业传授知识和技术，产生垂直型技术外溢。如作为跨国公司的供应商，为了满足客户的质量需求，国内企业会迫使自己改善产品性能、改进生产工序，对进口的中间投入品进行研究、模仿并创新，实现"干中学"。对产业链的下游客户，外商通常会演示和说明其新产品的质量、特点、功能、使用方法，并提供安装及售后服务，以保证产品质量。这些，均有助于实现技术外溢。

对联系效应的研究，多集中在后向联系效应，对前向联系效应的研究较少。后向联系效应是当前促进本土企业技术进步的非常重要的方式。前向联系效应相对较弱，需要政府扶持和发展。如利用 FDI 引入先进技术设备的同时，如何发展配套的技术设备维修服务业务？

（四）人力资源流动效应（employment effect）

经验表明：国外资本所具有的竞争优势是无法脱离其人力资源而完全物化在设备和技术上的。因此，跨国公司海外投资项目的有效运转，往往和当地人力资源的开发结合在一起。外资企业对员工的培训力度通常大于内资企业，从而造就一大批熟练工人和高级管理人才，一旦他们跳槽到东道国内资企业或自主创业，就会产生由于"员工流动"带来的技术外溢。Chen（1983）的研究显示：在香港制造业中，外资企业的最大贡献在于对当地各层次工人的培训。Katz（1987）的研究也证实：东道国企业与外资企业员工的流动可以产生外溢效应。但 Girma 等人（2001）提出：如果外资企业以优厚的待遇挖走内资企业的优秀人才，情况则相反，此时形成负的技能—挤占效应（skill-stealing effect）。当东道国只是产权保护机制薄弱时，随人才流失导致的技术流失会加大这种负效应。当技能—市场挤占效应足够大时，可能削弱 FDI 的正效应。

三、FDI 技术外溢的实证研究

现行文献研究大多集中在"知识外溢效应是否存在"、"FDI 是否影响内资企业的效率"上，而没有回答"效率外溢是如何发生的"（Görg and Stroble，2001），缺乏对外溢渠道的计量研究。不同国家、不同行业因吸收能力和外商投资战略不同，FDI 技术外溢效应有很大差别。

Li、Liu 和 Parker（2001）、姚洋等（2001）以相同的数据为基础，分别运用普通最小二乘法（OLS）和三阶段最小二乘法（3SLS）进行实证检验，得出相同的结论：FDI 行业内外溢效应显著，国有企业通过 FDI 竞争效应提高了技术水平，其他性质的企业则通过 FDI 示范效应提高生产率。

张建华等（2003）对广东省 1997—1999 年 39 个行业和 21 个城市的数据进行了分析，认为在 FDI 技术外溢的过程中，示范—模仿效应和联系效应比较显著。

Tian（2007）对中国 1996—1999 年 11324 家制造企业的面板数据进行了研究，发现外资企业（FIEs）对内资企业的技术外溢路径中，总体来说，通过资本产生的技术外溢效应为正，而通过产品、雇佣劳动力产生的技术外溢可能为负或不明显。从单一路径看，FIEs 通过有形资产、国内消费品、传统商品、雇佣较低技能劳动力所产生的外溢效应为正，而通过无形资产、出口商品、新产品、雇佣较高技能劳动力所产生的外溢效应为负或不明显。研究表明：技术外溢是一个非常复杂的过程，外溢渠道不同，外溢效应也有很大差别。

Qi 和 Li（2008）采用 2001—2005 年 28 个制造行业大中型企业（large and medium enterprises）的数据，实证检验了中国 FDI 知识外溢效应和外溢的可能路径，研究表明：FDI 对中国的知识创造和管理有积极的作用。示范效应和人员流动效应被视为受益的主渠道，而竞争效应的影响不容乐观。但这三大路径对中国知识创造的影响很弱。中国知识创造仍依赖国内企业的 R&D 投入。

目前的文献研究中表示 FDI 参与程度的指标有三个：FIEs 的资本投入比

例、FIEs的产出份额、FIEs的雇佣劳动力比例。用该类指标对相关变量进行回归分析可能产生偏差。因为资本、产出（产品）、雇佣劳动力只是FDI技术外溢的途径。路径不同，技术外溢效应会有很大差别。受研究方法的限制，多数研究集中在技术外溢总效应的研究，忽视对不同来源技术外溢的区分，因此无法回答"技术外溢是如何发生的"，对FDI技术外溢的详细来源仍知之甚少，得出的结论也不相同（Tian，2007）。由于来源变量之间高度相关，各变量放在一起进行回归会产生多重共线性问题。为解决该问题，有研究者采用集合变量，即用FIEs的产出比例（Aitken and Harrison，1999；Liu，2002）或雇佣劳动力比例（Hu and Jefferson，2002）作为其资本份额的权重。该方法虽然可以捕捉至少两个外溢路径，但仍无法捕捉一个单一变量中所有的技术外溢路径，而且这种方法估计的是总效应，忽略了对单一渠道的信息研究。

四、技术外溢对经济增长与技术进步的影响

研发是技术进步与技术创新的源泉，是经济增长中不可忽视的动力源。索洛（Solow，1957）的研究表明：美国1909—1949年非农业部门的人均产出翻番，其中90%源自技术进步的贡献，只有10%源自资本增量，据此证实：技术进步是现代经济增长的重要推动力。缺乏获取现代技术的路径是一国穷困的主要原因。本土企业要消化（assimilated）技术外溢，必须将技术发展到一定的水平。这仍是困扰英国等发达国家的问题，对发展中国家而言更是一个门槛。目前国际上实现技术提升的模式有三种：第一种是英美模式，以英国和美国为代表，主要依靠自身基础研究和技术创新能力来推动技术进步；第二种是日韩模式，侧重对国外先进技术的引进、消化、吸收和二次创新；第三种是中国—东盟模式。主要通过吸引FDI来缩小与发达国家之间的技术差距，即通过投资活动的技术外溢和技术转移，最终实现效率提升。英美模式是提升产业国际竞争力的最终出路，但由于发展中国家与发达国家之间技术差距大，技术创新能力普遍不足，技术创新的风险大，这决定了发展中国家技术创新活动应从技术引进开始，逐步培育产业技术要素的比较优势，创造自主研发的要素条件。现阶段中国引资政策调整的重点，是要通过外商投资产业政策的引导，借鉴日韩模式，通过对FDI技术外溢的消化、吸收来增强自主创新能力，是各国利用外资的主要目标。鉴于此，国内外学者多从技术引进、购买国内技术、

FDI 研发活动三个路径来研究技术外溢对本土企业创新活动的影响。

(一)技术贸易对经营效率的影响

技术引进、购买国内技术被看成是获取新技术的最为快捷的方式。技术引进的效果取决于两方面:(1)引进技术的适配性。由于环境的差异,从技术输出方获得的转让技术可能与引进企业的内部技术不适应或不协调,将影响技术的应用和吸收。(2)引进企业的技术吸收能力。如果企业具有较强的吸收能力,能通过消化、吸收外来技术,并结合自身 R&D 活动实现"二次创新",则技术引进不仅可直接促进本地企业的技术创新,也可以通过影响本地企业的 R&D 弹性间接影响技术创新。但如果引进企业的 R&D 投入不足,技术、管理落后,使吸收能力低下,则企业容易陷入盲目引进、简单模仿和套用外来技术的"贫困陷阱"。技术引进成为自主研发活动的替代,不利于技术进步。可见,技术引进能否推动企业的技术进步,取决于企业消化、吸收外来技术和"二次创新"的能力。

自 1995 年 Coe and Helpman 提出技术外溢的概念之后,国内外学者展开了广泛的研究,多数文献研究表明:贸易是实现技术外溢的主渠道,成为工业化国家 TFP 增长的重要引擎(Del Barrio-Castro et al. ,2002;Coe et al. ,1997;Crespo et al. , 2004;Engenlbrecht, 1997;Frantzen, 2000;Guellec and Van Pottelsberghe de la Potterie,2001,2004;Lithctenberg and Van Pottelsberghe de la Potterie,1998)。但也有部分研究发现通过贸易实现的技术外溢并不显著。

Buckley、Casson(1976)和 Teece(1981)认为通过技术购买实现技术提升,在实际操作中往往存在一定的障碍,因为技术通常难以被编码成专利或简单的说明书形式,且转让定价困难,难以达成一致意见。随着产品生命周期缩短和技术复杂性提高,通过研究进口产品以获得新技术的方法越来越不现实,技术模仿和创新具有时滞性,难以对技术的变化作出快速反应。

Madsen(2005)采用纠错和协整模型,检验 OECD 国家 1883—2002 年来通过技术进口实现国际技术转移的情况,发现:知识进口使机械、设备、医药三个高技术产业的 TFP 增长 200%,但不同国家技术外溢有很大差别,溢出效应有助于国与国之间的 TFP 收敛(convergence)。1913 年以前,在钢铁、化工行业产生了工业革命,涌现出发电机、电灯、汽车等伟大发明,带动了 1983—1913 年 OECD 国家知识进口的直线增长。经济大萧条和第二次世界大战期间,

OECD 国家的创新活动、贸易均显著下滑,知识进口更是跌至低谷。1971 年英特尔(Intel)微机处理器(Microprocessor)的发明带动了以基础设施有关的 ICT 革命,并于 1973 年重新拉动 OECD 国家知识进口的增长。研究表明:TFP 增长最快的国家(如美、日、法),也是知识进口增长最快的国家,反之亦然。通过贸易实现的技术外溢,对 TFP 增长有重要贡献,进口也是国民收入增长的重要途径。

长期以来,我国企业普遍存在"重引进轻消化吸收"、"重设备轻技术"、"重国外技术引进轻国内技术购买"等现象。根据《中国高新技术产业统计年鉴》的数据,1995—2005 年,我国高技术产业中本地企业技术引进经费与消化吸收经费之比平均为 1∶1.8,发达国家这一比例约为 1∶3,日本、韩国为 1∶5;本地企业技术引进与购买国内技术的经费之比平均为 16∶1。商务部提供的信息显示:"八五"期间我国技术引进中,成套设备占 73.87%。2005 年成套设备/关键设备/生产线所占的比例降至 27.99%。但技术引进额中,FDI 企业技术引进的技术费达 80.01 亿美元,本地企业"软件"技术引进额仅占 38.29 亿美元,占 35.52%。可见,技术引进仍是最重要的外溢路经,本地企业对外来技术仍存在较大的依赖性。

(二)FDI 技术外溢对本土企业技术进步的影响

R&D 的公共产品特征,决定了创新产品存在显著的外部效应。虽然 FDI 企业通过独资方式加强知识产权的保护,但 R&D 机构的本土化、与产业内企业的纵向或横向联系、人才流动等均为技术溢出创造了条件。FDI 研发机构的设立,一是为了充分利用东道国的本土资源(原材料、人才、技术等),抢占当地市场先机;二是针对东道国市场特征开展适应性的研发活动,有利于本地企业对技术的吸收,强化了竞争效应,迫使本土企业加大 R&D 投入,加强自主创新的能力。近年来西方企业界兴起同时工程(concurrent engineering),要求产品在设计阶段就吸收下游人员参加,使产品设计符合工艺、制造的要求,缩短研发上市的时间。因此,FDI 研发机构与国内企业建立垂直产业链关系,有利于提高国内企业在模具和设备使用上的生产适应性,降低生产成本的同时,带动国内技术进步。FDI 研发机构与国内企业、高等院校开展广泛的技术合作,在一定程度上促进了双向技术交流。有研究者认为:FDI 技术外溢与国内企业的技术创新活动存在互补关系。

　　第二次世界大战后,随国际资本的快速移动和生产国际化分工,以跨国公司为主体的国际投资成为技术转移和知识扩散的重要方式。MacDougall (1960)第一次明确提出 FDI 对东道国的技术外溢效应,认为各国开始重视引资活动,旨在吸收技术外溢,催化本国经济增长。所谓技术外溢,是指技术随着 FDI 内含的人力资本、R&D 投入等要素,通过各种渠道进行的非自愿型扩散,从而使东道国受益,生产率增长,而跨国公司子公司无法获取全部收益的情形①。之后,Romer(1986)、Lucas(1988)等学者提出新增长理论②,认为进行跨国投资的公司具有特定的资产优势,引进外商投资,可以使一国的技术水平、组织效率提高,产生正的外部性。在技术进步内生化的新增长理论的影响下,越来越多的研究者更加关注 FDI 技术外溢效应。Walz(1997)证实:通过外商直接投资,知识能否得到跨地区的间接性转移,成为发展中国家经济增长的关键。国内学者汤文仙、韩福荣(2000)提出了"技术缺口"的概念,并构造出"三缺口模型",但没有就如何测标、度量"技术缺口"这一核心问题作出相应的解释。

　　对发达国家的研究多表明:FDI 流入使发达国家从技术外溢效应中受益。亚洲四小龙(中国香港、中国台湾、新加坡、韩国)、中国、印度的经验表明:FDI 流入确实有助于东道国的经济增长。对发展中国家技术外溢的实证研究,目前尚未得出一致的结论。多数研究表明:FDI 对发展中国家经济发展的整体效应为正。Audretsch 和 Feldman(1996)指出:跨国公司与东道国的大学和科研院所的合作将激励这些机构开展更丰富的研发活动,使不同文化背景的思维模式相互借鉴和学习,从而突破固定思维方式的限制,产生更多的创新思维。

　　关于东道国的行业内技术外溢效应,该领域的研究成果最为丰富,但多集中在竞争机制,对示范效应机制的研究较少。哈佛商学院的 Richard Caves (1974)最早用经验研究的方法,对澳大利亚制造业的行业内溢出效应进行了检验,证实"本地企业人均劳动生产率的提高与外资企业的参与程度正相关"

---

　　①　在此意义上,资本将突破新古典边际收益递减的经典假设,产生不变或递增的收益,从而影响长期的经济增长。在此意义上,资本将突破新古典边际收益递减的经典假设,产生不变或递增的收益,从而影响长期的经济增长。

　　②　新古典增长模型不能解释决定长期增长的技术进步是如何产生的。20 世纪 80 年代的新增长理论将外部性纳入经济增长过程中。

这一假设认为,外资企业对本地企业劳动生产率的促进作用主要表现在三个方面:分配效率、技术效率的提高、技术转让的加快。之后,Dimelis S. 和 Louri H. (2002);Harris 和 Robinson(2004)对希腊、英国制造业的研究均支持该结论。Globerman (1979)、Blomstrom & Persson (1983)、Blomstrom (1986)、Blomstrom & Wolff(1994)、Kokko(1994)、Kokko & Zejan(1996)的研究表明:FDI 技术外溢效应假设在乌拉圭、印度尼西亚、墨西哥等国的制造业成立。而Blomstrom(1989)、Haddad & Harrison (1993)、Aitken 和 Harrison (1999)①、Goldar(1994)、Haksar (1995)、Kokko (1996)、Djankov 和 Hoekman (2000)、Kathuria(2000)对委内瑞拉、摩洛哥、墨西哥、捷克、印度等国的研究并不支持该假设,认为 FDI 对东道国企业的影响为负,或 FDI 技术外溢效应只有在一定条件下才成立。

Barrel 和 Pain(1997)强调吸引 FDI 技术外溢的重要性,估计英国制造业1985—1995 年间 30% 的效率增长得益于 FDI。FDI 技术外溢的路径有两种:一种是通过技术转让、企业垂直型产业关联、示范—模仿效应实现技术外溢的直接路径;另一种是通过人力资本流动、引进先进管理模式和企业家精神、竞争机制等间接路径实现的技术外溢。FDI 能否促进我国技术创新能力,学术界有两类不同的观点:一种观点,认为 FDI 所带来的竞争效应,迫使国内企业加大对 R&D 的投入(王红领等,2006);FDI 对技术创新的产出指标有显著的溢出效应(Chung et al. ,2004;冼国民等,2005)。另一种观点,认为 FDI 借助其技术优势,成为国内企业创新活动的替代,迫使国内企业放弃已有的技术基础,形成对跨国公司技术的过度依赖。同时 FDI 竞争形成对内资企业国内市场的挤占,迫使内资企业削减生产规模,利润下降,R&D 支出也被迫削减。Veugelers 和 Vanden Houte(1990)发现:外资对比利时本地企业的 R&D 支出有负面影响;Driffield(2001)发现外资对英国本土企业 R&D 支出的影响在行业内和行业间不同:在行业内有挤出效应,在行业间则有显著的溢出效应。国内该类观点主要基于实践调查的基本判断。王春发(2004)、胡春力(2006)指出:外资企业的设备基本来自母国,在华 R&D 活动并不活跃。在技术含量相对较高的产业,国内企业仍以低端技术环节的加工业为主。陈柳(2007)基于

---

① 不同文献说法不同,如陈柳(2007)提及 Cave(1974)对澳大利亚、Aiken 和 Harrison (1999)对委内瑞拉的研究表明:跨国公司进入会引起正的技术外溢。

长三角的研究则认为：企业的 R&D 决策受到诸多因素的影响，如投资回报率、市场需求、技术创新机会、获利能力等。近年来跨国公司研发机构的增加对国内企业技术创新可能形成"挤出效应"。但张海洋（2008）认为：设备和中间品进口恰恰是当前国内企业技术创新的主渠道。

近期有关"FDI 对本土企业效率、技术转移、金融管制的影响"的文献越来越重视对公司层面的数据研究。尽管 FDI 有积极的方面，但既然 FDI 技术转移可以替代国内生产技术，发展中国家的经济学家和政治学家开始关注 FDI 对本土技术创新的影响。相对于技术转移，技术创新更为重要。公司的 R&D 投资不仅可提高自有技术，而且有利于改善一国的技术结构，具有重大的经济意义。当一国经济相对弱小的时候，更愿接受技术转移。但随着经济发展，应越来越多地依赖自有技术。外商直接投资对国内企业的技术进步带来怎样的影响？该领域系统的实证研究相对缺乏，公司层面的研究更少。

Blomstrom 和 Sjoholm（1999）使用印度尼西亚中央统计局 1991 年一次工业调查中收集到的 16494 家企业的数据，按国际标准工业分类法划分为 329 个行业，通过数据回归分析，得出 FDI 存在产业内溢出效应，外资所占比重影响东道国企业的劳动生产率，但不影响溢出效果。

Andres Rodriguez-Pose（2001）发现跨国公司在海外设立研发机构，可以防止东道国科技人才的外流。Feinber 和 Majumdar（2001）使用印度储备银行收集的包括 30 家跨国公司和 65 个当地企业 1980—1993 年的面板数据①进行研究，发现印度制药行业海外研发投资存在显著的 FDI 技术外溢，加速了相关行业的技术创新。

随着跨国公司研发机构大量涌入中国，国内学者对跨国公司研发活动所带来的影响也给予了特别关注。现行研究主要集中在两个层次。一是研究 FDI 技术外溢对中国企业生产率②的影响。Li 等（2001）、Liu 等（2001）、Buckley 等（2002）发现：FDI 对中国企业效率的影响为正。姚阳、章奇（2001）利用 1995 年的工业普查数据研究了 FDI 对国内企业生产率的影响，认为外溢

---

①　平行数据（Panel data）可克服截面数据所产生的方法问题，是截面变量和时间变量的结合信息，通常含有很多数据点，有较大的自由度，能显著地减少缺省变量所带来的问题。

②　劳动生产率法是以劳动生产率作为被解释变量，以外资在企业或行业中所占比重等对生产率有关键影响的变量为解释变量，以此来检验 FDI 的技术外溢。

效应主要体现在一省内部,行业内的外溢效应并不明显。沈坤荣(1999)、何洁等(1999)、陈涛涛(2003)等的研究表明:FDI 存在显著的技术外溢效应。何洁、许罗丹(1999)借鉴 G. Feder 的做法,建立内、外资部门的生产函数,研究发现:外商投资带来的技术每提高 1 个百分点,内资工业企业的技术外溢效应就提高 2.3 个百分点。姚洋等(2001)利用 1995 年全国第三次工业普查数据,采用 39 个行业 37769 家企业的截面数据①回归检验了 FDI 的技术外溢效应,发现行业内的外溢效应并不显著,外国三资企业的效率比国有企业高39%,行业中外国三资企业的技术效率每增加 1 个百分点,行业的技术效率就会提高 1.1 个百分点。但港、澳、台三资企业的效率并不显著高于国有企业。Liu(2002)采用中国深圳经济特区 29 个制造业 1993—1998 年行业数据,使用面板数据随机效应检验,发现 FDI 提升了制造业的生产效率,当地企业是主要的受益者。王志鹏、李子奈(2003)采用中国 2000 年 500 个工业行业的企业数据,运用"可行广义最小二乘法"(FGLS)估计模型,结果表明外资参股有助于提高国内企业的生产效率,外溢效应更多地表现在行业内部。而 Hu 和Jerfferson(2002)的结论相反。王飞(2003)、夏晓辉(1997)、王允贵(1998)发现:FDI 对国内企业的技术进步没有显著的作用。二是 FDI 技术外溢与中国经济增长的关系。沈坤荣、耿强(2001)利用 1987—1998 年的数据进行实证分析,发现 FDI 技术外溢与中国经济增长之间存在单向的 Granger 因果关系。我国 FDI 年流量相对于其当年经济规模的比例每增加 1%,相应的人均 GDP就将增加 0.27%。王志鹏、李子奈(2004)发现:FDI 技术外溢对经济增长的作用并不显著。

Kui-yin Cheung et al. (2004)、冼国兵、严兵(2005)分别利用中国的省级和行业数据,运用知识生产函数考察了 FDI 对中国内资部门专利申请数的影响,结果表明:FDI 对国内专利申请数,尤其是外观设计专利申请数有显著的促进作用。

Fan 和 Yu(2007)以世界银行 1998—2000 年对 998 家中国制造企业的调查数据为基础展开实证研究,样本从北京、上海、天津、广州、成都五大城市 14个行业(按 ISIC 三字代码划分)中随机抽取。研究表明:随着公司接受 FDI 投资数额的增加,公司 R&D 开支下降。行业 FDI 投入对那些外资参与多的本土

①　使用截面数据,只能反映变量间关系的一个侧面:一定时期内的 FDI 技术外溢。

企业在 R&D 努力方面的正面影响更大。综合考虑以上两方面因素,则 FDI 对本土企业 R&D 努力(indigenous R&D effort)的净效应为负。FDI 促进了国内企业的效率增长。

张倩肖等(2007)基于《中国高新技术产业统计年鉴》1995—2005 年我国 16 个四位码高技术产业中大中型企业的面板数据,借助 Pakes & Griliches 提出的专利生产函数,采用泊松模型、负二项式模型和固定效应负二项式模型,比较技术引进、国外国内技术和产业内外商投资企业 R&D 活动三种不同类型的 R&D 溢出与我国本地企业技术创新的关系,同时检验本土企业的消化吸收能力对不同类型 R&D 溢出效应及本土企业技术创新能力的影响。结果表明:外商投资企业 R&D 溢出是促进我国本地企业技术创新的主要外部力量,且与我国本地企业自身 R&D 活动之间存在互补关系;技术引进、购买国内技术等 R&D 溢出没有对我国本地企业技术创新能力的提高产生积极的促进作用;在消化吸收能力较强的行业中,我国本地企业技术引进的负溢出效应得到了明显的改善。

黄静(2007)通过以《中国统计年鉴》1999—2003 年工业部门、外资资本占比超过 1/5 的 22 个行业①为研究对象,借鉴 Feder 的做法,将整个经济划分为外资和内资两个部门,考察 FDI 对内资企业技术外溢的情况。研究过程为:(1)采用非参数估计中的包络分析法(DEA)的 Malmquist 生产率指数计算得出历年内资部门行业全要素生产率的变动情况。(2)采用面板数据模型考察不同行业中的 FDI 技术外溢性。考察了 FDI 对我国工业技术进步的影响。发现 FDI 外溢在科技含量高的行业中较为明显,在低科技行业中效果较差。在外溢效果显著的行业中,技术外溢效果的显著性排名与行业中内资部门的技术进步排名高度吻合。可见,以外资拉动经济增长的中国,不仅需要资本,更需要科技创新。

国别研究表明:不同的国家三种类型的技术外溢效应有很大的区别。如

---

① 《中国统计年鉴》从 2000 年开始提供工业部门两位码行业中三资企业的相关数据。2000—2003 年的《中国统计年鉴》将工业部门划分为 37 个行业,因为木材及竹材采运业没有外商投资,而石油、天然气开采业直到 2001 年才有少量外资进入,因此实证在严宏将这两个行业剔除。2004 年《中国统计年鉴》的行业划分有所变动,增加了工艺品及其他制造业与废弃资源和废旧材料回收加工业两个行业,为了保持与前四年的一致性,研究中没有选取这两个行业。部分行业外资进入量很少,不具代表意义,应予以剔除(黄静,2007)。

Branstetter(2001)对美、日的研究显示:国内溢出比国际溢出更重要。Chao et al.(2005)对中国台湾 IT 产业的研究则显示:技术引进的国际溢出占主导地位。而对中国的研究多表明:FDI 技术外溢是最重要的技术创新路径。这可能与各国不同的技术地位有关:美国、日本作为全球技术的领先者和垄断者,国内溢出占据支配地位;中国台湾为技术的追随者,IT 产业具有较强的消化吸收和二次创新能力,有利于通过技术引进推进技术创新。中国也是技术的追随者和模仿者,但由于高新技术产业的吸收能力弱,或引进技术不适配,技术引进更多表现为对本地企业 R&D 活动的替代,不利于技术创新。

综上所述,对 FDI 技术外溢的研究尚未得出一致的结论。跨国公司的研发投资对东道国的积极影响主要表现在资源集聚、人才培养、技术溢出、示范效应、经济关联五个方面。外资研发活动对东道国创新体系产生的消极影响则集中表现在研发资源争夺、本地技术控制权弱化、技术发展依赖性增强、本土企业发展受制四个方面。得出结论差异的原因可能在于:(1)采用的理论模型、计量经济分析方法、数据选取的差异。技术外溢最为重要的特征是外部性,和所有外部性活动一样,主要借助非市场方式达成。因此研究中很难用微观经济学的一般均衡方法予以计量。当前研究 FDI 技术外溢的实证研究方法主要有两个:总量生产函数法和劳动生产率法。在回归分析中对解释变量的选择非常重要,必须结合一国的经济特征和环境特征进行选择。因为影响 FDI 技术外溢的因素很多,变量的选择会直接影响测量的准确性和可信度。其次,即使是同一类研究方法,由于样本选择不同,也可能得出不一致的结论。如对印度 FDI 技术外溢的研究,同样采用生产函数①方法,Basant 和 Fikkert (1993)发现 FDI 的确促进了本国的技术进步,Kathak(1989)发现 FDI 技术外溢效应只存在于科技含量高的行业。Goldar(1994)采用计量分析方法,发现 FDI 技术外溢只在较长时期内存在,且存在时滞性。再者,对发展中国家技术外溢的实证研究,主要涉及企业、行业和省际的数据。Aitken et al.(1999)指出:采用总量数据研究,"自我选择"原因可能造成研究结论存在严重的偏误。如果外资选择到生产效率较高的行业投资,或选择到总体生产率水平较高的区域投资,那么观察到的特定行业内外资比例与东道国国内企业生产率的相

---

① 生产函数法,是建立一个基于外部性的总量生产函数来检验 FDI 的外溢效果。该方法以允许外部性的生产函数理论为基础。

关系数可能被高估。这可能导致回归结果失真:即回归结果显示为正效应,而实际上外溢效应根本不存在。基于此,研究者认为,采用企业层面的数据更具说服力。(2)东道国吸收能力的差异导致不同的 FDI 技术外溢效果。Jiang(2003)、Tian et al.(2004)指出:FDI 流入对东道国国内企业效率的影响不一定为正。如因同一目标市场的争夺形成对国内企业的挤压效应,迫使国内企业削减生产。在国内企业吸收能力有限的情况下,FDI 技术外溢的程度大打折扣。Borenzten(1998)等从东道国发展门槛的角度解释了上述研究的分歧,认为东道国只有具备一定的劳动技术水平和基础设施才能跨过这一门槛,获得 FDI 的技术外溢。薛澜等(2002)由于存在较大的技术差距,跨国公司独资研发机构对中国企业技术溢出的可能性极小甚至为零。(3)多数研究从工业行业的整体层面出发考察 FDI 对工业行业的影响,较少从行业的技术特征、经济特征出发考虑 FDI 技术外溢的效果。由于行业特征不同,技术含量差别较大,FDI 的技术外溢可能存在差异。潘文卿(2003)采用面板数据的计量方法,对 1995—2000 年外商直接投资对我国工业部门溢出效应进行了分析,发现行业发展程度不同,FDI 的外溢效果也不同。黄静(2007)则发现:FDI 技术外溢效果在科技含量高的行业中较明显,在高科技行业中效果较差。

五、研究局限性

国外有关技术外溢的研究相对丰富,研究领域已从技术外溢产生的原因、效应拓展到技术外溢路径的研究。但仍存在研究局限:

1. 由于难以克服的技术问题,研究结论仍存在偏差。如回归估计的误差项可能包含部分没有考虑到、但与模型中的变量高度相关的外溢类型,用单一的变量进行估计可能较采用全部代理变量进行估计获得的信息更为精确。

2. 忽视对 FDI 长期的技术外溢效应的研究。即在 FDI 初期,外溢效应可能为负。但随着弱小企业被挤出竞争市场,生存下来的企业将获得更多的外溢正效应。因此,引入外资的时间是衡量长期外溢效应的重要变量,但外资进入的时间数据难以获得,受数据局限,无法检验"生存偏差假设"(survival bias hypothesis)。

3. 数据研究口径的不一致。具体表现为:(1)对外商投资企业的国内外界定不同。通常,外商投资企业主要指外商独资企业和中外合资企业。国内的合资企业不仅包括中外合资,还包括中外合作企业。(2)对无形资产的界定不明确。根据中国统计局的界定,无形资产包括专利、商标、版权等。但在中国的实际财务体系中,考虑到知识产权保护问题,FIEs的无形资产可能主要在中国以外的地区发展。如为避税,FIEs只在财务报表中报告子公司或分支机构的无形资产。而中国统计局并没有提供FIEs无形资产的计算方法。

4. 技术创新评价体系较复杂,难以找到一个能全面、客观反映技术创新的指标。文献研究中多采用R&D支出、新产品产出、专利数作为技术创新的评价指标,但这些评价指标都存在一定的局限性。R&D支出是技术创新活动的投入要素,代表技术创新的努力而非结果;新产品产出作为我国企业技术创新的评价指标存在两个方面的问题:一是新产品没有严格的统一划分标准。一些新产品并不能反映技术含量;二是技术创新还包括过程创新,而过程创新无法通过新产品产出反映出来。Acs et al. (2001)认为:专利数量是衡量技术创新的一个相当可靠的指标,但不是所有的新技术都会申请专利。首先,专利包括申请专利和授权专利两层含义。申请专利主要反映技术开发强度,代表技术创新的努力而非结果。授权专利数量主要反映技术开发成果,衡量技术创新本身。其次,专利包括发明、实用新型、外观设计三种类型,不同类型的专利所反映的技术创新程度不同。尽管存在诸多缺陷,专利数仍被作为技术创新的代理变量广泛被研究者使用。

5. 将FDI技术外溢等同于FDI对企业自主创新的影响,形成混淆的概念。所谓FDI溢出效应,是指外资外部性对内资部门生产率增长和技术进步的影响。分析FDI对企业自主创新的影响,应从对研发投入和研发产出的影响两方面考虑。前者指对科技活动经费投入、研究和试验发展活动经费投入等的影响;后者指对申请专利数量、拥有发明专利数量、新产品销售收入等指标的影响。事实上,企业创新投入和创新产出有着不同的决定因素和作用机制。企业创新投入主要由盈利能力、市场竞争程度、政府公共政策、要素禀赋、技术机会等因素决定。企业创新产出则主要由创新投入决定。FDI溢出是FDI影响企业创新产出的路径之一,此外,技术引进、自主研发等同样可实现技术创新。现行文献研究多侧重于FDI对自主创新产出(即知识生产效率)的影响,忽略了FDI对自主创新投入的影响。王红领等(2006)认为:内资企业自主研发的投入—产出指标均会受到外资进入程度、企业平均规模和行业投资规模的影响。张海洋(2008)认为:创新投入指标较创新产出指标更有实际意义,更能反映企业自主创新的努力程度。如果 FDI 同时促进了自主创新投入和产出的增加,则 FDI 肯定促进了企业自主创新能力的提高。反之,如果都有抑制作用,则可能形成内资企业对 FDI 的依赖。

第六章 实证检验:FDI 知识溢出 路径对产业提升和 创新绩效的影响

一、FDI 对广东贸易商品结构和产业竞争力的影响

自 1989 年以来,广东作为全国综合改革试验区,以国际产业转移为契机,大力发展出口导向型产业,FDI 引资速度迅速增长。1990—2009 年,广东实际利用外商直接投资额从 14.60 亿美元增长到 195.35 亿美元,增长了 13.38 倍;外贸出口从 222.21 亿美元增长到 3589.56 亿美元,增长了 16.15 倍[①]。广东已成功实现从以纺织品为主到以机电产品为主的出口结构转变。到 2009 年,机电产品的出口比例升至 67.44%,纺织品的出口比重则下降为 16.16%[②]。但近几年,受产业转移和金融危机的影响,广东 FDI 企业对经济增长的贡献逐年下滑,FDI 企业工业产值从 2006 年的 26556.29 亿元增至 36694.34 亿元,但占全省工业总产值的比重却明显下降,从 2006 年的 59.44%降至 35.22%。

关于 FDI 对外贸商品结构和产业竞争力的影响,基于地区的研究较少。多数研究仍基于总量研究,认为 FDI 企业促进了地区出口规模的扩大,有利于外贸优化结构、提高出口竞争力。王珺等(2007)采用相关分析法,对 1985—2004 年江苏省 FDI、外商累计投资总额、进口总额、初级产品进口额、工业制成

---

① 根据《广东经济年鉴》的统计数据计算而来。
② 这里的纺织品,包括纤维、布匹、鞋、服装、皮革等。数据根据 Lemon and Deniz(2004)有关制造商品的 HS 构成计算而来。

品进口额的相关系数进行了测算,发现 FDI 对工业制成品进口的影响大于初级产品,工业制成品与初级产品的进口比重与 FDI 显著相关,认为 FDI 改善了江苏进口商品结构。本部分提出的问题是:贸易结构性改善是源自 FDI 企业的出口拉动,还是源自因 FDI 技术外溢效应所带来的产业效率提升,及由此实现的比较优势的动态衍进? 本部分以基于 2000—2009 年 25 个行业的面板数据,就 FDI 与广东贸易商品结构改善和产业竞争力提升的关系展开实证研究。

(一)广东投资与贸易现状研究

从广东 FDI 企业贸易和投资的现状,我们发现 FDI 与贸易商品结构的改善存在同步性。

1. 长期以来,我国采用出口导向和进口替代相结合的政策招商引资,FDI 企业外向型特征明显,带动了进料加工业务的发展。2000—2006 年,广东加工贸易对 FDI 出口的贡献率保持在 86% 以上,其中进料加工出口占比高达 95%。

2. 外商独资企业独占鳌头。2009 年,外商独资企业实际利用外资 154.57 亿美元,占外商直接投资总额的 79.13%,平均项目规模为 336.09 万美元;合资企业实际利用外资额仅占 14.09%,但平均项目规模较独资企业大,为 1280 万美元。外商独资企业贸易额逐年增加,出口占 FDI 企业总出口的比例从 2000 年的 52.9% 上升到 2009 年的 76.80%;合资企业的出口占比则从 2000 年的 33.57% 跌至 2009 年的 21.42%。

3. 亚洲国家和地区仍是广东重要的投资来源。2009 年亚洲国家和地区对广东实际投资 138.85 亿美元,占全省实际到资的 71.08%,其中中国香港投资占亚洲地区投资总额的 85.54%,位居首位;拉丁美洲投资额居其次,占 19.24%;大洋洲位居第三,占 3.18%;欧洲和北美洲投资额较小,分别占 2.17% 和 1.67%。从 FDI 出口排序看,亚洲投资企业出口额最大,进口占比从 2000 年的 79.21% 上升至 2009 年的 84.14%;出口占比从 54.1% 上升至 57.66%,进口占比远远大于出口占比,呈贸易逆差,2006 年逆差额达 182.71 亿美元。但 2008—2009 年这种逆差有减小的趋势,分别为 95.18 亿美元和 44.22 亿美元。其次是以美国为主的北美洲投资企业,该类企业出口占比从 2000 年的 28.03% 降至 2009 年的 22.11%,进口占比从 6.73% 降至 4.38%,呈贸易顺差,且顺差额逐年增加,到 2009 年达 425.31 亿美元。再次为以欧盟国家为主的欧洲投资企业,该类企业出口占比变化不大,而进口占比明显从 10.41% 降至 6.15% ,同样表现为贸易顺差,2009 年顺差额为 221.20 亿美元①。

　　研究表明:FDI 企业进料加工业务带动了广东外贸业务的发展。投资广东的"三资"企业日益重视独资经营,以中国香港为主的亚洲国家和地区是最重要的投资体,该类投资企业主体表现为贸易逆差。欧美企业对广东地区的投资少,且多表现为贸易顺差。对 FDI 与外贸的关系,学术界有过广泛的研究。蒙代尔(1957)提出替代论,认为投资有利于绕开关税、非关税壁垒成为贸易活动的替代,FDI 与国际贸易存在互补促进的关系。本研究认为,FDI 投资战略不同,技术外溢效果会有差别,对贸易商品结构和产业竞争力的影响也会不同。广东 FDI 企业可分为三类:第一类是成本追求型企业,投资资本多来自中国港、澳、台及东南亚国家和地区,以纺织、服装等劳动密集型产业的低端加工装配为主,旨在获得廉价的劳动力和资源。该类投资加剧了国内产业同构现象和恶性竞争,在产能过剩和内需不足的情况下,形成对内资企业的市场挤压和贸易替代,贸易条件随出口的扩大而恶化。第二类是市场扩张型。该类投资主要源自韩国、新加坡等亚洲新兴工业化国家的产业转移活动,在华投资逐年增加,旨在以中国为跳板冲击以欧美为主的海外市场。投资集中在电子、计算机集成制造领域,具有技术先进、附加值高、品牌优势明显、以进料加工生产为主、大进大出的特征,关键设备和零附件高度依赖进口,加工组装的成品返销国外。为保守商业机密、减少技术外溢,该类企业独资化倾向明显。第三类是市场垄断型。该类投资主要源自欧美国家,集中在生命科学、光电、计算机与通信技术等领域,其目的是挤占国内投资,垄断国内和国外市场,而非再出口,对华出口以供应资本货物为主,更多表现为技术密集型特征。亚洲国家和地区作为广东最重要的投资体,投资战略以成本追求型和市场扩张型为主,FDI 企业大进大出的贸易特征明显,促使进料加工贸易成为广东贸易的主流方式。

---

　　① 　资料来源:(1)根据《广东经济年鉴》整理;(2)全国的数据根据《中国统计年鉴》和《海关统计年鉴》整理。2007 年数据根据商务部外资司网站(http://www.fdi.gov.cn)数据整理。

（二）FDI 对广东外贸商品结构的影响——基于贸易均衡贡献指数的经验分析

FDI 的产业结构直接影响制造业的外贸商品结构。2006—2009 年,广东省制造业 FDI 投资额占实际利用外资总额的比重从 71.63% 降至 56.81%,但制成品贸易仍占全省贸易总额的 90% 以上,其中机电产品出口占制成品出口的 70% 左右。2009 年进出口额排名前三位的机电产品分别是电器及电子产品(占 62.40% 和 54.59%)、机械及设备(占 18.84% 和 26.38%)和仪器仪表(占 12.73% 和 5.07%);排名前三位的高新技术产品分别是电子技术(占 54% 和 8.78%)、计算机、通信技术(占 26.37% 和 83.97%)和光电技术(占 11.99% 和 5.18%)。除光电技术外,其余高技术产业几乎均呈贸易逆差,其中以计算机与通信技术的逆差最大,达 499.06 亿美元。

2006—2009 年,三资工业企业的工业总产值、工业增加值在广东相应经济指标的比重下降,分别从 59.44% 和 55.26% 降至 26.27% 和 26.88%。FDI 企业工业总产值排名前七位的行业是通信设备、计算机及其他电子设备制造业(占 31.47%)、交通运输设备制造业(占 9.25%)、电子机械及器材制造业(占 8.23%)、化学原料及化学制品制造业(占 5.45%)、金属制品业(占 3.88%)、塑料制品业(占 3.68%)和仪器仪表、办公用机械制造业(占 2.56%)。当我们用 FDI 产品出口占该行业产品出口的比例来衡量 FDI 企业对广东行业贸易的贡献时,发现 FDI 企业对广东机电产品和高新技术产品的贸易贡献非常大,2006 年对电器及电子产品、计算机和通信技术、电子技术的贸易贡献分别达 68.68%、74.69% 和 86.77%。

由此可见,FDI 投资的产业特征与广东现行贸易商品结构的变化一致。FDI 投资的主要产业,也是对广东贸易商品结构改善贡献最大的行业。能否据此判断:FDI 切实改善了广东的产业优势,产业比较优势正从传统的轻纺行业向以机电为主的高技术行业转变。为此,本书进一步测算贸易商品的比较优势。考虑到加工贸易"以进养出"这一特征,我们采用 Francoise 和 Deniz (2004) 的贸易均衡贡献指数来衡量不同行业对整体贸易均衡的贡献大小。

$$\text{CTB} = \left(\frac{x_{ik} - m_{ik}}{x_i + m_i} - \frac{x_i - m_i}{x_i + m_i} \times \frac{x_{ik} + m_{ik}}{x_i + m_i} \right) \times 100$$

其中:x:出口额;i:国家;k:行业;m:进口额。

公式中,$\dfrac{x_{ik} - m_{ik}}{x_i + m_i}$ 指按总体贸易均衡衡量的特定行业商品的实际贸易差额。

为剔除宏观经济因素对短期变动的影响,研究中采用 $\dfrac{x_i - m_i}{x_i + m_i} \times \dfrac{x_{ik} + m_{ik}}{x_i + m_i}$

来计算特定行业商品的预期贸易均衡值,其中 $\dfrac{x_{ik} + m_{ik}}{x_i + m_i}$ 为贸易权重,用以衡量

该行业对总体贸易均衡的贡献。实际贸易均衡与预期值的差可用于衡量特定商品结构对总体贸易均衡的贡献大小。当实际顺差大于预期顺差,或实际逆差小于预期逆差时,贡献为正,表明具有比较优势;反之为负,表明具有比较劣势。值越大,表明该商品结构对总体贸易均衡的贡献越大,比较优势越明显。计算显示:2008—2009 年,广东在服装(2.4623 和 2.2908)、皮革和鞋(1.0043和 1.0171)、玩具(6.1335 和 5.1295)、木材和纸张(2.5938 和 2.5018)等传统行业具有比较优势,而在电子设备(0.5758 和 -0.1104)、机械(-2.6455和 -2.4262)、车辆(-0.6071 和 -0.5777)、运输设备(-2.5254 和 -1.919)、精密仪表(-3.2213 和 -2.3158)等资本、技术密集型行业优势不明显或不具备比较优势(见表 6—1),这与广东高新技术出口增长的现状不符,说明出口商品结构的改善并非基于产业提升,FDI 高新技术出口对国内相关产业的拉动小,技术外溢少。

表 6—1　广东省制造行业贸易均衡的贡献指数比较(2008—2009 年)

行业	2008 年		2009 年		贸易均衡指数	
	出口(万美元)	进口(万美元)	出口(万美元)	进口(万美元)	2008 年	2009 年
总额	40418772	27930433	35895578	25216239	—	—
初级农产品	226857	466357	192425	471107	-0.7424	-0.8262
食品	2089586	5874573	1870909	4758404	-10.9442	-8.4952
原材料、燃油	98781	1123199	92215	1123199	-2.7158	-2.7294
化学品	684317	35545	620981	35094	1.3259	1.1958
木材、纸张	1600858	278531	1485849	222236	2.5938	2.5018
皮革、鞋	804203	254781	781388	231673	1.0043	1.0171
纤维、布匹	4301900	390920	3892569	310151	7.8999	7.2615
服装	1219134	24822	1128027	18146	2.4623	2.2908
建材	232012	119766	214252	114917	0.1695	0.1453
冶金	23537100	14559012	20995707	13396140	10.9276	8.6839

行业	2008 年		2009 年		贸易均衡指数	
	出口 (万美元)	进口 (万美元)	出口 (万美元)	进口 (万美元)	2008 年	2009 年
金属制品	7640752	3444417	6598060	2972030	6.8804	5.9476
机械	2540440	3042418	2220722	2703211	-2.6455	-2.4262
电子设备	1050879	616209	731215	625309	0.5758	-0.1104
汽车、机动车辆	2766	235703	3491	224971	-0.6071	-0.5777
其他运输设备	2300704	2805137	2180322	2475966	-2.5254	-1.919
精密仪表	1489561	2426209	1489507	2077902	-3.2213	-2.3158
玩具、艺术品等	3301850	273104	2760001	227312	6.1335	5.1295

资料来源:1. 根据《中国统计年鉴》的有关数据计算而来。

   2. 依据 Lemonand Deniz(2004)有关制造商品的 HS 构成(见表6—4)和比较优势衡量指标进行计算。

据此,我们认为,FDI 虽然促进了广东外贸商品结构的改善,但由于投资主体不均衡,以亚洲经济体主导的投资特征,使我国事实上成为这些国家冲击国际市场的跳板。广东贸易商品结构的改善,可以看成是将广东对亚洲新兴工业化国家和地区的贸易逆差转化为对欧美国家的贸易顺差的结果。FDI 大进大出的特征表明:外贸商品结构的改善主要受益于 FDI 企业出口导向型战略对出口型产业的拉动,广东的产业结构并未因此而有实质性改善。

(三)FDI 对广东产业竞争力的影响——基于面板数据的实证研究

经验研究表明:FDI 改变了我国外贸商品的结构,但出口行业的比较优势并未因此发生动态衍进。为进一步研究 FDI 对产业效率的影响,我们采用 Ran et al. (2007)的拓展模型,将产出视为劳动力、资本、人力资本、FDI 流入等投入要素的函数。这里所说的外资,包括港、澳、台投资。研究样本涉及农副食品加工业、食品制造业、饮食制造业、烟草制品业、纺织制造业、造纸及纸制品业、石油加工及炼焦加工业、化学原料及化学制品制造业、医药制造业、化学纤维制造业、非金属矿物制品业、黑色金属冶炼及压延加工业、金属制品业、通用设备制造业、专用设备制造业、交通运输设备制造业、电子机械及器材制造业、电力热力的生产和供应业、石油和天然气开采业、煤炭开采和洗选业、有色金属冶炼及压延加工业等 25 个行业。研究区间为 2001—2006 年,研究数据主要来源于《广东工业经济统计年鉴》和《广东统计年鉴》。

$$\ln Y_{i,t} = C + \beta_1 \ln K_{i,t} + \beta_2 \ln L_{i,t} + \beta_3 \ln E_{i,t} + \beta_4 F_{i,t} + \beta_5 FIA_{i,t} + TLP_{i,t} + \varepsilon_{i,t}$$

其中：i 表示行业，$i = 1, 2, \ldots, 25$。t 表示时间，$t = 2001, 2002, \ldots, 2009$。$Y_{i,t}$ 表示 t 时期 i 行业的净产出。$K_{i,t}$ 表示 t 时期 i 行业的资本投入。这里用实收资本替代。$L_{i,t}$ 表示 t 时期 i 行业的劳动力投入，以行业从业人员平均人数替代。$E_{i,t}$ 代表 t 时期 i 行业的出口交货值，反映出口对行业生产率的拉动。$F_{i,t}$ 代表 t 时期 i 行业的外资股权比例，用(中国港、澳、台资本+外国资本)/实收资本来计算。$FIA_{i,t}$ 表示 t 时期 i 行业外资股权比例均值，反映 FDI 在行业内的规模分布。为充分反映行业密集度的影响，我们引入权重，对劳动力密集型行业，取劳动力权重，$FIA_i^L = \dfrac{F_{i,t} \times emp_{i,t}}{Employment_{i,t}}$；对资本密集型行业，取实收资本作为权重，$FIA_i^C = \dfrac{F_{i,t} \times cap_{i,t}}{Capital_{i,t}}$。系数 β_5 反映产业内 FDI 溢出效应。$TLP_{i,t}$ 表示 t 时期 i 行业的技术投入，用 i 行业的产出值/ i 行业的员工数(即全员劳动生产率)来反映行业技术水平和技术创新能力。为消除异方差，我们对所有变量取自然对数或比例值。考虑到产业效率会对产出带来影响，以 $TLP_{i,t}$ 为地区控制变量。

表6—2　外资股权比例均值最大的十大行业各变量的均值

产业	$LnY_{i,t}$	$LnK_{i,t}$	$LnL_{i,t}$	$LnE_{i,t}$	$F_{i,t}$	$FIA_{i,t}$	$TLP_{i,t}$
石油和天然气开采业	5.374 (1.053)	4.124 (0.419)	-1.861 (0.082)	5.138 (0.336)	1.114 (0.831)	0.001 (5E-04)	0.187 (0.124)
仪器仪表及文化办公制造业	6.424 (0.526)	4.745 (0.394)	2.994 (0.443)	6.621 (0.210)	0.749 (0.032)	0.128 (0.033)	0.003 (0.000)
纺织业	6.97 (0.68)	5.8501 (0.5704)	3.960 (0.661)	6.881 (0.229)	0.716 (0.032)	0.049 (0.016)	0.002 (0.001)
饮食制造业	5.541 (0.263)	4.610 (0.104)	1.544 (0.066)	3.562 (1.658)	0.674 (0.022)	0.042 (0.002)	0.006 (0.001)
金属制品业	6.967 (0.447)	5.496 (0.220)	3.820 (0.334)	6.645 (0.148)	0.671 (0.012)	0.100 (0.009)	0.002 (0.000)
造纸及纸制品工业	6.169 (0.498)	5.0757 (0.4367)	2.814 (0.361)	5.230 (0.160)	0.617 (0.055)	0.065 (0.014)	0.003 (0.000)
电子机械及器材制造业	7.841 (0.546)	6.034 (0.338)	4.460 (0.471)	7.583 (0.094)	0.607 (0.047)	0.114 (0.03)	0.003 (0.000)
化学原料及化学制品制造业	7.073 (0.459)	5.7811 (0.3621)	2.943 (0.185)	6.041 (0.823)	0.565 (0.077)	0.023 (0.005)	0.006 (0.002)

续表

产业	$LnY_{i,t}$	$LnK_{i,t}$	$LnL_{i,t}$	$LnE_{i,t}$	$F_{i,t}$	$FIA_{i,t}$	$TLP_{i,t}$
食品制造业	5.759 (0.306)	4.703 (0.0948)	2.361 (0.128)	4.402 (1.065)	0.555 (0.144)	0.053 (0.013)	0.003 (0.001)
通用设备制造业	5.995 (0.613)	4.707 (0.421)	2.720 (0.448)	5.374 (0.363)	0.535 (0.06)	0.021 (0.01)	0.0027 (0.0005)

表 6—2 显示,外资股权($F_{i,t}$)比例均值最大的前十大行业分别为石油和天然气开采业(1.114)、仪器仪表及文化办公制造业(0.749)、纺织业(0.716)、饮食制造业(0.674)、金属制造业(0.671)、造纸及纸制品工业(0.617)、电子机械及器材制造业(0.607)、化学原料及化学制品制造业(0.565)、食品制造业(0.555)和通用设备制造业(0.535)。但全员要素生产率($TLP_{i,t}$)与外资股权比例($F_{i,t}$)之间不存在同向变化关系。

表 6—3　变量间的 Pearson 相关系数

产业	$LnY_{i,t}$	$LnK_{i,t}$	$LnL_{i,t}$	$LnE_{i,t}$	$F_{i,t}$	$FIA_{i,t}$	$TLP_{i,t}$
$LnYi,t$	1 (−120)						
$LnKi,t$	.934 * (−118)	1 (−118)					
$LnLi,t$	.714 * (−102)	.686 * (−101)	1 (−102)				
$LnEi,t$	.566 (−68)	.494 * (−67)	.756 * (−60)	1 (−68)			
Fi,t	.248 ** (−120)	.245 ** (−118)	.456 * (−102)	.310 ** (−68)	1 (−120)		
$FIAi,t$	.489 * (120)	.451 * (118)	.620 * (102)	.509 * (68)	.332 * (120)	1 (120)	
$TLPi,t$	.065 (120)	−.016 (118)	−.309 ** (102)	−.056 (68)	.112 (120)	−.171 (120)	1 (120)

注:** 表示在5%的水平下显著;* 表示在10%的水平下显著。括号内表示样本数。

Pearson 相关系数表(见表 6—3)显示:劳动力投入($LnL_{i,t}$)与技术投入($TLP_{i,t}$)显著负相关,说明随着技术投入的增加,对劳动力的需求减少,不利于就业增加。技术投入($TLP_{i,t}$)与产出值($LnY_{i,t}$)的相关系数为正,但统计上不显著,说明技术创新有利于增加产出,但在广东,这种产出拉动效应并不明显。除技术投入($TLP_{i,t}$)外,各变量之间显著正相关,说明资本投入($LnK_{i,t}$)、劳动力投入($LnL_{i,t}$)、出口增长($E_{i,t}$)、外资投入的增长($F_{i,t}$)对产业增长的正效应突出,这与广东经济发展的现状一致:广东仍依赖引入外资、发展外向型经济、发展劳动密集型产业来拉动经济的增长,外延型扩张特征明显。我们去除不显著的变量 $TLP_{i,t}$ 做进一步的回归分析,得出回归模型如下。

$$LnY_{i,t} = 1.654408 + 0.827586LnK_{i,t} + 0.255065LnL_{i,t} - 0.052273LnE_{i,t} +0.347224F_{i,t}$$

S. E = (0.409429)(0.097004)(0.110683)(0.059049)(0.378655)

t = (4.040772)(8.531491)(2.304467)(−0.885251)(0.916993)

$R^2 = 0.812750$　调整后的 $R^2 = 0.799$　F = 58.60

调整后的 $R^2 = 0.799$,说明该模型样本的拟合度高,选取的变量对产出状况的解释力较强。资本投入($LnK_{i,t}$)和劳动力投入变量($LnL_{i,t}$)均与产出显著正相关,而出口交货值($LnE_{i,t}$)与产出($LnY_{i,t}$)的回归系数为负,说明出口持续增长并不利于产业提升,但这种影响统计上尚不显著。可能的原因在于就业增长和资本积累的正效应更为突出。外资股权比例($F_{i,t}$)的系数为正,但统计上不显著,说明外资投入的增长有助于产业拉动和知识渗透,但整体效应不突出。广东外商投资对产业的拉动主要体现在资本累积效应和就业增长方面,技术外溢效应不明显。本书认为主要与广东外商投资的二元结构特征有关:以成本追求型战略为主的外商投资占了较大比重,不利于高端技术引进;市场追求型外商投资比例虽逐年增加,但多以加工贸易为主,具有两头在外、大进大出的特征,技术垄断型强。依赖外商投资获得技术外溢越来越困难,当务之急是要加强人力资本建设,提高自主创新的能力。

表6—4　制造业分类

Sectors	HS
初级农产品	01. 02. 03. 05. 06. 07. 08. 10. 12. 13. 14
食品	04. 09. 11. 15. 16. 17. 18. 19. 20. 21. 22. 23. 24
原材料和燃油	25. 26. 27
化学品	28. 29. 30. 31. 32. 33. 34. 35. 36. 37. 38. 39. 40
木材和纸张	44. 45. 46. 47. 48. 49. 94
皮革、鞋	41. 42. 43. 64

续表

Sectors	HS
纤维、布匹	50. 51. 52. 53. 54. 55. 56. 57. 58. 59. 60
服装	61. 62. 63
建材	68. 69. 70
冶金	72. 73. 74. 75. 76. 78. 79. 80. 81
金属制品	82. 83
机械	84. 93
电子设备	85
汽车、机动车辆	87
其他运输设备	86. 88. 89
精密仪表	90. 91. 92
玩具、艺术品等	65. 66. 67. 71. 95. 96. 97. 98

(四)政策建议

1. 目前引资项目仍以中小型为主,源自美国和欧盟国家的投资少,FDI技术外溢小。为提高FDI质量,广东应提高区域配套生产能力,利用科技园、开发区的产业集群效应加强FDI的前向、后向联系,吸引发达工业国大型跨国公司的投资。对新兴产业和技术空白的行业,可适当放宽股权限制,吸引外资以促进产业成长。

2. FDI贸易对改善广东贸易商品结构的重要性说明:FDI贸易事实上部分替代了内资企业的贸易活动。为防止区域FDI对内资的挤出效应,政府应制定产业政策,引导外资投向技术含量高的技术密集型或资本密集型产业和具有比较优势的进口竞争部门,鼓励合资或合作开展研发和创新活动,充分吸收FDI的技术外溢,提升出口竞争力。

3. 研究表明:世界各国越来越重视知识产权的保护活动。在世界产业转移的过程中,依赖FDI获得外国的核心技术越来越困难。当务之急,是要培育企业吸收技术外溢使技术内生化的能力,逐步创建具有自主知识的核心技术和品牌,使珠三角从世界级的"制造基地"向"研究基地"转变。

二、FDI知识溢出路径对创新绩效的影响

自20世纪90年代以来,为培育和促进出口产业的发展,以出口拉动技术

进步,中国采取梯级关税政策:通过高关税保护国内产业;通过进口料件的关税减免政策鼓励出口,规定凡经加工后复出口的进口料件一律减免进口关税,结果激励了在华直接投资和加工贸易的发展。以东亚区域内垂直分工和产业内贸易为特征的"新三角贸易"模式①备受关注:日本、韩国、中国台湾、新加坡、中国香港等东亚新兴工业化国家或地区,将劳动密集型产业向以东南亚(ASEAN)、中国大陆为主的欠发达经济体转移,通过 FDI 和加工外包等方式向该类地区输出资本品和中间产品②,经生产、加工成成品后销往欧美。东亚各国在比较优势的基础上展开国际分工与合作,中国成为东亚生产网和"三角贸易"的核心。"新三角贸易"模式推动了中国的技术进步。2008 年中国一跃成为全球第一大机电产品出口国。

受"新三角贸易"模式的影响,中国高技术产品贸易呈现三大特征:(1)高技术产品进口高度依赖亚洲新兴工业化国家和地区,出口则多面向欧美。2008 年,中国高技术产品贸易 60% 以上来自以中国台湾地区(占 17.14%)、韩国(占 15.3%)和日本(占 13.56%)为主的亚洲国家和地区;23.45% 出口到中国香港地区,42.32% 销往欧美各国③,出口中国香港地区的货物多转销欧美。(2)中间产品贸易贡献大。零部件贸易占高技术产品贸易的比重,进口为 52%,出口为 48%,其中 68% 的进口用于加工环节而不是供应国内市场(Gaulier et al.,2007)。(3)东亚 FDI 企业的进料加工出口对高技术产品出口的拉动大。不同国家 FDI 投资战略和技术转移方式不同。如欧美企业投资多集中在航空航天、生命科学和计算机集成等技术领域,呈技术密集型特征(Lemoine and Deniz,2004),以资本品一般贸易输出为主,通过集团内部贸易(arm's length trade)实现技术转移。而东亚企业以零部件加工贸易输出为主,通过公司间贸易实现技术转移。2008 年,以电子技术、计算机与通信为主的前三大出口行业高度依赖加工贸易。加工贸易所需的零部件和料件,40%

①　"新三角贸易"模式指东亚新兴工业化国家或地区(NIEs)为减小贸易摩擦,将部分产业向亚洲欠发达经济体转移,向该类地区输出资本品和中间产品,经加工成成品后销往欧美的贸易过程。"新三角贸易"模式促进了区域内的贸易与投资活动,各国在比较优势和区域内分工的基础上组成东亚生产网,有助于落后国实现技术赶超和飞跃。

②　研究国际分工必须考虑各国(地区)的贸易品所处的生产阶段差异。联合国《按经济大类》(BEC)将产品按加工程度差异划分为初级产品、中间产品和最终产品三大类。其中中间产品又进一步细分为半成品和零部件,最终产品分为资本品和消费品。

③　数据来源为科学技术部发展计划司于 2009 年 7 月 27 日公布的《科技统计报告》。

由亚洲四小龙提供，20%由日本提供，从欧美国家的加工进口不足10%。

投资战略不同，技术外溢的方式和深度也有所差别。"新三角贸易"模式的特殊性表明：研究贸易和投资活动对本土技术创新的影响，应区分投资来源和贸易类型进行分析。由于FDI投资战略与产品贸易之间存在交互作用，单一研究出口或FDI对本土创新绩效和技术进步的影响可能引致错误的结论。已有的文献研究表明：贸易、投资是影响知识溢出的主要路径。但从研究主体看，现行研究多集中考虑发达国家之间通过生产活动实现的知识溢出，对发展中国家知识溢出路径的研究较少，至今我们没有找到关于亚洲地区知识溢出路径与本土创新之间关系的研究文献。从研究方法看，现行研究多考虑单一路径对创新绩效的影响，而忽视不同贸易类型、投资战略与本土吸收能力之间的交互作用。在"新三角贸易"模式下，这种交互作用更不容忽视。

（一）贸易对技术进步的影响及研究假设

为进一步分析产品贸易对知识溢出的贡献，我们根据 Lemoine 和 Deniz（2004）对贸易品所属生产阶段的划分方法，对 COMTRADE 数据库数据进行分类统计，计算贸易均衡贡献指数（CTB 指数）。

从出口层面看，最终产品具有比较优势。2008年我国最终产品的出口份额达55.96%，其中消费品出口比例从1998年的47.5%降至27.14%；资本品出口比例从15.62%上升至28.82%。出口商品结构从消费品向资本品转移，这暗示结构改善，技术含量增加。从进口层面看，2008年我国中间产品的进口比例仍达52.4%，半制成品进口所占的比例从1998年的46.21%降至26.35%，零部件进口所占的比例则从21.76%升至26.05%，二者趋于收敛①（见表6—5），这与前面的分析一致："新三角贸易"模式带动了零部件贸易的

---

①　根据 comtrade statistics（http://comtrade. un. org）计算而来。零部件指 BEC 代码为 42（用于非运输设备的零部件）和53（用于运输设备的零部件）的贸易品。这一口径不仅包含了 SITC 第7类和第8类商品中的零部件产品，还纳入了第6类商品中的零部件产品，能更全面地反映零部件贸易的情况。半制成品指 BEC 代码为 121（主要用于工业的加工食品和饮料）、22（用于供应工业生产的加工产品）和32（汽油）的贸易品；资本品指 BEC 代码为 41（用于非运输设备的资本品）、7（资本必需品）、52（运输设备）和51（客用机动车）的贸易品；消费品指 BEC 代码为 112（主要用于家庭消费的食品和饮料）、122（主要用于家庭消费的加工食品和饮料）和6（消费必需品）的贸易品。数据的计算方法是：先按 BEC 代码统计中国进出口贸易总额和不同贸易品的进出口贸易额，然后按商品归类方法分别加总计算各类产品的贸易值及其占贸易总额的比重。

增长,暗示国际分工的深化。资本品进口占比低于零部件,但仍保持 19% 的比例。长期以来,我国企业普遍"重引进轻消化吸收"、"重设备轻技术"。1995—2005 年,技术引进经费与消化吸收经费之比平均为 1∶1.8,低于西方发达国(1∶3)和日本(1∶5)①。"八五"期间我国技术引进中,成套设备(包括关键设备和生产线)占 73.87%。之后资本品进口在技术引进中所占的比例逐年下降,说明国内技术提升对外来资本的依赖性减弱,吸收能力和自主创新能力增强。相对于资本品而言,零部件进口在知识溢出路径中发挥越来越重要的作用。

表 6—5　按生产阶段划分的中国和 ASEAN 主要国家的
贸易结构和比较优势(1998—2008 年)

国家	生产阶段	商品分类	进口总额(亿美元)			出口总额(亿美元)			贸易差额(亿美元)			CTB		
			1998 年	2002 年	2008 年	1998 年	2002 年	2008 年	1998 年	2002 年	2008 年	1998 年	2002 年	2008 年
印度尼西亚		初级产品	12.60%	19.47%	14.16%	17.48%	19.52%	26.38%	50.98	50.62	178.48	2.25	0.02	0.56
	中间产品	零部件	16.26%	13.77%	16.28%	4.70%	8.75%	6.28%	-21.48	6.92	-124.4	-5.32	-2.30	-8.02
		半制成品	43.17%	46.06%	47.66%	37.70%	42.68%	46.55%	66.16	99.85	21.84	-2.52	-1.54	-13.33
	最终产品	资本品	22.14%	14.55%	17.18%	19.76%	8.42%	5.69%	35.99	2.59	-143.99	-1.10	-2.80	-8.79
		消费品	5.84%	6.15%	4.72%	20.35%	20.64%	15.10%	83.46	98.72	145.83	6.68	6.62	2.45
马来西亚		初级产品	3.69%	4.72%	14.38%	5.31%	5.12%	16.96%	17.63	11.09	112.74	-0.02	-1.57	-6.03
	中间产品	零部件	46.07%	47.04%	29.45%	36.54%	38.19%	17.95%	1.60	-10.92	-103.04	-5.97	-25.35	-43.80
		半制成品	23.96%	23.28%	30.90%	24.86%	24.08%	37.00%	43.72	43.31	253.00	-1.98	-8.65	-11.95
	最终产品	资本品	20.84%	18.61%	22.62%	19.64%	20.04%	26.01%	23.52	42.08	163.78	-2.10	-6.32	-10.76
		消费品	5.45%	6.35%	2.65%	13.64%	12.57%	2.08%	68.47	68.29	-0.03	1.09	2.16	-3.07
菲律宾		初级产品	9.55%	9.53%	16.77%	11.95%	1.42%	3.27%	5.16	-34.15	-85.24	-0.54	-5.32	-15.54
	中间产品	零部件	46.65%	55.46%	37.37%	59.56%	59.28%	47.24%	28.58	-19.18	6.02	-2.57	-16.61	-16.17
		半制成品	24.67%	21.17%	27.38%	9.04%	7.50%	16.80%	-51.14	-60.60	-82.94	-3.10	-10.60	-20.07
	最终产品	资本品	11.26%	7.75%	8.86%	12.29%	17.17%	20.55%	0.74	28.61	47.34	-0.78	0.18	0.49
		消费品	7.86%	6.10%	9.62%	7.16%	14.64%	12.13%	-3.67	26.48	1.41	-0.66	0.46	-4.18
泰国		初级产品	11.24%	14.34%	22.54%	4.04%	4.50%	6.10%	-26.00	-62.08	-295.30	-0.98	-7.02	-38.76
	中间产品	零部件	26.68%	27.09%	19.83%	24.76%	23.30%	19.11%	19.64	-16.47	-18.01	-2.04	-12.90	-27.95
		半制成品	34.56%	32.62%	36.65%	19.23%	21.28%	29.28%	-43.40	-65.92	-139.61	-4.45	-19.22	-61.67
	最终产品	资本品	19.53%	18.69%	13.50%	14.96%	18.85%	21.67%	-2.58	7.53	140.09	-1.94	-7.39	-4.67
		消费品	7.99%	7.26%	7.48%	37.01%	32.08%	23.85%	164.47	171.57	285.78	3.56	10.62	17.01

① 数据来源:《中国高新技术产业统计年鉴》。

续表

国家	生产阶段	商品分类	进口总额(亿美元)			出口总额(亿美元)			贸易差额(亿美元)			CTB		
			1998年	2002年	2008年	1998年	2002年	2008年	1998年	2002年	2008年	1998年	2002年	2008年
中国		初级产品	8.23%	10.56%	25.62%	3.82%	2.93%	1.29%	-45.17	-216.36	-2717.52	-2.16	-3.81	-12.54
	中间产品	零部件	21.76%	27.36%	26.05%	9.81%	15.62%	17.42%	-124.96	-299.06	-457.02	-5.87	-5.86	-1.78
		半制成品	46.21%	35.96%	26.35%	23.26%	21.03%	25.33%	-220.46	-376.82	640.29	-11.27	-7.45	2.50
	最终产品	资本品	19.73%	22.48%	18.57%	15.62%	20.81%	28.82%	10.29	14.02	2020.02	-2.02	-0.83	7.88
		消费品	4.07%	3.63%	3.41%	47.50%	39.61%	27.14%	816.03	1182.47	3495.55	21.32	17.95	13.64

注:根据 comtrade statistics(http://comtrade.un.org)计算而来。零部件指 BEC① 代码为 42(用于非运输设备的零部件)和 53(用于运输设备的零部件)的贸易品。这一口径不仅包含了 SITC② 第 7 类和第 8 类商品中的零部件产品,还纳入了第 6 类商品中的零部件产品,能更全面地反映零部件贸易的情况。半制成品指 BEC 代码为 121(主要用于工业的加工食品和饮料)、22(用于供应工业生产的加工产品)和 32(汽油)的贸易品;资本品指 BEC 代码为 41(用于非运输设备的资本品)、7(资本必需品)、52(运输设备)和 51(客用机动车)的贸易品;消费品指 BEC 代码为 112(主要用于家庭消费的食品和饮料)、122(主要用于家庭消费的加工食品和饮料)和 6(消费必需品)的贸易品。表中百分比数据的计算方法是:先按 BEC 代码统计中国进出口贸易总额和不同贸易品的进出口贸易额,然后按商品归类方法分别加总计算各类产品的贸易值及其占贸易总额的比重。

　　CTB 指数表明,中国消费品生产比较优势明显,呈结构性贸易顺差;零部件生产呈比较劣势,表现为结构性贸易逆差。"新三角贸易"模式使零部件贸易逆差有扩大的趋势(见表6—5)。受东亚 FDI 企业进料加工贸易的驱动,2008 年有48.15%和47.61%的零部件来自或流向东亚地区,表现为"大进大出"的特征。我国对欧美国家的最终产品贸易表现为顺差,而对日本、韩国等

---

　　① 按大类经济类别分类(Classification by Broad Economic Categories,BEC),由联合国统计局制订、联合国统计委员会审议通过、联合国秘书处出版颁布。BEC 是按照商品大的经济类别综合汇总编制。根据国际贸易商品的主要最终用途,把《国际贸易标准分类》(SITC)的基本项目编号重新组合排列编制而成。通过 BEC 分类,把按《国际贸易标准分类》(SITC)编制的贸易数据转换为《国民经济核算体系》(SNA)框架下按最终用途划分的三个基本货物门类:资本品、中间产品和消费品。BEC 分类采用 3 位数编码结构。第三次修订本把全部国际贸易商品分为 7 大类:食品和饮料、工业供应品、燃料和润滑油、资本货物(运输设备除外)及其零附件、运输设备及其零附件、其他消费品、未列名货品。7 大类分为 19 个基本类。
　　② 国际贸易标准分类(Standard International Trade Classification,SITC),由联合国统计局主持制定、联合国统计委员会审议通过、联合国秘书处出版颁布。SITC 采用经济分类标准,按照原料、半制成品、制成品顺序分类,反映商品的产业来源部门和加工阶段。SITC 第 3 版采用 5 位数编码结构,把全部国际贸易商品按经济类别划分为 10 大类:食品和活动物,饲料和烟草,非食用原料(燃料除外),矿物燃料、润滑油和相关原料,动植物油、脂及蜡,化学和相关产品,按原料分类的制成品,机械和运输设备,杂项制品,未分类的商品。大类下依次分为 67 章、261 组、1033 个目和 3118 个基本编号。

东亚新兴工业化国家,中间产品、资本品贸易均表现为逆差①(见表6—6)。这说明我国主要依赖从东亚发达经济体进口中间产品和资本品以获得技术外溢。"新三角贸易"模式使我国成为东亚发达国家冲击欧美市场的跳板,我国外贸不完全符合比较优势理论:最活跃的出口行业并非技术最先进的行业,而更多表现为将对东亚地区的零部件贸易逆差转化为对欧美国家资本品和消费品的贸易顺差。这表明:单纯研究出口对本土创新绩效的影响可能夸大贸易对技术的拉动作用。

为考察贸易对技术的拉动,我们进一步分析高新技术产品贸易的驱动因素。结果显示:高新技术产品 CTB 指数为负但绝对值呈减小趋势,说明高技术产品出口增长与产业比较优势无关,只是在一定程度上降低了产业的比较劣势②(表6—8)。2008 年我国主要出口行业中,除计算机与通信技术、光电技术外,其他高技术行业均表现为贸易逆差,其中电子技术的逆差最为显著。这与比较优势和投资战略所表现的特征一致:在计算机与通信技术、光电技术领域,80% 以上的贸易集中在收音机、电视机、办公设备、精密仪表等具有比较优势的产品上。而在电子技术、计算机集成制造技术等东亚企业投资集中的领域,加工贸易特征显著,出口对中间产品和资本品进口的依赖性强,国内缺乏配套供应能力。零部件贸易占高技术产品贸易的 50% 以上,这暗示 FDI 加工贸易带动了高技术产品贸易的增长,中间产品和资本品进口是获取技术外溢的重要路径。

表6—6 2008 年按生产阶段划分的中国对外贸易区域分布

(单位:% ,亿美元)

指标	贸易伙伴	总值	初级产品	中间产品			最终产品		
				合计	半制成品	零部件	合计	资本品	消费品
出口	世界	100	100	100	100	100	100	100	100
	东亚合计	34.47	59.42	40.56	35.70	47.61	29.41	32.98	25.62
	其中:日本	8.12	23.80	7.81	7.26	8.61	7.99	5.54	10.59
	中国香港	13.33	6.59	14.79	9.05	23.13	12.37	16.32	8.18
	韩国	5.17	20.18	7.70	8.64	6.35	2.88	3.31	2.43

---

① 数据来源:根据 comtrade statistics(http://comtrade.un.org)计算而来。这里的东亚地区不包括中国台湾。

② 数据来源:根据 http://www.stats.gov.cn 的数据整理。

续表

指标	贸易伙伴	总值	初级产品	中间产品			最终产品		
				合计	半制成品	零部件	合计	资本品	消费品
进口	新加坡	2.26	1.77	2.53	1.99	3.32	2.06	2.93	1.13
	EU—15国合计	18.25	13.18	16.52	16.38	16.73	22.24	54.90	22.65
	美国	17.67	7.33	12.61	11.96	13.56	21.78	19.33	24.38
	世界	100	100	100	100	100	100	100	100
	东亚合计	34.61	7.77	46.11	44.10	48.15	38.76	39.42	35.17
	其中:日本	13.30	1.30	17.58	17.70	17.46	17.07	18.02	11.95
	中国香港	1.14	0.91	1.12	1.03	1.22	1.45	1.08	3.45
	韩国	9.90	0.26	14.52	15.03	14.00	10.14	11.12	4.79
	新加坡	1.78	0.02	2.52	2.95	2.09	2.06	1.64	4.35
	EU—15国合计	14.21	13.56	11.53	11.91	11.14	21.34	60.60	22.20
	美国	7.20	6.02	6.76	7.51	6.00	9.65	9.19	12.12
贸易差额	世界	2981.31	−2717.52	183.27	640.29	−457.02	5515.56	2020.02	3495.55
	东亚合计	1011.23	−115.89	−255.45	−21.96	−233.50	1389.81	531.03	858.78
	其中:日本	−344.68	6.23	−565.36	−264.98	−300.38	214.46	−150.33	364.78
	中国香港	1778.13	−14.37	838.08	297.47	540.61	954.43	650.03	304.40
	韩国	−382.06	29.68	−390.17	−135.29	−254.87	−21.57	−97.54	75.97
	新加坡	121.35	2.75	5.15	−16.01	21.16	113.45	86.21	27.24
	EU—15国合计	1002.00	−369.18	326.66	238.32	88.33	1249.29	988.97	793.43
	美国	1712.58	−161.22	370.67	209.49	161.18	1503.13	603.66	899.48

资料来源:根据 comtrade statistics(http://comtrade.un.org)计算而来。这里的东亚各国或地区不包括中国台湾地区。

由此可见,不同国家和地区技术转移的贸易路径不同。亚洲发达经济体主要通过零部件加工贸易、欧美国家主要通过资本品一般贸易输出技术。进一步研究地处"新三角贸易"中心地位的东南亚欠发达国家,发现中间品进口占了较大比重,是技术引进的重要方式。但不同国家经济发展程度不同,贸易溢出的路径有所差别。如在印度尼西亚,零部件和资本品的贸易路径趋于收敛;而在马来西亚、菲律宾、泰国,零部件贸易仍是重要的溢出路径(考虑到金融危机的影响,2008年的数据欠具说服力)。东南亚欠发达国家与日本、中国香港、中国台湾、韩国等东亚发达经济体之间突出表现为零部件贸易逆差,而与欧盟、美国之间表现为消费品贸易顺差。资本品出口多呈上升趋势,暗示出口技术含量增加。CTB 指数显示:除消费品外,各类产品贸易均呈比较劣势。这暗示:受"新三角贸易"模式的影响,东南亚各国的贸易溢出路径可能与我国相似(见表6—5、表6—7)。

表6—7　2009 年 ASEAN 与前七大外部贸易伙伴的贸易情况

外部贸易伙伴	贸易额(百万美元)			ASEAN 贸易额占比(%)	
	出口额	进口额	贸易差额	出口占比	进口占比
日本	81373.3	95291.3	-13917.96	10.1	13.3
EU-25 国	88773.9	81098.7	7675.19	11.1	11.3
中国	77818.3	82251.2	-4432.89	9.7	11.4
美国	80269.2	66245.3	14023.92	10.0	9.2
韩国	34241.3	40118.3	-5876.97	4.3	5.6
澳大利亚	31083.5	15781.8	15301.75	3.9	2.2
印度	26884.8	14152.2	12732.51	3.3	2.0

注:这里所说的 ASEAN 国家不包括柬埔寨和老挝。EU—25 国包括奥地利、比利时、丹麦、芬兰、法国、德国、希腊、爱尔兰、意大利、卢森堡、荷兰、葡萄牙、西班牙、瑞典、英国、塞浦路斯、捷克共和国、爱沙尼亚、拉脱维亚、立陶宛、马耳他、斯洛伐克、斯洛文尼亚、波兰、匈牙利。
资料来源:ASEAN Merchandise Trade Statistics Database.

考虑到技术外溢是从发达经济体向欠发达经济体溢出知识的过程,为检验技术引进对创新绩效的影响,研究中我们分别用资本品进口、零部件进口作为技术引进的替代变量,并假设进口来源不同,知识溢出效应也有差别。从东亚发达经济体加工进口零部件、从欧美经济体一般进口资本品所获得的外溢效应与创新绩效正相关。

表6—8　高技术产品、工业制成品和初级产品的进出口贸易

(单位:亿美元,%)

项目 \ 年份	1995	1998	1999	2000	2001	2002	2003	2004	2005	2006	2007
一、出口总额	1488 (100)	1838 (100)	1949 (100)	2492 (100)	2662 (100)	3256 (100)	4384 (100)	5934 (100)	7620 (100)	9689 (100)	12180 (100)

续表

年份 项目	1995	1998	1999	2000	2001	2002	2003	2004	2005	2006	2007
工业制成品	1273 (85.6)	1632 (88.8)	1750 (89.8)	2238 (89.8)	2398 (90.1)	2971 (91.3)	4036 (92.1)	5528 (93.2)	7130 (93.6)	9160 (94.5)	11565 (95.0)
高技术产品	101 (6.8)	203 (11)	247 (12.7)	370 (14.9)	465 (17.5)	679 (20.8)	1103 (25.2)	1654 (27.9)	2182 (28.6)	2815 (29.0)	3478 (28.6)
二、进口总额	1321 (100)	1402 (100)	1657 (100)	2251 (100)	2436 (100)	2952 (100)	4128 (100)	5614 (100)	6601 (100)	7915 (100)	9558 (100)
工业制成品	1077 (81.5)	1172 (83.6)	1389 (83.8)	1784 (79.2)	1978 (81.2)	2459 (83.3)	3401 (82.4)	4441 (79.1)	5124 (77.6)	6043 (76.4)	7128 (74.6)
高技术产品	218 (16.5)	292 (20.8)	376 (22.7)	525 (23.3)	641 (26.3)	828 (28.1)	1193 (28.9)	1613 (28.7)	1977 (30)	2473 (31.2)	2870 (30.0)
三、贸易差额	167	436	292	241	226	304	256	320	1019	1775	2622
工业制成品	196	460	361	454	420	512	635	1087	2006	3117	4437
高技术产品	−117	−89	−129	−155	−176	−149	−90	41	205	342	608
高技术产品CTB指数	−4.84	−4.80	−4.98	−4.23	−4.41	−3.59	−1.87	−0.43	−0.65	−1.09	−0.73

注:根据 http://www.stats.gov.cn 的数据整理。括号内的数值表示百分比。以第1列出口指标为例:
1995年工业制成品出口占出口总额的85.6%,其中高技术产品出口占工业制成品出口的6.8%。

(二)FDI对技术进步的影响及研究假设

表6—9 2008年高技术产品贸易额按企业类型分布

(单位:亿美元,%)

企业类型	合计	国有企业	中外合作	中外合资	外商独资	集体企业	私营企业	个体工商	其他企业
进出口额	7574.25	713.38	74.40	1251.11	4947.70	136.31	448.57	0.42	2.36
占比(%)	100.00	11.86	0.65	16.77	62.57	1.25	6.84	0.00	0.06
出口额	4156.06	307.90	52.17	677.93	2809.07	93.69	214.61	0.38	0.32
占比(%)	100.00	7.41	1.26	16.31	67.59	2.25	5.16	0.01	0.01
进口额	3418.20	405.49	22.22	573.18	2138.64	42.62	233.97	0.05	2.04
占比(%)	100.00	11.86	0.65	16.77	62.57	1.25	6.84	0.00	0.06

资料来源:科学技术部发展计划司于2009年7月27日公布的《科技统计报告》。

表 6—10   2006—2008 年 ASEAN 地区 FDI 前九大外部来源

（单位：百万美元,%）

投资来源国	2006 年	2007 年	2008 年	2006—2008 年
EU—25 国	10672.2	18481.0	13057.3	42210.5
	19.41	26.42	21.87	22.86
日本	10229.6	8382.0	7156.9	25768.5
	18.61	11.98	11.99	13.96
美国	3418.5	6345.6	3012.5	12776.6
	6.22	9.07	5.05	6.92
开曼群岛	3514.1	787.2	2537.0	6838.3
	6.39	1.13	4.25	3.70
其他中美洲和南美洲国家	3720.0	2109.5	957.4	6787.0
	6.77	3.02	1.60	3.68
百慕大群岛	1324.9	2777.7	2122.1	6224.8
	2.41	3.97	3.55	3.37
韩国	1253.8	3035.0	1588.7	5877.4
	2.28	4.34	2.66	3.18
中国	1016.2	1574.4	1437.2	4027.7
	1.85	2.25	2.41	2.18
中国香港	1278.8	1671.3	712.2	3662.3
	2.33	2.39	1.19	1.98
欧美经济发达体合计	14090.8	24826.6	16069.8	54987.1
	25.63	35.50	26.92	29.78
亚洲经济发达体合计	11510.7	10055.7	7870.2	29432.7
	20.94	14.38	13.18	15.94
ASEAN 地区 FDI 流入合计	54979.9	69938.8	59700.8	184619.5

注：1. 中美洲和南美洲各国不包括阿根廷、巴西、墨西哥和巴拿马。2. 这里所说的亚洲经济发达体不包括新加坡和中国台湾；欧美经济发达体主要指 EU—25 国和美国。

资料来源：ASEAN Foreign Direct Investment Statistics Database.

　　已有研究表明：不同投资主体的投资动因有所差别。东亚企业对华投资多表现为效率搜寻型（efficiency-seeking）和出口驱动型,而欧美企业对华投资则多表现为市场驱动型,这决定了二者投资的行业和外溢效应不尽相同。前者多集中在劳动密集型产业,旨在获取中国廉价的原材料和劳动力,通过产业转移和加工外包,实现全球战略扩张,表现为"大进大出"的加工贸易特征,对进口替代产业和深加工产业的贡献小,技术外溢少。后者多为资本—技术密集型投资,表现为资本品一般贸易,旨在瞄准中国市场的消费潜力,抢占中国市场。在高技术投资领域,二者均以独资为主,技术垄断性强,技术外溢少。2006—2008年跨国公司在华投资总额中,源自亚洲和欧美发达经济体的投资分别占36.23%和8.63%,日资企业投资占4.48%,其中一半以上的生产用于出口(见表6—11)。

表6—11 按来源国划分中国实际吸引FDI情况

（单位:万美元,%）

FDI来源	2002年	2003年	2004年	2005年	2006年	2007年	2008年	2006—2008年
总额	5274286	5350467	6062998	7240569	7271500	8352089	10831244	26454833
	100	100	100	100	100	100	100	100
日本	419009	505419	545157	652977	459806	358922	365235	1183963
	7.94	9.45	8.99	9.02	6.32	4.30	3.37	4.48
新加坡	233720	235310	200814	277440	235046	318457	443529	997032
	4.43	4.40	3.31	3.83	3.23	3.81	4.09	3.77
韩国	272073	196880	624786	311040	389487	367831	313532	1070850
	5.16	3.68	10.30	4.30	5.36	4.40	2.89	4.05
中国台湾	397064	337724	311749	215171	213583	177437	189868	580888
	7.53	6.31	5.14	2.97	2.94	2.12	1.75	2.20
中国香港	1786093	1770010	1899830	1794879	2130718	2770342	4103640	9004700
	33.86	33.08	31.33	24.79	29.30	33.17	37.89	34.04
欧盟—15国	370982	393031	423904	519378	543947	383838	499451	1427236
		6.99	7.17	7.48	4.60	4.61	5.39	
美国	542392	419851	394095	306123	299995	261623	294434	856052
		6.50	4.23	4.13	3.13	2.72	3.24	
东亚经济发达体合计	2183165	2107740	2211584	2010053	2344304	2947781	4293510	9585595
	41.39	39.39	36.48	27.76	32.24	35.29	39.64	36.23

续表

FDI 来源	2002 年	2003 年	2004 年	2005 年	2006 年	2007 年	2008 年	2006—2008 年
欧美经济发达体合计	913374	812882	817999	825501	843942	645461	793885	2283288
	17.32	15.19	13.49	11.40	11.61	7.73	7.33	8.63

注:这里的东亚经济发达体主要指日本、新加坡、韩国、中国香港和中国台湾;欧美经济发达体主要指
　　EU—15 国和美国。
资料来源:1. 中国投资指南网站 http://www.fdi.gov.cn。2. MOFCOM FDI Statistics. 3. http://www.ase-
　　ansec.org.

　　FDI 拉动了贸易增长和技术进步。当前对华投资战略仍以成本驱动和出口导向为主。由于国内缺乏配套供应能力,FDI 企业出口生产所需零部件和半制成品高度依赖进口。1992—2004 年,外资进口剧增,但对国内市场的贡献率(旨在满足国内需求的部分)仅 25%。高技术产品出口占制成品出口的比例从 1995 年的 6.8% 上升到 2007 年的 28.6%,但出口增长主要为 FDI 出口所拉动。2008 年外资企业对高技术产品进出口的贡献率分别为 79.99% 和 85.16%[①],其中外商独资企业的贡献达 62.57% 和 67.59%[②](见表 6—8 和表 6—9),东亚投资企业的贸易贡献达 80%。进一步研究不同类型企业的高技术密集度(high-tech intensity),即该类企业贸易总额中高技术产品贸易额的占比,发现外资企业的技术密集度高于中资企业,这说明中资企业对高技术产业的贡献相对较小,进一步证实高技术产品贸易为 FDI 企业加工贸易所拉动。

　　对"新三角贸易"模式的研究表明:投资和贸易是中国高新技术产业发展的重要驱动力,二者密不可分:投资带动了资本流动和技术转移,强化了出口竞争。技术进步到底是源自投资外溢还是贸易外溢,仍需进一步研究。当前 FDI 仍以东亚发达经济体的劳动密集型投资为主,FDI 企业与国内企业的竞争与替代关系大于互补关系,加剧了市场挤占效应。近几年,东亚投资企业出口占中国出口总额的 50% 以上,暗示市场挤占效应的存在。综观东南亚

----

①　数据来源:根据 http://www.stats.gov.cn 的数据整理。
②　数据来源:科学技术部发展计划司于 2009 年 7 月 27 日公布的《科技统计报告》。

各国(新加坡除外),可以发现,印度尼西亚、马来西亚、泰国是 FDI 增长最快的国家①。2006—2008 年,欧美和亚洲发达经济体对东南亚地区的投资额分别达 549.87 亿美元和 294.33 亿美元,占地区吸引 FDI 总额的 29.78% 和 15.95%,位居前列②(见表 6—10)。与中国相反,欧盟、日本、美国是东南亚区域外部最重要的三大投资体。

表 6—12 2003—2007 年 ASEAN 地区 FDI 流入的行业分布

(单位:百万美元,%)

行业＼年份	2003 年	2004 年	2005 年	2006 年	2007 年
初级产品	4700	780	2453	1717	4988
	19.59	2.22	6.26	3.35	8.41
农、牧、渔、林业	185	223	184	341	2672
	3.94	28.59	7.50	19.86	53.57
采掘业	4514	558	2266	1376	2316
	96.04	71.54	92.38	80.14	46.43
制造业	6782	14138	17137	16147	20116
	28.27	40.19	43.76	31.46	33.92
服务业	10613	17507	15966	28913	32175
	44.23	49.77	40.77	56.34	54.26
建筑业	91	−55	21	523	466
	0.38	−0.16	0.05	1.02	0.79
商贸业	3239	3995	4770	6836	10043
	13.50	11.36	12.18	13.32	16.94
金融中介和金融服务	5407	10039	4606	12361	9366
	22.54	28.54	11.76	24.09	15.80
不动产	812	1106	2432	4154	6094
	3.38	3.14	6.21	8.09	10.28

① 2004—2008 年,印度尼西亚、马来西亚、泰国吸引 FDI 投资额分别从 18.9 亿美元、46.2 亿美元、58.7 亿美元和 16.1 亿美元增长到 79.2 亿美元、73.2 亿美元、98.4 亿美元和 81 亿美元。

② 资料来源:ASEAN Foreign Direct Investment Statistics Database。这里所说的亚洲发达经济体不包括新加坡和中国台湾;欧美发达经济体指 EU—25 国和美国。

续表

行业＼年份	2003 年	2004 年	2005 年	2006 年	2007 年
其他	1899	2754	3602	4544	2018
	7.91	7.83	9.20	8.85	3.40
总计	23993	35179	39158	51322	59296
	100	100	100	100	100

资料来源：World Investment Report(2008)。

1995—2005 年，东南亚区域内投资额约为 325 亿美元，仅占投资总额的 11%，其中新加坡占 2/3，为区域内最大的投资体[①]。随着 FDI 流入的增加，东南亚区域内贸易(intra-regional track)所占的份额不升反降，对欧美的贸易顺差则持续增长。据此我们有理由相信：东南亚欠发达经济体已成为东亚发达经济体产业转移的承接基地和冲击欧美市场的跳板。2007 年，服务(占 54.26%)、商贸(占 16.94%)、金融(占 15.80%)、制造(占 33.92%)成为东南亚地区吸引 FDI 最多的四大行业(见表 6—12)。欧盟对东南亚地区的投资集中在金融服务和其他非制造产业，主要表现为水平型 FDI；而日本、新加坡的投资则一半以上集中在制造业(Plummer，2009)。由此可见，投资战略不同，FDI 对本土技术进步的影响会有差别：如以出口扩张为目的，则市场挤占效应突出，对本土创新绩效的影响不显著或显著为负。如以占领东道国市场为目的，则应进一步关注 FDI 的经营模式：如突出表现为独资经营，则知识溢出少，对本土创新绩效的影响不显著；如突出表现为合资经营，则有利于知识溢出，对本土创新绩效的影响显著为正。据此假设：东亚企业投资多为效率搜寻型和出口驱动型，旨在获取廉价的劳动力资源、扩大欧美市场，多表现为垂直型 FDI，与本土企业的竞争性大于合作性，对本土创新绩效的影响不显著或显著为负；欧美企业投资多为市场驱动型或资源攫取型，旨在占领东道国市场或攫取自然资源，多表现为水平型 FDI 或独资经营，知识溢出少，与创新绩效的相关性小。

---

① 资料来源：Statistics of Foreign Direct Investment in ASEAN，Eighth Edition，2006。

（三）投资、贸易对研发强度的影响及研究假设

投资和贸易均会对本土企业的研发强度产生影响，进而影响创新绩效。国内企业的研发支出决策取决于其对外来技术外溢效应的预期。若预期外来技术的外溢效应大，国内企业会选择削减研发开支，直接以外来技术替代本土创新活动，结果可能陷入盲目引进、简单模仿和套用外来技术的"贫困陷阱"。若预期外来技术的外溢效应小，国内企业会加大研发支出，以提高吸收能力，加速二次创新。此外，跨国企业的进驻模式可能受到外部研发组织活动或投入的影响。跨国企业的沉没成本（包括建立分销渠道、流通渠道、获取有关消费者偏好和市场结构的信息成本等）比东道国竞争对手更高，因而更依赖于东道国企业的研发溢出。当预期从东道国获得的反向知识溢出大时，跨国企业会放宽股权限制，增大垂直型知识溢出的机会。

为进一步检验吸收能力对溢出效应的影响，我们用财政性教育支出（EDU）作为吸收能力的替代变量，同时考虑吸收能力与各溢出路径的交互项，以衡量不同外溢路径下的外溢技术与吸收能力的匹配性及其对本土创新绩效的影响。若系数为正，说明现行技术存量有助于吸收技术外溢并实现二次创新，与创新绩效正相关；反之说明本土吸收能力不足，存在技术引入的"贫困陷阱"。研究中假设：财政性教育支出（EDU）与本土创新绩效（IP）显著正相关。财政性教育支出与各溢出路径的交互项与创新绩效的关系不确定。若本土吸收能力与该路径外溢的技术相匹配，则相应的交互项与创新绩效显著正相关，说明该路径是在现有技术存量基础上吸收技术外溢的有效路径。反之，说明市场挤占效应或创新成果的挤出效应突出，二者相关性小，甚至负相关。

（四）实证检验："新三角贸易"模式下贸易、投资对创新绩效的影响

鉴于知识主要从发达经济体向欠发达经济体外溢和转移，我们将创新视为通过贸易（零部件和资本品进口）、FDI流入从发达经济体获取知识与技术要素，创造新技术、新产品、新工艺的过程。该部分以地处"新三角贸易"中心地位的中国、印度尼西亚、马来西亚、菲律宾、泰国五国为研究样本，检验源自亚洲发达经济体（日本、韩国、中国香港、新加坡）和欧美发达经济体（EU—15国和美国）的产品贸易和跨国投资活动对本土技术进步的影响。研究中以国内专利授权数（IP）为因变量，以资本品进口值（CI）、零部件进口值（PI）作为技术引进的替代变量，用以衡量贸易路径所获得的技术外溢。以实际外商直

接投资额(FDI)衡量引资路径所获得的技术外溢。由于 R&D 支出的数据缺损较多,研究中采用财政性教育支出(EDU)作为吸收能力的替代指标,同时考虑吸收能力与各外溢路径的交互影响,以反映一国的吸收能力与各知识溢出路径的匹配性及其对本土创新绩效的影响。为剔除通货膨胀的影响,所有变量换算为 1990 年不变值,全部变量取自然对数值,研究区间为 1998—2008 年。相关数据的描述及经济意义见表6—13。

表6—13　研究模型中的变量定义及数据来源

变量(代码)	定　义	经济意义描述	数据来源
1. IP	东道国国内专利授权数	用以衡量东道国国内企业或居民的创新绩效。这里的专利包括发明专利、实用新型专利和外观设计专利	欧洲专利局(EPO)关于亚洲专利的信息交流网
2. EDU	财政性教育支出	作为吸收能力的替代指标。教育开支越大,国民素质越高,吸收能力越强,越有利于自主创新	世界资源机构网、OECD 教育数据库、全球教育数据库和《中国统计年鉴》
3. FDI	实际外商直接投资额	反映投资外溢对创新绩效的影响	OECD 数据库
4. FDI—A	东亚经济发达体的外商直接投资额	反映源自东亚发达经济体的投资外溢对创新绩效的影响	OECD 数据库
5. FDI—B	欧美经济发达体的外商直接投资额	反映源自欧美发达经济体的投资外溢对创新绩效的影响	OECD 数据库
6. IM	进口总额	反映贸易外溢对创新绩效的影响	COMTRADE 数据库
7. CI—A	从东亚发达经济体进口的零部件总额	反映从东亚发达经济体进口零部件的贸易外溢对创新绩效的影响	COMTRADE 数据库
8. CI—B	从欧美发达经济体进口的零部件总额	反映从欧美发达经济体进口零部件的贸易外溢对创新绩效的影响	COMTRADE 数据库
9. PI—A	从东亚发达经济体进口的资本品总额	反映从东亚发达经济体进口资本品的贸易外溢对创新绩效的影响	COMTRADE 数据库
10. PI—B	从欧美发达经济体进口的资本品总额	反映从欧美发达经济体进口资本品的贸易外溢对创新绩效的影响	COMTRADE 数据库

资料来源:1. http://eastmeetswest. european-patent-office. org.

　　　　2. (1)http://earthtrends. wri. org;(2)http://www. esds. ac. uk;(3)http://ged. eads. usaidallnet. gov;(4)http://www. stats. gov. cn. 其中中国数据所依据的 GDP 数据以《2008 年统计年鉴》中公布的历年 GDP 数据为准。

　　　　3. http://stats. oecd. org.

1. 描述性统计分析

表6—14 给出了各变量(取对数变换后)的主要描述性统计量。从表中可以看出,我们考虑的被解释变量国内专利授权数(IP)呈正偏、平峰,但在0.05 的显著性水平下服从正态分布,这表明在后续进行回归分析中要求被解释变量(或误差项)为正态分布的这一条件能够满足。

表6—14 主要研究指标的简单描述(1998—2008 年)

	Mean	Med.	Max.	Min.	Std.	Skew.	Kur.	J-B	Prob.
IP	6.3538	5.8608	12.773	1.6094	3.1249	0.7785	2.5930	5.9347	0.0514
EDU	22.7798	22.6144	25.7378	20.9573	1.15174	0.7818	2.90266	5.62392	0.06009
FDI	7.2201	8.4390	11.5928	-8.4229	4.8837	-2.4058	7.7457	104.6691	0.0000
FDI-A	5.7280	7.2766	9.1197	-7.7289	4.6885	-2.0572	5.7376	55.9671	0.0000
FDI-B	5.8861	7.0874	10.8142	-7.4889	4.8589	-1.8685	5.5834	47.2981	0.0000
IM	25.4006	25.1806	27.9935	24.3409	0.9043	1.1187	3.6677	12.4935	0.00194
CI-A	23.0987	23.1223	25.3539	20.8629	1.0061	0.1604	3.1763	0.3072	0.8576
CI-B	22.6555	22.9139	24.6464	20.6708	1.0052	-0.2769	2.4467	1.4045	0.4955
PI-A	22.4022	22.4445	24.9281	20.7406	1.0792	0.7054	2.7967	4.6554	0.0975
PI-B	26.1890	25.8012	29.0959	24.9003	1.1458	1.1207	3.0490	11.5180	0.0032

注:Mean 表示均值,Med. 表示中位数,Max. 表示最大值,Min. 表示最小值,Std. 表示样本标准差,Skew. 表示偏度系数,Kur. 表示峰度系数,J-B 表示 Jarque-Bera 统计量,Prob. 表示 J-B 对应的概率值。

2. 相关性分析和单位根检验

两两相关系数分析(见表6—15)表明:各变量之间均显著正相关。这说明贸易、投资密不可分,彼此联系。外商直接投资活动拉动了零部件和资本品贸易,国内技术进步可以看成是贸易和投资共同作用的结果。这意味着,研究中应分别考虑贸易溢出路径和投资溢出路径对创新绩效的影响,并充分考虑到各个体之间存在的个体效应和异方差性(即考虑由于各个国家的历史、经济、文化等不同引起被解释变量在总量和方差方面的差异)。

表6—15　两两相关系数分析

变量	IP	EDU	FDI	FDI-A	FDI-B	IM	CI-A	CI-B	PI-A	PI-B
IP	1									
EDU	0.79**	1								
FDI	0.56**	0.63**	1							
FDI-A	0.41**	0.58**	0.79**	1.00						
FDI-B	0.62**	0.64**	0.93**	0.70**	1					
IM	0.78**	0.94**	0.53**	0.48**	0.57**	1				
CI-A	0.75**	0.80**	0.70**	0.60**	0.67**	0.83**	1			
CI-B	0.61**	0.68**	0.64**	0.60**	0.58**	0.67**	0.93**	1		
PI-A	0.72**	0.92**	0.57**	0.53**	0.59**	0.96**	0.87**	0.72**	1	
PI-B	0.84**	0.88**	0.36**	0.31*	0.45**	0.90**	0.62**	0.43**	0.80**	1

注：*表示在10%的水平下显著；**表示在5%的水平下显著（双尾检验）。

　　我们选用了无约束条件（既有截距又有趋势项），利用 Schwarz 准则自动确定滞后阶数的模型对因变量 IP 进行单位根检验（见表6—16）。IPS、ADF 和 PP 检验[1]结果表明：检验统计量通过了5%水平下的显著性检验，面板数据 IP 不存在单位根。由于因变量不存在单位根，是平稳过程，后述模型不存在虚假回归现象。

表6—16　IP 的单位根检验结果

检验	IPS	ADF	PP
t-statistic	-1.6697	21.2333	22.5270
P	0.0475	0.0195	0.0126

---

　　① 早期使用面板数据进行单位根检验的方法有修正的 DW 统计量、SUR-DF 检验、LLC 法等。Im、Pesaran 和 Shin（1997）建立了 IPS 法。该法允许面板数据中的各界面序列具有不同的单位根过程，同时考虑了残差的异方差和序列相关性。在时间序列较短的情况下 IPS 法依然具有很强的检验能力。但 Breitung（1999）发现 IPS 对限定性趋势的设定极为敏感。1999年，Maddala and Wu 建立了 MW 法。2003年，Im、Pesaran 和 Shin 在考虑异方差和残差自相关后，建立了面板数据单位根检验的 W 检验。为了避免单一方法可能存在的缺陷，本书选择用 IPS W-stat 检验、ADF-Fisher Chi-square 检验和 PP-Fisher Chi-square 检验。

3. 计量模型的选择

研究中面板数据模型的一般形式为：

$$Y_{it} = \alpha_{it} + \sum_{k=1}^{K} X_{itk}\beta_{ki} + \upsilon_{it}$$

其中 α_{it} 是截距项；X_{itk} 表示第 i 个国家在第 t 年的第 k 个解释变量；υ_{it} 为误差项。

根据对截距项和解释变量系数的不同限制，可将模型分为三种类型：(1)若 α_{it}、解释变量系数 β_{1i}，…，β_{ki} 都不同，为变系数模型。(2)若解释变量系数 β_{1i}，…，β_{ki} 对于所有的截面个体成员都是相同的，为不变系数模型。(3)若个体成员的 α_{it} 不同而解释变量系数 β_{1i}，…，β_{ki} 相同，为变截距模型。用固定效应的冗余变量似然比(Redundant Fixed Effects-Likelihood Ratio)对截面进行检验，若拒绝原假设，则截距项随个体变化而变化，说明存在个体效应；对时点进行检验，若拒绝原假设，说明存在时间效应。

表6—17　个体效应和时间效应的检验结果

检验	个体效应检验结果		时间效应检验结果	
	Cross-section F	Cross-section Chi-square	Period F	Period Chi-square
Statistic	6.2900	23.0329	0.3362	3.8303
d.f.	(4,43)	4	(9,38)	9
Prob.	0.0004	0.0001	0.9571	0.9222

首先，假定各国的解释变量对因变量的影响程度一致，即假定模型为不变系数模型。在此基础上，我们选用滞后 1 期的国内专利授权数(IP_{-1})和本土知识存量(EDU)为控制变量，检验模型是否存在个体效应和时间效应(见表6—17)，检验结果表明存在个体效应，而不存在时间效应。因此，后续模型估计时只考虑个体效应，而不考虑时间效应。

表6—18　各模型 F 检验结果

	模型 1	模型 2	模型 3	模型 4	模型 5	模型 6	模型 7	模型 8	模型 9
S_3	14.156	13.467	12.408	12.401	12.941	13.357	12.746	12.066	12.901
S_1	10.480	9.079	7.535	7.539	9.887	9.084	8.148	7.524	7.594

续表

	模型 1	模型 2	模型 3	模型 4	模型 5	模型 6	模型 7	模型 8	模型 9
S_2	3.676	4.388	4.874	4.862	3.054	4.273	4.598	4.542	5.308
df1	8	12	16	16	8	12	12	12	12
df2	35	30	25	25	35	30	30	30	30
f	1.534	1.208	1.011	1.008	1.352	1.176	1.411	1.509	1.747
prob	0.181	0.322	0.477	0.480	0.252	0.343	0.215	0.175	0.106

注:$S_2 = S_3 - S_1$;df1 = (N-1)k;df2 = N(T-k-1);prob 表示对应的 F 值的单边概率值。

然后,在考虑存在个体效应的基础上,检验各国的解释变量对因变量的影响程度是否一致,即检验各模型是否为不变系数模型。我们采用常用的 F 检验方法构造 F 统计量:

$$F = \frac{(S_3 - S_1)/[(N-1)k]}{S_1/[N(T-k-1)]} F[(N-1)k, N(T-k-1)] \qquad (1)$$

其中 S_3、S_1 分别为不变系数模型、变系数模型的残差平方和。k 为模型中解释变量的数目(不包括常数项),N 为在横截面上选取的个体数,T 为时间序列的期数。由表 6—18 中的检验结果可知,F 检验都不显著,因此所有模型为不变系数模型,即各国的解释变量对因变量的影响程度是一致的。

4. 模型估计结果

据此,我们选用存在个体效应的模型作为估计模型。考虑到个体之间可能存在的异方差,研究中采用截面交叉似不相关估计方法(消除截面相关和异方差),以剔除市场规模、经济规模、固定资产投资规模、通货膨胀、利率及汇率变化等宏观经济条件上的个体差异对模型估计结果的影响。考虑到当期创新活动与一国知识存量密切相关,并可看成是上一期创新成果的延续过程,研究中以上一期的创新绩效(IP_{-1})和本土知识存量(EDU)为控制变量,然后分别加入衡量贸易溢出、投资溢出路径的各类自变量,以检验不同知识溢出路径对本土创新绩效的影响。为检验本土吸收能力与不同路径知识溢出的匹配性,我们进一步检验吸收能力与不同知识溢出路径的交互项对创新绩效的影响。相关模型回归结果见表 6—18—1、表 6—18—2,模型结果表明不存在自相关(DW 统计量与 2 接近)。

表6—18—1 模型回归结果

	模型 1	模型 2	模型 3	模型 4
Constant	−6.3094 ** (−6.7901)	−4.1768 ** (−1.8731)	−60274 ** (−5.8895)	−5.7751 ** (−5.6209)
IP$_{-1}$	0.4780 ** (9.6290)	0.4636 ** (8.4438)	0.4379 ** (11.4897)	0.4377 ** (11.4847)
EDU	0.4306 ** (8.9705)	0.3335 ** (6.0782)	0.4233 ** (8.7176)	0.4118 ** (8.4137)
FDI		0.0238 (1.4659)		
FDI−A			0.0611 ** (3.5984)	
FDI−B			−0.0412 ** (−3.2107)	
FDI−A×EDU				0.0028 ** (3.5534)
FDI−B×EDU				−0.0018 ** (−3.1390)
R^2	0.9981	0.9985	0.9990	0.9990
Adjusted R^2	0.9979	0.9983	0.9988	0.9988
Durbin−Watson stat	2.0157	1.8764	2.0094	2.0203

注:1.参数估计结果下括号里的值为对应的t值;2. * 表示在5%的显著性水平下显著; * * 表示在1%的显著性水平下显著(双尾检验)。

模型1到模型4显示上一期创新成果(IP$_{-1}$)、本土知识存量(EDU)对当期创新绩效(IP)的影响均显著为正。这说明创新活动是一个连续产出的过程,一国的知识存量或吸收能力对创新活动有显著的正向作用。外商直接投资(FDI)对创新绩效(IP)的影响为正,但统计意义上不显著,说明投资活动对本土创新的拉动不足。但不同来源的FDI溢出效应有所差别。亚洲发达经济体的投资(FDI−A)与本土创新(IP)显著正相关,而欧美国家的投资(FDI−B)与本土创新(IP)显著负相关。这与前面的假设不一致,暗示吸引日本、韩国、中国台湾、中国香港、新加坡的外商直接投资仍是获得知识溢出的主渠道。该类投资虽然集中表现为"两头在外"和"大进大出"的特点,但多以垂直型产业关联为主,有利于通过学习—模仿效应带动国内企业的技术进步,进而实现二次创新。进一步研究中国的专利分布情况,我们发现:1998—2006年,中国国内专利授权总数中,实用新型、外观设计、发明专利的占比分别为 49.99%、41.57% 和 8.44%①,这说明模仿创新在发展中国家的重要性。欧美国家的投资或旨在攫取自然资源,或以高技术领域获取廉价技术要素为目的。前者技术层次低;后者技术层次高,但技术垄断性强,甚至可能形成对本土创新的挤出效应。中国经验表明:欧美国家对华投资多为市场驱动型和技术搜寻型,旨在占领中国内陆市场、获取廉价的技术资源(如工程技术人才),集中表现为高技术领域的独资经营,以限制技术外溢的同时,低成本获取反向知识溢出。该类投资对本土创新成果的挤出效应大于资源互补效应。进一步研究吸收能力与不同投资来源外溢知识的匹配性,结果发现:现有吸收能力和与亚洲发达经济体投资的交互项(FDI–A×EDU)与创新绩效(IP)显著正相关;和欧美国家投资的交互项(FDI–B×EDU)与创新绩效(IP)显著负相关,这暗示:受本土吸收能力(由知识存量决定)的限制,吸引亚洲新兴工业化国家和地区的投资活动仍是获取知识溢出的重要路径。综合上述分析,我们得出结论:外商直接投资本身不会产生技术外溢,只有通过学习活动和研发努力,才能实现二次创新。在现行吸收能力下,东亚新兴工业化国家和地区仍是重要的投资溢出来源;欧美国家是潜在的投资溢出来源。只有具备足够的知识储备和区位优势,才能突破该类投资的股权限制,促使高技术领域的 FDI 企业与国内企业建立产业关联,使潜在的知识溢出向事实上的知识溢出转化。

表 6—18—2　模型回归结果

	模型 5	模型 6	模型 7	模型 8	模型 9
Constant	−10.3035 ** (−4.3749)	−8.4205 ** (−3.1937)	−2.6077 * (−2.1535)	−17.1526 ** (−4.7527)	−3.0736 * (−2.5353)
IP(−1)	0.4489 ** (9.9863)	0.5086 ** (10.5085)	0.4665 ** (9.2495)	0.3807 ** (7.0713)	0.4334 ** (7.9340)
IM	0.5503 ** (5.6799)				
CI–A		0.3595 *** (1.9658)			

---

① 数据来源:根据《中国科技统计年鉴》公布的数据计算而来。

续表

	模型 5	模型 6	模型 7	模型 8	模型 9
CI-B		0.1511 (0.6143)			
CI-A×EDU			0.0175 * (2.2410)		
CI-B×EDU			0.0059 (0.6656)		
PI-A				0.0921 (0.6025)	
PI-B				0.7323 ** (3.3389)	
PI-A×EDU					0.0075 (1.3766)
PI-B×EDU					0.0050 (0.8697)
R²	0.9937	0.9953	0.9943	0.9914	0.9935
Adjusted R²	0.9928	0.9945	0.9934	0.9900	0.9924
Durbin - Watson stat	2.0081	1.9829	1.9766	1.9820	1.9353

注:1. 参数估计结果下括号里的值为对应的 t 值;2. ＊表示在5%的显著性水平下显著;＊＊表示在1%的显著性水平下显著;＊＊＊表示在10%的显著性水平下显著(双尾检验)。

　　模型 5 到模型 9 表明:进口(IM)与创新绩效(IP)显著正相关。加入进口变量后,本土知识存量(EDU)这一控制变量与创新绩效(IP)的关系变得不显著,暗示本土企业主要依赖进口获得知识溢出,存在对技术进口的过度依赖。在贸易溢出路径中,从亚洲发达经济体进口零部件(CI-A)、从欧美发达经济体进口资本品(PI-B)是最有效的知识溢出路径,与创新绩效(IP)显著正相关。这与前面关于亚洲发达经济体以零部件加工贸易为主,欧美发达经济体以资本品一般贸易为主输出技术的分析一致,前者主要表现为与国内厂商之间的生产联系,后者主要表现为通过成套设备进口实现的技术引进,有利于通过产业关联效应、员工流动效应、示范模仿效应实现知识溢出,提升创新绩效。从欧美发达经济体进口零部件(CI-B)与创新绩效(IP)的相关系数为正,但不显著,暗示从欧美发达经济体进口零部件是知识溢出的潜在路径。考虑吸收能力与不同贸易路径的交互影响之后,我们发现:不同来源的资本品进口

（PI-A×EDU 和 PI-B×EDU）的相关系数均变得不显著,这意味着本土吸收能力与零部件进口的技术要求相匹配,但与资本品进口的技术要求不相匹配。在现有知识存量下,盲目进口资本品可能陷入"贫困陷阱",形成对外来技术的过度依赖,不利于自主创新。

（五）研究结论与政策意义

"新三角贸易"模式对中国技术提升和贸易商品结构改善起到了不可估量的作用。FDI 和中间品进口一直被视为中国吸收技术外溢的主渠道。本书基于投资战略、产品贸易类型的分析得出与表象和研究假设不完全一致的结论。研究表明:

1. 吸收能力是决定国家创新绩效的关键因素。加大研发投入、促进科技成果产业化是未来国家竞争力培育的主要方向。

2. 在现有知识存量的基础上,零部件进口是促进国家创新的有效路径。本土吸收能力与零部件进口所外溢的技术相匹配,通过扩大零部件进口,有望实现更多的二次创新。但目前零部件进口主要源自东亚发达经济体,从欧美国家的引入不足。中国应扩大从欧美国家的零部件进口,吸收不同地区的技术外溢,以缩小中国与欧美国家之间的贸易顺差,实现贸易均衡,缓解贸易摩擦。

3. 产业关联低是制约高技术领域 FDI 知识溢出的重要原因。东亚在华投资企业虽以劳动密集型投资为主,技术层次较低,但因存在垂直型产业关联,仍能通过前向或后向技术外溢使本土企业在消化、吸收的基础上实现二次创新。在高技术产业,FDI 以独资经营为主,技术垄断性强,与本土企业的产业关联少,技术外溢小。为突破股权限制,加强产业关联,国家应着眼于创新型供应链集群建设,完善配套服务体系,通过质量监督、技术扶持帮助更多的企业融入跨国企业的全球供应网。

4. 现有技术能力与资本品进口的技术要求不相匹配,该路径获取的技术外溢少。当务之急,是要加强对机械装备业的研发投入,积累知识存量。

受可获得数据的限制,本书主要基于宏观的经济数据,研究贸易、投资两大知识溢出路径对本土创新绩效的影响。由于亚洲欠发达国家自 1998 年以后才逐步公布投资、专利的相关数据,且对专利类型的划分口径不一,这影响了研究的样本量和数据规模。未来有必要进一步研究不同规模、处于不同经济发展阶段的国家或地区获得知识溢出的有效路径。

第七章　跨国研发战略对自组织和空间组织模式的影响

　　研发国际化是一种全新的跨国经营现象。近30年来,随着国际化的趋势增强,相关研究逐步增多,研究重点也从研发动机、研发类型(集中式和分散式)的比较转向研发活动的管理。现行研究多集中在海外研发机构的定位、研发组织的控制、合作和协调等方面,基于战略组织管理,即从微观层面研究跨国研发组织模式的研究成果少。本章在文献研究的基础上,从自组织和空间组织两个层次,研究跨国公司研发战略及其组织模式之间的关系。

一、研发国际化趋势

　　自20世纪50年代以来,跨国研发经历了从重视资源配置到重视策略规划的战略转变。早期跨国经营战略以产品多样化和规模经济为主,基础性、高层次的研发活动多集中在母国。海外研发投资的目的是充分利用母公司的技术优势,通过技术转移和FDI投资延缓产品的生命周期。到20世纪80年代,市场开始供过于求,产品差异化竞争越来越激烈,迫使企业同步考虑研发和技术商业化,将研发资源全球配置纳入企业的战略决策,在全球建立研发中心,通过垂直整合产业链,与上游供应商和下游客户共同研发,加速新产品上市。到20世纪90年代后期,随着全球化技术竞争加剧,技术生命周期日渐缩短,跨国研发活动逐步以技术搜寻为主,旨在增强公司知识存量和知识获取能力,依赖国际研发网加速创新,使研发组织朝着网络化、分散化发展。UNTAD(2005)显示:1995—2003年,瑞典最大的五家跨国公司海外研发支出占全部研发支出的比例从22%增至43%,平均每家公司在6.3个国家进行研发投资。阿尔梅达(Almeida,1996)在分析美国半导体行业中USPTO授权专利被引用的情况时发现:以日本为首的跨国投资企业更多引用原产于美国的专利,专利数高于美国本土公司。邓宁(Dunning,1996)指出:跨国研发投资不完全是为了扩大现有的竞争优势,更重要的是要获取新的优势或补充性资产,增强市场竞争力。在此意义上,跨国研发过程不仅是跨国公司特有优势"推"的结果,更是东道国创新资源"拉"的结果。

屈默勒(Kuemmerle,1997)在对美国、日本、欧洲等地32家跨国企业调查研究的基础上,将海外研发动机分成母国技术应用型(HBE型)和母国技术增加型(HBA型)。所谓HBE型,是指海外研发以母公司技术输出和技术扩散为主,其目的是支援当地制造厂商,或修订标准化产品以符合当地市场的需求。所谓HBA型,是指以获取新技术为目的的跨国R&D投资。即通过投资获取东道国大学、研发机构、竞争者的技术资源或研发创新能力,并向母国反向技术外溢(见图7—1)。迈耶·克雷默和雷格(Meyer-Krahmer and Rege, 1999)的研究表明:跨国公司研发国际化的动机在于学习主导市场的优秀技术,以及在价值中动态互动。

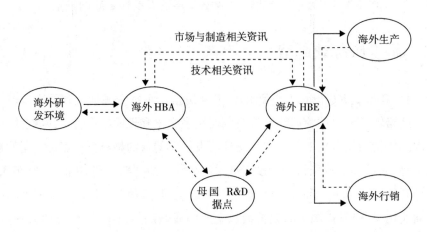

图7—1　HBA 和 HBE 研发组织结构与技术流向图

加斯曼和马克西米利安(Gassmann and Maximilian,1999)通过对33家跨国企业的问卷调查,发现跨国研发战略的变化趋势为:(1)当海外市场越来越重要时,跨国公司开始关注海外R&D投资,使研发活动符合当地需求。(2)当海外研发活动无法满足当地的技术需求,或当海外技术日趋成熟,成为集团无法忽视的创新要素时,跨国公司将增加海外R&D投资,以吸收并追踪海外技术的发展。(3)当海外研发中心技术发展成熟时,跨国公司将赋予其更多的自主权,以激发其创新活动,同时促进资讯在跨国公司内部自由流动。(4)为统筹研发资源,跨国公司开始以兼并收购的方式整合全球研发机构,构建新的研发网络。(5)产业内少数具有领导地位的研发中心成为研发网络的合作对象,以提高创新效率,降低研发成本。伦·莱昂纳德(Leonard Lund,1986)对美国的研究表明:跨国公司研发分布主要考虑的因素是:接近公司总部的便利、科技人员供给稳定、社区生活质量水平、研发配套设施、接近生产部门、接近大学或研究中心。海外研发机构正经历从技术转移、技术扩散到技术创新和知识创造的角色变化,研究内容也从区域市场或全球市场的应用型研发扩展到有利于建立集团长期竞争力的基础性研发工作。

二、研发国际化战略对跨国公司自组织的影响

战略决定行动,进而决定跨国研发的组织模式。随着产品更新换代速度的加快,技术的复杂性和连续性更为突出,技术创新模式不断演进,由离散的、线性的简单模式向一体化、网络化的复杂模式转变。与之相适应,创新管理也应由单一的组织管理向空间管理模式转变,以形成创新要素、创新组织和创新主体之间的"互动"。

海外研发机构是跨国公司在东道国设立的专门从事研发活动的自组织机构。所谓海外研发的自组织模式,是指海外投资的进入或设立模式。首先,根据母公司控制权的大小,可以将海外研发机构的自组织模式分为三种:一是以独资、控股或兼并方式成立。该类机构或完全受母公司控制,研发活动服务于集团整体;或享有充分自主权,能独立开展研究活动。按其承担的主要研究任务,可分为技术支持实验室、海外产品发展机构以及研发中心。控股化或独资化的组织模式,往往将基础性、原创性的研究活动集中在母国,而将辅助性的研发活动放权给海外子公司,呈现出 R–D 的合作模型,有利于随时控制海外子公司与东道国地方创新主体之间的技术差距,最大限度地减少技术扩散和技术溢出。二是合资、股权参与等方式设立。该类组织机构在母公司的总体制度框架内享有部分自主权,有利于开展区域性或适应性产品研发活动。三是战略联盟组织。即以合作生产、技术协作、联合营销、交叉营销、交叉许可证转让、联合研究等协议式方式与东道国高校、科研院所、企业合作研发。其次,根据其独立性可以将海外研发机构分为独立的法人组织和非独立的法人组织

两种形式。后者表现为子公司或合资公司的内部附属研发部门(包括内部研发部门和分公司)等,其设立程序相对简单,属于非独立核算单位,财务、管理上相对可控。虽研发规模较小,但灵活性强。因行业分布、功能定位不同,各研发机构的自组织模式有较大的差异。如实验室往往是海外研发投资的初级形态,其目的是输出母国技术,开发适用东道国市场的产品,延缓技术的生命周期。之后适应资源全球配置的需要,相继出现了研究所、研究中心、研究开发公司、技术联盟等组织形态。各种自组织模式中,以战略联盟的管理问题最为复杂。

不同国家对海外研发机构的组织界定不同。如美国规定:在美国境内的外资研发机构是指外国母公司拥有50%或50%以上控制权的独立的研发设施和场所。这一规定包括三层含义:(1)研发是其主要功能,与跨国公司在美的生产或销售性分支机构之间不存在从属或附属关系。实行独立经营、自负盈亏,直接向母公司的研发部门汇报工作;(2)海外母公司拥有绝对控制权;(3)研发活动不包括其与美国大学或科研机构之间展开的委托研究或合作研究。这意味着在美国,海外研发机构必须独资成立,外资工厂中的研发部门、跨国企业与美国大学联合设立的研发实验室等都被排除在定义之外。而我国外经贸部(2001)第218号《关于外商投资设立研发中心有关问题的通知》中明确:外商投资研发中心的形式可以是外国投资者(包括外商投资设立的投资性公司)依法设立的中外合资、合作、外资企业,也可以是设在外商投资企业内部的独立部门或分公司;研发中心是从事自然科学及其相关科技领域的研究开发和实验发展(包括为研发活动服务的中间试验)的机构,研发内容可以是基础研究、产品应用研究、高科技研究和社会公益性研究。该定义相对于美国更为宽泛。根据该定义,在华投资的海外研发中心,可以是独立法人实体(如独资、合资、合作设立的研发机构),也可以是附属于其他机构的非独立法人机构(如合资或独资生产企业内部的研发部门、投资性公司所属的研发机构、母公司研发机构的分支机构、地区总部内设的研发中心)。

三、研发国际化战略对跨国公司空间组织模式的影响

所谓空间组织模式,是指母国与东道国研发单位之间的合作方式与程度,涉及跨国公司研发国际化过程中采用的决策规则;与海外研发机构的区位选

择、角色定位及彼此之间的联系有关的一系列管理决策问题。跨国研发组织的空间形态与自组织模式之间存在一定的逻辑关系。首先，海外研发战略直接影响到跨国研发组织的空间布局。屈默勒（Kuemmerle,1997）在238个研究样本中，发现HBE型投资占45%，投资地点多在主要的目标市场或制造工厂附近，以尽快实现技术商业化，缩短产品上市周期。该类型投资注重产业化，要求领导者熟悉业务流程、管理和经营目标。HBA型投资占55%，多集中在技术密集区域，以方便获得新知识、创新新技术。该类型投资注重技术吸收，多选择具有管理背景的科技领头人作为领导者。一般先设立核心型研究中心，然后逐步延伸，在次要的地点建立次一级的研发单位。国内学者杜德斌（2001）将跨国研发投资的区位模式分为生产支撑型、技术跟踪型或获取型和资源寻求型三种。生产支撑型研发投资集中在市场规模较大的国家或地区，且接近海外生产基地，资金流向以"平行流"或"混合流"为主。技术跟踪或获取型研发投资集中在经济较发达的国家或地区，且接近竞争对手的研发机构，资金流向以"上行流"为主。资源寻求型研发集中在拥有创新资源和创新环境的国家和地区，多位于东道国的科技中心，资金流向具有"下行流"的特征。

其次，跨国投资战略对跨国研发的空间布局也会产生影响：在以产品出口为主的营销阶段，表现为母国绝对集中型研发；在海外投资设立销售公司的阶段，开始注重海外信息采集，表现为母国相对集中型研发；在海外投资建厂阶段，表现为多中心分散型研发，以支持生产机构适应性开发产品。由此可见，研发组织的空间模式，体现的是各研发单位之间的成果依存（即成果整合与共享）关系和关联程度。这里所说的成果整合与共享，主要通过组织之间的知识流动来实现。所谓知识流动，是指单一组织独立创造的经验和知识与其他组织之间的相互作用和交换过程。研发空间组织模式应根据各研发单位的功能演变进行动态调整，以提供畅通的渠道保证信息、技术、人才、资源、资金等创新要素的流通、交换、集聚和扩散。

梅德可夫（Medcof,1997）基于技术工作类别（研究、开发还是支持）、合作功能领域（营销、制造、营销与制造、其他）、合作区域（本土化、国际化）将研发空间经营模式分为八种类型。朗丝黛（Ronstadt,1998）将跨国公司海外研发机构划分为四种：（1）技术转移单元（TTU/Technology Transfer Units）。多由母公司指派研发活动的负责人，负责向子公司转移技术和提供技术服务，并辅助母公司开展少量的研发活动。（2）本地技术单元（ITU/Indigenous Technology

Units)。负责为母公司在东道国的生产单位提供适应当地市场需求的产品技术支持,多雇佣当地技术人员。(3)全球技术单元(GTU/Global Technology Units)。负责针对全球市场开展研发活动。该类研发机构往往嵌入东道国的创新体系,与其大学或实验室组成网络和集群,以充分利用东道国的技术人才和创新要素。(4)公司技术单元(CTU/Corporate Technology Units)。负责独立开展研发活动。这四种技术模式随着研发投资战略的变化而依次从 TTU、ITU 向 GTU、CTU 循环转化。在某一时点,可同时并存。贝尔曼和费舍尔将创新模式(Behrman and Fischer,1980)分为绝对集中(Absolute Centralization)、共享式集中(Participative Centralization)、合作(Cooperation)、管理自由(Supervised Freedom)和完全自由(Total Freedom)五种类型。巴特利和戈沙尔(Bartlett and Ghoshal,1990)将创新模式分为中央创新、当地化创新、借力地方型创新和全球联动型创新四种类型。

加斯曼和马克西米利安(Gassmann and Maximilian,1999)根据研发自组织之间的合作程度,概括出五种模式(见图 7—2.1):(1)母国集中型(Enthnocentric centralized)。属以国内研究和国内开发为特征的初级形态组织。该类组织对海外市场和技术不敏感,难以实现营销扩张。(2)地理集中型(Geocentric centralized)。属以分散研究、国内开发为特征的技术驱动型组织。该类组织置于母公司的相对控制之下,有利于母公司与海外子公司之间的信息流通,但难以对东道国的市场变化作出快速反应。(3)多中心分散型(Polycentric decentralized)。属以国内研究、分散开发为特征的市场驱动型组织。该类组织充分考虑了海外研发机构的独立性和利益,但忽略了跨国协调和研发活动的系统性,容易引发研发活动的重复和低效,难以从整体上保持技术的一致。(4)轴心型(Hub Model)。属以国内研究、分散开发为特征的市场驱动型研发组织。该组织模式有利于保持母公司对全球研发活动的适当集中和控制,但协调成本巨大,如何发挥海外子公司的创造性、积极性和灵活性也是面临的难题。(5)整合网络型(Integrated R&D Network)。属以分散研究、分散开发为特征的全球研发组织。这是目前最高级别的组织模式。跨国公司空间组织模式可以沿袭母国集中→地理集中→多中心分散→轴心型→整合网络型这一进程逐步演变,也可以跨越式发展。维托里奥(Vittorio,2000)将跨国公司全球研发组织分为基于专业化的组织结构(The Specialization Based Structure)和基于一体化的组织结构(The Integration Based Structure)。

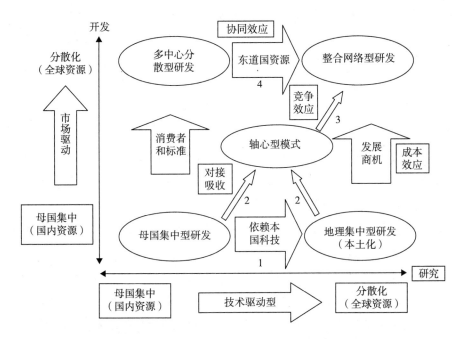

图 7—2.1　跨国研发组织空间布局演变

马克西米利安和加斯曼(Maximilian and Gassmann,2004)对全球 1021 个研究机构的调查发现:研究中心和发展中心存在从属关系:研究活动趋于集中,发展活动则趋于分散;研究单位多由海外研发机构整合当地科技与工程资源而来,发展单位则多从东道国配套生产厂商演进而来。据此提出跨国研发的四种组织架构:(1)国内研发(National treasure R&D)。即研发活动全部集中在母国。当母国市场为主要市场且具有丰富的研发资源时,采用该组织架构有利于控制自有核心技术,主导产品设计和研发。研究国际化和发展国际化是该类组织的发展路径。所谓研究国际化是指当母国拥有雄厚的工程背景但缺乏科学研究能力时,可通过跨国研发投资(如在海外设立研发中心或精英中心)获得海外创新资源。所谓发展国际化,是指当市场扩张成为必需或海外市场潜力巨大(如中国)时,可建立海外发展中心,以修正研发技术使产品生产符合当地市场需求。(2)技术驱动型研发(technology-driven R&D)。即母国开发,国外研究。多适用于以国内市场为主导,但创新能力不足的情形。大国企业因国内市场庞大,更注重技术创新,通过向海外投资建立顶尖科学中心吸收海外科技人才和创新要素,而将行销设计等发展创新活动集中在母国,以便统一管理,获得规模经济。发展跟随研究是该类组织的发展路径。在科技密集度高的行业,跨国企业多选择在东道国研究中心附近投资建立发展单位,以快速挖掘商机,促进技术向商业转化。(3)市场驱动型研发(Market-driven R&D)。即国外开发,母国研究。该组织架构主要为小国企业采用。受国内市场的限制,小国跨国企业更需要海外扩张,认为企业成长的关键在于掌握顾客需求而非技术上的突破,因而重视在客户市场建立以发展为主的研究机构,以根据市场需求的变化及时调整产品或生产线。该类组织将基础研究集中在母国,国外则注重应用,遵循研究跟随发展的路径。当海外发展中心建立起研发网络并有能力开发某一技术领域时,母公司将增加对其投入以进一步发展成研究中心。(4)全球研发。即国外研发:在技术密集度高的地区设立研究中心,在市场需求或标准变化大的地区建立发展中心(见图7—2.1 和图 7—2.2)。在此基础上,我国的景劲松等(2003)将跨国公司研发组织模式分为星型或中心—边缘型、多中心分散型、全球互联型三种类型。库拉纳(Khurana,2006)则概括为完全集中、面向市场的完全分散、集团支持下的市场分散、集团支持下的技术分散四种类型。

研究跨国研发机构的组织模式,可一定程度反映该机构在跨国公司全球研发网络中的地位和作用。皮尔斯(Pearce,1999)的研究发现,跨国公司海外研发机构的责任已从母国技术转移和应用向自主创新新技术的方向转变。市场竞争加剧和技术进步是迫使跨国公司创新战略转型的主要原因。赛拉皮奥等人(Serapio et al. ,2000)指出:研发全球化中,学习已成为关键要素。越来越多的公司重视跨国研发投资,不仅是为了方便技术转移,更重要的是为了学习和开发外部科学技术。格里巴德哲和雷格(Gerybadze and Reger,1999)发现,公司越来越有能力创造和经营地处不同地理区位的学习中心,并对其交叉学习进行管理。

跨国研发投资现象的逐步升温,引起了学术界的普遍关注。但现行研发组织的研究主要基于以美、日、欧为主的发达国家,对发展中国家的研究较少。中国企业的研发国际化还处于起步期,技术搜索和技术学习是其主要的战略动机,自组织形式仍以技术联盟和小型海外研发机构为主,母公司是资源投入的主体。跨国公司在华设立的 400 余家研发中心里,有近 300 家采用非独立法人形式,且多数为内部研发部门。这说明跨国公司在华投资活动仍处于技术价值链的低端,自组织模式不稳定。政府有必要通过加强知识产权保护、完

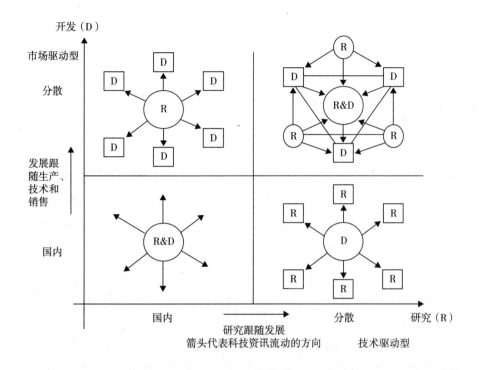

图 7—2.2 跨国研发组织空间布局演变图

善资产并购机制、健全创新环境等政策措施,加速提升企业吸收能力,吸引跨国公司以常设性组织模式开展更高战略层次的研发活动,以提升中国在跨国公司全球研发空间组织中的地位和作用。

第八章 中国、印度研发国际化若干问题的思考

随着跨国 R&D 投资在中国、印度的快速增长,研发国际化问题备受关注。所谓 R&D 国际化,是指跨国公司将技术研究和开发活动从母国移植到海外,利用各国在科技资源的比较优势,跨国界开展研发活动。广义的 R&D 国际化行为包括:本土企业利用海外资本和技术资源开展 R&D 活动;外资企业利用本国资源开展 R&D 活动;对外投资并利用海外资源开展 R&D 活动。本书主要关注前两者。

当前有关 R&D 国际化的理论,主要基于西方发达经济体。除日本外,跨国公司全球 R&D 网对亚洲国家关注较少。本章基于对中国、印度 R&D 国家化的比较分析,探讨中国 R&D 国际化所面临的问题和挑战,从 R&D 投资风险决策、海外 R&D 单元的角色演变、研发模式、本土自治与外部控制之间的关系等层面比较分析西方理论对亚洲国家的适用性问题,以期找出理论和现实的差距,为完善投资理论提供参考。

一、研发投资的决策基准

根据风险管理原则,R&D 投资首先应考虑成本—收益问题。R&D 投资原则上应避开知识产权保护不完备(Intellectual Right Protection,以下简称 IRP)的国家。若向知识产权保护弱的国家配置 R&D 资源,因知识溢出的概率增加,控制核心技术是关键。Lee、Mansfield(1996)和 Smarzynska(2004)发现:跨国公司往往会把知识密集型、高附加值的活动放在知识产权制度健全的国家。Branstetter et al.(2004)证实:当东道国知识产权保护制度日趋完善时,美国公司的专利数也随之增加。跨国公司更愿将 R&D 资源集中配置在 IRP 保护严厉的国家。

加斯曼(Cassiman,2002)将企业应用研究的努力程度(y)看成是外部知识存量(OS)、市场容量(MP)、知识产权保护程度(PD)的增函数,且假设应用研究的努力程度(Y)与企业绩效正相关。这里将基础研究(BR_i)看成是企业 i 的外部知识存量(OS)的内生变量,即:

$$OS = \sum_{i=1}^{n} BR_i + \theta_i \tag{8.1}$$

$$y = f(OS, MP, PD) \quad = f(\sum_{i=1}^{n} BR_i + \theta_i, MP, PD) \tag{8.2}$$

研究认为:基础研究投资与企业规模正相关,但基础研究成果的外溢程度与企业规模负相关。因此,大型跨国公司更注重基础研究,以此带动应用研究的发展,成为技术领先者。小规模企业受资金的限制,更青睐应用研究,但因从大企业获取技术外溢困难或有时滞性,成为技术的追随者。对一家企业而言,外部知识存量越大,其从事基础研究的资金投入门槛就越低,就越有助于推动研发国际化。

Belderbos 等(2004)指出:R&D 资源配置越分散,知识扩散的可能性就越大。海外 R&D 资源配置的均衡比例取决于知识转移的效率和知识外溢的程度,这往往与一国 IRP 制度和产品市场竞争程度有关。母国 IRP 制度越完善,海外市场 IRP 保护越弱,技术领先者在海外配置 R&D 资源的比例越小,越倾向于母国集中研发,这将促使技术追随者作出反应:技术追随者将提高向技术领先者所在国配置 R&D 资源的比例,以扩大技术攫取的机会。母国 IRP 制度越薄弱,技术领先者越倾向于向海外配置 R&D 资源,但为减少对竞争对手的知识溢出,其 R&D 资源配置决策对各国间 IRP 的制度差异非常敏感,往往倾向于将 R&D 资源配置在 IRP 保护落后的国家。如在化学品行业,欧盟(EU)跨国公司处于技术领先地位,它们将更多的研究活动放在美国市场,主要考虑在应用生物学领域,美国市场的 IPR 保护制度相对健全。产品市场竞争越激烈,技术领先者越愿意追逐海外 R&D 资源,以从国际市场获得更大的利润;而技术追随者则更愿集中国内 R&D 资源以保护其国内市场地位。在知识产权保护弱的国家,R&D 溢出大,技术向竞争者扩散的风险加大,技术领先者向海外配置 R&D 资源的动机下降,更愿集中于母国研发。而技术追随者更关注 R&D 资源的全球配置,以获取海外技术。据此,当东道国 IRP 保护力度加强(公司间溢出减小)时,技术领先者会加强对该国 R&D 资源的配置比例,而东道国企业更愿将 R&D 资源集中配置在母国,以从技术领先者活跃的 R&D 活动中获取更多的技术外溢。

根据西方原理,东道国欲吸引 R&D 资源流入,就必须加强知识产权保护。但基于东亚的研究表明:过度谨慎地依赖国家风险和 IP 制度的数据评估可能造成短视,丧失巨大的商机。如在商业环境快速变化的中国,吸收能力的快速提升所获得的反向技术外溢,可在一定程度上抵消 IPR 制度缺陷所带来的负效应。跨国公司(MNCs)采用独资、内部控制等替代机制同样有助于保护其核心技术(Asakawa and Som,2008)。2004 年 EIU① 对 104 名高层管理者的调查表明:中国、印度、美国已成为 R&D 投资的三大热点,约 39% 和 28% 的公司有意在中国和印度 R&D 投资。2005 年韩国拥有的 60 个海外研发机构中,17 个位于美国,15 个在中国,7 个在日本,5 个在俄罗斯和德国②。

相对于印度,发达国家对中国的研发投资除集中在 IT、通信、汽车、制药和生物工程等高技术领域外,还包括个人电脑(PC)、化学、石油化工、汽车、运输等领域。印度研发成本低、小规模创新型公司多,吸引辉瑞制药(Pfizer)、葛兰素史克(GSK)、霍尼韦尔(Honeywell International)、陶氏(Dow Chemical)、诺基亚(Nokia)、西门子(Siemens AG)、杜邦(DuPont)、通用电气(GE)等大鳄的 R&D 投资。如在印度从事临床开发、药品生产、成药开发,所需成本仅为美国的 45%、30% 和 12.5%(Goldman,2005)。MNCs 每年投入 1000 万美元在印度建立 R&D 中心。2005—2006 年,跨国公司在通信技术领域对印度投资 86 亿美元。2006—2010 年,全球医药公司计划对印度投资 15 亿美元。即使在中国这样一个 IRP 制度薄弱的国家,仍吸引大量跨国公司的眼球。瑞士罗氏公司(Roche Group)于 2004 年率先在上海设立开发中心。陶氏在五个城市的商业中心投资建立 10 家制造企业,雇佣员工 1200 多人,认为中国 R&D 中心与全球其他 6 个 R&D 中心一样重要。Nokia 在华设立五个研究单元、四个制造厂,拥有员工逾 4300 人。爱立信(Erisson)对华 R&D 投资连续三年持续增

---

① EIU:全称为 The Economist Intelligence Unit 总部位于伦敦,是一本经济学领域的杂志,提供全球商业研究和分析报告。

② 冯跃、史安娜:《R&D 国际化:一个基于供求关系的动力学模型》,《科技进步与对策》2008 年第 7 期,第 27—30 页。

长。截至 2006 年年底,大中型三资工业企业在华设立科技机构 2223 家,科技活动经费内部支出达 848.18 亿元①。

表 8—1 2005 年 100 家财富 500 强公司对印度投资情况

综合类和消费品行业	硬件和半导体	软件业
—美国通用电气(GE)	—英特尔(Intel)	—美国奥多比(Adobe)
—韩国三星(Samsung)	—德州仪器(Texas Instruments)	—美国微软(Microsoft)
—韩国乐金电子(LG)	—美国摩托罗拉(Motorola)	—美国甲骨文(Oracle)
—韩国现代(Hyundai)	—美国思科(Cisco)	—美国雅虎(Yahoo)
—荷兰联合利华(Unilever)	—美国国际通用机器公司(IBM)	—美国 Google
—美国惠而浦(Whirlpool)	—意法半导体(ST Micro Electronics)	—美国 Cadence
—荷兰飞利浦(Philips)	—美国赛灵思(Xilinx)	—俄罗塞门铁克的 Symantec/Veritas
—瑞典伊莱克斯(Electrolux)	—美国英伟达(NVIDIA)	—中国比蒙新帆(BMC)
—日本索尼(Sony)	—美国超威半导体(AMD)	—中国 Visteam 软件
—德国西门子(Siements)	—美国戴尔实验室(DELL labs)	
—芬兰通力(Kone)	—美国 3 Com 公司	
汽车业	生物技术和医药业	化学品行业
—日本本田(Honda)	—美国默沙东公司(Merck)	—美国嘉吉(Cargill)
—美国福特(Ford)	—英国葛兰素史克(Glaxo Smith Kline)	—美国杜邦(Dupont)
—美国通用汽车(General Motors)	—美国辉瑞(Pfizer)	航空航天业
—美国克莱斯勒(Daimler Chrysler)	—英国阿斯特捷利康(Astra Zaneca)	—美国霍尼韦尔国际公司(Honeywell)

资料来源:Sandeep Kishore(2005)的报告,见 http://ibef.org。

由此可见,对中国、印度等经济处于高速增长期的国家,应用型研究比基础研究更为重要。作为投资的判断基准,市场潜力比知识产权保护更受重视。跨国公司对中、印的投资活动,多采用 OEM、中间品输出等方式弥补技术差

————————

① 数据来源:国家统计局和科学技术部编:《中国科技统计年鉴》,中国统计出版社 2007 年版。

距。同时因文化不同、官僚作风严重、IRP 制度薄弱,安全问题仍备受关注。印度于 1994 年修订版权法,严格界定了版权所有人的权利和对盗版行为的惩处。2005 年又根据 TRIPs 协议(the Trade—Related Aspects of Intellectual Property Rights)修订了专利法,将专利保护的范围从医药扩展至农药化肥。尽管如此,美国贸易委员会(United States Trade Representative)仍将印度列入 301 特别条款关注的 48 国之一,呼吁印度加入世界知识产权组织(the World Intellectual Property Organization)。加贺(KAGA)、金泽电子(Denshi)等公司将日本、中国管理信息系统和操作信息系统完全分离,以确保经营安全(Asakawa & Som,2008)。

二、海外研发单元的功能演变

Ronstadt(1997,1998)认为:R&D 国家化是一个增值过程,美国公司建立全球 R&D 单元的初衷,是要移植美国本土技术,适应东道国市场的需求(TTU)。随着时间的推移,这些海外单元开始发生角色转变,变市场适应型开发为自主型开发(ITU),部分成功转型为全球或公司的创新主体(GTU 或 CTU)。在某一时点,多种角色可能同时并存。

Robert(2001)对北美、日本、西欧 209 家公司的调查表明:"在特定的技术或学科领域内建立世界范围内的杰出中心"和"进行针对于投资地市场的适应性研究"是跨国公司海外研发机构首选的作用和功能。EIU(2004)的调查发现:跨国企业将 23% 的基础研究和 37% 的应用研究安排在海外。其中安排在发展中国家的比例高达 17% 和 22%。

西方研究表明:海外研发机构的角色定位正从对母公司的产品或技术依赖型向集团竞争力支持型转变,研究内容也从市场应用型研发向基础性研究转变。在发展中国家,从本土创新者向全球创新者这一角色演进的过程往往是漫长的。而在中国和印度,外资 R&D 单元正在短期内快速发生角色转换。这主要受益于吸收能力的快速提升。根据《金融时报》2005 年 6 月 9 日的报道,欧盟计划将 GDP 的 3% 用于 R&D 投资,但要达到这一目标,尚有 70 万科研人员缺口。可见,即使在发达国家也存在人力资本和吸收能力不足的问题。而印度拥有的技术资源和知识基础,使通过技术外包获得先进技术成为可能。印度政府加大投资力度,通过建立经济特区、软件工业园,将研发资源积聚,吸引跨国公司出口导向型的离岸外包业务。2006 年,印度拥有 1500 多家 R&D 单元,其中 65% 为政府资助;拥有 270 所大学,每年输送 18.4 万名工程毕业生,约为美国(7.6 万名)的两倍,中国(35.2 万名)的 1/2[1],其中 IT 业雇员达 130 万人;全球 60% 的尖端产品所需技术通过软件外包的方式从印度获得[2]。铃木(Suzuki)选择总部在古尔冈市(Guigaon)的 Maruti Udyog 作为其亚洲全球 R&D 中心(Global R&D Hub)。该中心负责将西方模式本土化,开发设计新型 Compact 车。Suzuki 雇佣本土技术人员,不断扩大投资,升级该研发中心。定期选送 20—30 人到其在日本的 R&D 总部进行为期 12—18 个月的培训。经培训后的印度团队承担升级、设计 800 余款汽车的责任。

　　跨国公司在发展中国家 R&D 的投资,旨在服务产品、市场扩张、延伸母国技术的应用范围。Zedtwitz(2004)指出:中国是光纤网络、移动通信和电梯的前三大市场,在华研究中心多为这些领域的发展设立,目的是支援当地的子公司和顾客。跨国公司在华设立的研发中心以产品应用技术研究[3]为主。如 IBM 中国研究中心,主要引进 IBM 全球技术成果,研究有中国特色的技术及解决方案,包括语音技术、文本分析和挖掘技术、手写体识别技术等。中国不仅有巨大的市场潜力,更有充裕而廉价的人才资本。美国国家科学基金会(NSF)数据显示:1994 年美国在科学与工程领域获得博士学位的外籍人员中,20% 为中国人。政府以优厚的条件吸引海外留学人员回国,有助于快速提升本土 R&D 能力。随着政府、家庭对教育投入的不断增加,本土技术存量结构不断优化。到 2004 年,企业 R&D 投入占全社会 R&D 经费的比例达 66.83%,接近发达国家 50%—74% 的比例;科技人员达 74.3 万人,仅次于德国(130 万人)、日本(64.8 万人)和俄罗斯(50.5 万人)。如微软亚洲研究院拥有 150 多名研究人员,除早期归国人才外,多数为本土青年学子。

　　综上所述,中国、印度快速增长的吸收能力和技术存量,成为跨国 R&D 机

---

　　① 数据来源:Raja M. Mitra(2007),"India's emergence as a global R&D center",Working Paper R2007:012,http://www.itps.se。

　　② 数据来源:Raja M. Mitra(2007),"India's emergence as a global R&D center",Working Paper R2007:012,http://www.itps.se。

　　③ 跨国公司的研究开发一般包括基础研究(产业科技基础)和应用研究(具体产品研发)两个阶段,前者重点研究产业共性技术,具有开发周期长、资金投入大的特点;后者主要针对特定的市场需求研究开发适用性产品,是科技成果产业化的过程。与之相对应,研发技术可分为核心技术、共性关键技术和产品应用技术三个层次。

构角色转换的助推器。中国庞大的市场潜力和日益开放的研发环境；印度在 IT 业、工程技术领域雄厚的知识基础成为吸引跨国 R&D 投资重要的战略资源。

三、研发国际化的区位选择

跨国公司研发分布主要考虑的因素是：接近公司总部、科技人员供给稳定、社区生活质量水平、研发配套设施、接近生产部门、接近大学或研发中心（Lund，1986）。格里巴德哲和雷格（Gerybadze and Reger，1999）指出：跨国企业 R&D 投资区位选择的主要原则是：（1）企业可在具有前瞻性的市场设立研发中心，以了解领先市场的顾客需求并适时调整技术。（2）由于知识产生的过程越来越接近销售收益产生的过程，可在主要销售地设立研究机构，以将销售收入直接用于研发支出，并透过销售经验直接获得新知识、新技能。（3）主流设计和标准的制定在高科技产业中发挥越来越重要的作用，可将研发中心设立在法令制度较少的地方，以有利于复制新技术并获得先占优势。（4）对技术或生产过程复杂的产品，可考虑与供应商合作开发，以将研发活动整合到制造链，使研发活动更具弹性和针对性，与产品品牌创建相结合。（5）对基因工程等 R&D 密集度高的产业，应强调资源使用和科技创新的时效性。该类研究中心多设立在国际上极具声望的精英中心（Centers of excellence）。Zedtwitz 和 Gassmann（2002）将决定 R&D 投资的区位因素概括为表 8—2。

表 8—2　研发中心区位选择所考虑的主要因素

内容	跨国企业海外设立研究中心的区位选择	跨国企业海外设立发展中心的区位选择
影响因素	接近当地大学或研究园区 掌握非正式的网络活动 接近创新中心 受当地科技基础的限制 使用当地科技人才、专家 分散各个研究中心的风险 支援当地技术发展 依循当地法规 当地专利 补贴 母国对研究领域的低接受度，如基因工程	当地市场需求 全球顾客需要当地支援 接近顾客或领先使用者 与当地厂商合作 开发市场通路 建立当地企业形象 缩短产品推出时间 使用时间上的落差 该国所拥有的特定成本优势 促进生产制造的规模经济 推动创新和调整当地制造过程 国家保护问题

资料来源：Zdetwitz 和 Gassmann（2002）。

R&D 区位原理对中国和印度同样适用。跨国公司在华投资主要集中在 R&D 资源密集度较高的省市,如广东、北京、上海、江苏、天津。主要地区驱动因素包括投入驱动、产出驱动、效率驱动、政治或社会文化驱动、研发外部性驱动等。北京、上海因拥有大学、企业、金融优势而成为投资区位的首选。Greatwall(2002)研究 25 家跨国企业在华研究投资的区位选择时发现:北京对通信资讯产业的吸引力最大,这可能源自三方面原因,一是政府的政策力度;二是地缘优势。北京为中央政治中心,有利于建立政府关系,及时沟通、掌握最新政策与标准。考虑到政府的强势地位,跨国企业越来越重视融入官方网络,以成为内部人,获得更多的核心 R&D 资源;三是科技优势。北京拥有超过 100 所的大学、研究机构和高新技术区。跨国企业对上海的投资以食品、生物、机械工程、汽车、化工业为主,这可能是因为上海具有地理位置上的优势,相对北京对外开放程度更高,需求与国外需求更为接近(Zedtwitz,2004)。在北京,52 个研发中心有 18 个以研发为主;而在上海,54 个研发中心就有 46 个以研发技术为主。不同国家的跨国企业区位选择的偏好不同。美国企业青睐在北京设立研发中心,欧洲企业则青睐上海。Microsoft 和 Nokia 青睐选择北京作基础研究,而在毗邻的地区设立技术发展中心以利于技术的转移。阿尔卡特(Alcatel)在上海设立 3G 测试中心;日本最大移动运营商 NTTD OCMO 则在其北京实验室开展 4G 研究。

在华投资机构非常注重与高校、科研院所、国内顶级企业、政府之间的合作。1994 年 7 月,加拿大北方电信投资 400 万美元,与北京邮电大学合作成立邮电大学—北方电信研究开发中心,成为境外跨国公司与国内大学合作的第一家。之后,日本 SMC 株式会社、美国通用福尔德公司先后与清华大学合作成立 3 个研究所、4 个实验室和 12 个培训中心[①]。宝洁公司与清华大学共同创建全球第 19 个大型科研中心,引进世界先进的试验仪器,改善教学试验设施;上海通用汽车公司与上汽集团合作,成立泛亚汽车技术研究中心;IBM 中国大陆研究中心成立 IBM 大学合作部,与清华、北大成立 IBM 创新研究院,与复旦、浙江大学等高校合作进行专案研究。汉高(Henkel)在基础研究领域与五大知名大学的六大顶级研究机构开展合作,初始投资 50 万美元。Nokia

---

① 资料来源:长城企业战略研究所:《跨国公司在华 R&D 研究》,广西人民出版社 2000 年版。

在北京建立博士后流动站,以发掘和培养当地人才。

在印度,IT 领域高水平的科技教育已被认同。尽管印度为发展中国家,但其雄厚的研发基础,使之在 R&D 领域已相当于发达国家。班加罗尔(Bangalore)、德里(Delhi)、孟买(Mumbai)、普乃(Pune)、海得拉巴(Hyderabad)、马德拉斯(Chennai)因拥有实验室和教育机构而成为跨国公司R&D 投资的集聚地。如瑞典的医药公司 USTRA 在 Bangalore 建立生物技术R&D 中心。2003 年,Intel 在 Bangalore 设立子公司,拥有 1500 名 IT 工程师和63 项专利。该公司分成四大产品设计部,开发超宽带无线通信技术、企业级处理器、无线芯片组、通信等产品。Intel 在印度投资超过 10 亿美元,其中 8 亿美元用于商业扩张,2 亿美元用于风险资本基金(venture-capital fund),另外投资数百万美元,建立区域培训代理(RTA),由 100 名高级工程师专门负责当地的科学技术培训。

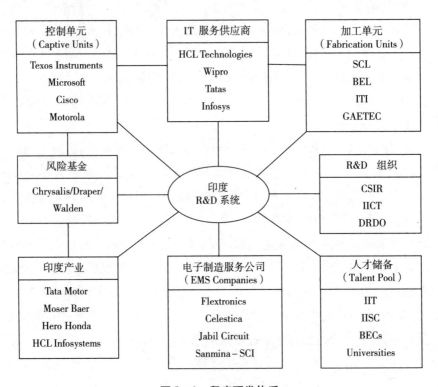

图8—1 印度研发体系

综上所述,地缘优势和科技优势成为引导跨国公司在中国、印度 R&D 投资的最重要的区位因素。跨国投资者日益重视大学、科研机构的资源优势,注重培养本土人才。在华投资企业还重视政府资源的作用。

四、学习模式还是开发模式

Chen 和 Bolton(1993)在国别研究的基础上,从社会环境、研发目的、催化因素等层面分析跨国研发投资的动因,建立条件—动机—诱因的研究框架(见表 8—3),认为跨国研发的动机是要对接东道国与母国的研发资源和条件,通过技术外溢和反向技术外溢,获取技术要素,增加技术存量,最终改善国家创新体系。

表 8—3　研发国际化的条件—动机—诱因框架

	东道国	母国
社会条件	日益改善的通信技术 日益改善的社会、经济和科技条件 日益完善的专利制度	拥有雄厚的技术存量
投资动机	利用海外科技人才和科技中心获取创新资源 本土化研发,使产品设计更适应地方需求 通过国际分工,整合各国优势,合理配置全球研发资源 通过国际研发,对全球市场需求的变化快速作出反应,缩短成果产业化的上市时间 充分利用各国吸引外资的优惠政策,如税收减免、低息或无息贷款、研发资助等,降低研发成本 顺应东道国引资优惠的附加要求。如部分东道国将"跨国企业从事生产性投资活动的同时必须建立 R&D 机构"作为市场准入条件之一 通过技术外溢改善国家创新体系和吸收能力	建立海外研发机构,为海外生产提供技术支持 通过国际研发弥补国内技术资源的不足 参与海外技术联盟和技术标准的制定 通过反向技术外溢增强母国的技术存量

伴随研发战略的转变,跨国公司经历了从技术转移、技术扩散到技术创新和知识创造的角色变化。Meyer-Krahmer 和 Reger(1999)的研究表明:跨国公司研发国际化的动机在于学习主导市场的优秀技术,实现价值增值和动态互

动。Bjorn Ambos 的实证研究表明：德国跨国公司研发国际化的主要动因是资源而不是寻找市场。

综上所述，跨国公司海外研发投资的模式有两种：一是开发（Leveraging）模式，即充分利用母国的技术优势，开发符合东道国市场需求和制造条件的适用技术，以支撑其在东道国的生产企业，拓展海外市场。二是学习（Study）模式。旨在获取东道国廉价的人力资本、知识等创新要素，降低研发成本；或获取信息，吸收技术外溢。当东道国在某一技术领域拥有竞争优势时，向该国与该技术相关的产业集群地投资，可以充分吸收技术外溢，追踪技术的发展趋势。根据中心—外围理论：一国应将高端技术的 R&D 任务放在发达国家，而将低端技术的 R&D 任务放在欠发达国家。如日本跨国公司在欧美的 R&D 单元集中于高端技术研发，多表现为技术搜寻型（technology sourcing），旨在加强研究能力；而亚洲研发则以市场搜寻为主，主要针对当地市场开发适用型产品。阿尔梅达（Almeida，1996）在分析美国半导体行业中 USPTO 授权专利被引用的情况时发现：以日本为首的跨国投资企业更多引用原产于美国的专利，专利数高于美国本土公司。

随着中国创新能力的快速提升，在华 R&D 投资动机除市场搜寻外，越来越重视互补型技术搜寻。这里所说的互补型技术，不仅针对高端技术，也针对低端技术。如在电子工程领域，当日本大学将研究转向更高领域时，可能出现技术断层（Technological disruption）。Matsushita 在苏州建立空调 R&D 中心，除考虑市场适应性需求外，另一个重要原因是：日本本土缺乏熟悉旧技术的工程人员，不得不依靠亚洲国家供应低端技术领域的人力资源（Christensen & Raynor，2003）。Sanyo 与海尔建立合资公司 Sanyo Haier，在华开发产品并反馈日本，旨在修正技术以适应日本的洗衣习惯，如将洗衣机放置在靠近浴室的潮湿地方。可见，即使是发达国家，也可通过欠发达国家 R&D 活动的反向技术外溢使母国受益。

OECD 的数据表明，2003—2005 年，中国国内发明中的外资股权① 为 24.5%，低于中国台湾（71.3%）和印度（32.5%），远高于芬兰（8.8%）、韩国

———————————

① 所谓国内发明中的外资股权，是指国内申请专利中外资企业所占的比重，一国所占专利比例越大，说明从该国吸引的研发资金越多，创新成果对跨国企业的贡献越大，创新活动越有效。

（5.4%）、日本（4.4%）①。中国台湾、新加坡（36.1%）、中国大陆成为吸引海外 R&D 活动最有效的地区。但跨国企业对创新产出的贡献，在新加坡和中国大陆呈下降的趋势，在中国台湾却增长显著。如美国跨国企业对中国创新产出的贡献，从 2002 年的 18.3% 降至 2005 年的 9.8%；日本从 2.4% 降至 1.4%；欧盟则从 13.9% 降至 8.3%。全球 500 强企业在中国申请的发明专利仅占专利总量的 13%，实用新型和外观设计专利则占 35% 和 52%。与之相反，这些企业在全球范围内取得的三类专利占比则分别为 89%、2% 和 9%。2003 年，源自印度的发明有 1200 项注册为美国专利；源自中国的发明有 1034 项注册为美国专利（NSF，2006）。可见，中国、印度已成为发达国家技术搜寻的目标国。跨国公司在中国的技术搜寻仍以低技能、低技术开发任务为主；而在印度的技术开发越来越倾向于基础研究和知识加工。

对比跨国公司在中国、印度的 R&D 投资情况，可以发现，开发模式与学习模式并存。中国有庞大而需求复杂的市场，中国市场建立的标准有望成为全球标准。在通信产业，跨国企业非常注重中国市场标准的建立，在中国和其他国家同步发展第三代移动技术。如 Nokia 在杭州的研发中心成功开发第三代移动通信软件并将成果转移到芬兰；在北京产品开发中心成功研制 N2100、N6108，并应用于东亚和其他地区。Microsoft 注重针对中国复杂的语言市场来发展下一代的语音或手写软件。中国也越来越重视国内、国际双重标准的制定。中国信息技术部（Ministry of Information Technology）同意研制国际标准，如 AVS（audio Video Coding Standard）就是一成功典范。在 Intel、Microsoft、IBM、Sony、Matsushita、Sharp、Samsung 等跨国巨头看来，该标准不仅是中国标准，也是世界标准。印度在软件出口、IT 服务领域具有世界领先地位，但网络用户端的开发仍显滞后，缺乏商业导向。现代通信技术为欧美公司引入商业化模式，成功将其研发成果推向市场提供了可能。如美国生物技术（Biotech）公司 Genzyme 与印度 NPIL（Nicholas Piramal）签署许可协议，授权 NPIL 销售其最畅销产品 Synvisc（Hylan G-F20）。奥多比系统公司（Adobe）于 1998 年率先在印度建立独立的 R&D 中心。该中心一半以上的高级工程师毕业于印度理工大学（IIT），成功开发 PageMaker7.0，并向全球推广应用。这是学习模式的典范。2005 年，印度 IT 服务和软件出口总额中，R&D 及产品工程服务出口

---

① 日本、韩国吸引的海外研发机构少，故该比例偏低。

占 25%。源自印度的 1216 项注册专利中,91% 为 MNCs 所拥有,这证实开发模式的存在。

五、本土自治与内部控制的权衡

欲成功推动海外 R&D 活动,加强本土自治和强化内部控制同等重要。前者有利于激励本土创新,推动市场驱动型研发;后者有利于保持全球 R&D 组织战略和经营目标的一致性。但二者之间以多大程度为宜,理论界尚无定论。中国 IRP 制度薄弱,跨国经营初期母公司不愿赋予在华投资企业过多的自治权。现行在华 R&D 投资机构多采用非常设组织形式。如 2003 年投资设立的 400 余家研发中心,有近 300 家采用非独立法人组织形式,且多为内部研发部门。虽然跨国企业纷纷宣布在华设立研发中心和实验室,但从大中型企业的研发支出占销售额的比重来看,外资企业低于本土企业。OECD(2002)指出:在华设置研发部门的跨国企业所占比例仅为 1% 左右;其中有半数并无稳定的研发资金来源,有 1/3 并未从事经常性研发活动,60% 缺乏研发必需的试验与检测设备。在外商投资比重较高的轻工业,跨国企业一旦透过合资获得经营主导权,通常会缩减或取消原技术研发部门,直接改由母公司研发中心提供技术。知识产权保护不力,已成为中国吸引外商 R&D 投资的最大桎梏。2006 年 4 月,韩国产业资源部表示,韩国企业的知识产权侵权纠纷中,50% 由亚洲企业造成,其中超过 70% 的比例由中国大陆企业造成。包括微软在内的跨国企业表示:中国盗版猖獗造成企业巨大损失。汽车零件、制药、电脑软件、音响与电影制造商更宣布每年损失高达 2500 亿美元。美国贸易代表署在 2006 年公布的特别 301 报告,更点名中国严重侵犯美国知识产权问题。跨国企业为保护其关键技术或核心资料,宁愿选择将研发中心设在中国以外的地区,从而不利于中国企业利用 FDI 技术外溢提高吸收能力。可见,虽然中国 R&D 国际化的速度快过西方任何国家,但由于 R&D 环境不确定,使 MNCs 对本土自治问题持谨慎态度。而且,随着大陆经济的快速发展,人力资本流动加速,保护核心技术变得越来越困难。

印度 IRP 保护相对中国较为完善,但源于国家军事体制,研究环境与商业团体相分离,R&D 商业化的热情度不够高。本土自治权过大,难以催生市场驱动型企业。因此在印度投资的跨国企业在研究领域尊重本土自治,在开发领域融入西方企业化模式。印度在医药行业的转型值得借鉴。1995年,印度制药工业从仿制向"仿创"结合,直至向完全创新方面转变。制剂的销售额在出口中的比重开始超过原料药。2006年,印度制药业用于研发的经费投入约占销售额的12%,着重于非专利药和新药的研发,如药物发现、药物释放系统开发、生物技术、生物信息技术开发等。在研发策略上,印度制药企业一方面发展非专利药的附加成分和功能,在现有国外技术的基础上开发自有成果;另一方面利用国外试验条件和资金,着眼于化学成分分析、特种成分药的专利研究,在成药开发能力不足的情况下,尽量在相关的专利领域占领一席之地。印度的成功经验表明:除高R&D投入外,还必须有研发战略,有一个层次分明的新产品梯队。

六、研究结论

研究表明:跨国公司在中国、印度的研发投资,不仅是市场驱动,更重要的是利用廉价的创新资源,通过本土创新和反向技术外溢,获得互补性资产(特别是R&D能力),经全球R&D组织的整合和管理,转化为竞争优势。西方R&D国际化理论并不完全适用中国、印度等发展中国家。根据西方理论,中国、印度R&D国际化的特点应表现为:向国外学习、低成本制造、吸引留学归国人员、标准化、仅用于本土创新。但现实情况是:中国不仅是西方技术的适应国,也正通过加强合作快速成为R&D创新国;不仅迎合国际标准,更注重建立本土化标准;正逐步从本土适应型(local adaption)向本土创造型(local innovation)转变,将本土创新向全球创新延伸。

R&D国际化领域的挑战,也是管理研究与实践的挑战。传统理论只适用于成熟战略和发达经济体,对发展中国家技术搜寻型R&D投资现象缺乏解释力。尽管跨国公司海外R&D资源转移的主要对象仍是发达国家,但发展中国家的作用正不断加强。1999—2004年跨国公司对中国、印度的R&D投资以21.1%的速度增长,相对于北美(6.6%)、欧洲(4.8%)、日本(4.8)均高出许多。跨国公司在发展中国家从事的R&D活动类型,也正从本土适应型研发逐步转变为关键创新技术研发。研究表明:政府扶持、市场潜力、知识产权保护、人力资本丰裕度是发展中国家吸引R&D投资的最重要因素。这暗示完善科技基础设施、提升吸收能力的重要性。基于此,笔者建议:(1)拉动内需,充分挖掘国内市场需求。随着国内市场需求扩大,中国日益成为跨国公司本土化产品研发的重心,中国标准有望成为国际标准。(2)完善知识产权保护体系。这是中国吸引跨国公司原创性合作研究的基础。(3)加强创新环境建设。逐步完善区域创新体系,营造吸引R&D投资的软环境。(4)引导FDI投向高技术和战略新兴产业,增强跨国R&D机构在全球研发网中的角色和地位。

第九章　利用集群创新和 FDI 技术外溢驱动区域发展的战略研究

自 Alfred Marshall(1980)提出"集聚经济"的概念以来,集群成为区域经济发展的代名词。Driffielcl(2001)发现 FDI 对东道国的生产率增长有积极影响,却没有发现 FDI 技术溢出效应的证据,这可能是因为忽视了集群这一重要的区位因素。本部分基于波特模型,研究创新驱动型集群的环境特征以建立区域竞争力的评估框架,从集群创新的视角,重新审视 FDI 的溢出效应,分析集群创新对跨国研发投资的进驻模式、类型,进而对区域竞争力的影响。

一、创新驱动型集群的内涵

不同学者对集群的界定有所差别。Rosenfeld(1997)强调集群创新、共享经济战略和投入品的重要性,认为区域内产品供应链、教育对集群竞争力有动态影响。Michael Porter(1998,1990)将集群定义为"公司、供应商、服务商、学术机构、产业组织组成的网络,共同将新产品、新服务引入市场",并基于国家钻石模型,将集群竞争力看成是竞争者、消费者、要素条件和供应商之间交互作用的结果,将集群划分为基于要素条件的简单集群、强调投资和规模经济的集群、创新驱动型集群三种类型。Mytelka 和 Farinelli(2000)将集群分为自发型集群(spontaneous cluster)和孵化型集群(incubator cluster)。前者由公司、供应商、公共机构自发集聚而成,可进一步细分为非正式集群(informal cluster)、组织型集群(organized cluster)和创新型集群(innovative cluster)。后者主要依托政府形成,如工业园。Mytelka 将非正式集群和组织型集群定义为集群的较低形态(如智利、尼加拉瓜的酒集群),而将符合 Porter 定义的、具有非正式集群特征的创新型集群视为集群的最高形态。Aylward(2004)对澳大利亚的研究发现,非正式集群主要出现在传统金属制造业,以中小型企业集聚为主,技术水平和创新程度都较低。组织型集群多出现在微电子行业、航运设备制造业,创新程度较高,集群内部成员间联系密切,产品多向发达市场出口。

由此可见,创新型集群被视为最高形态的集群模式。它以企业、政府、产学研等机构为主体,不仅表现为基于地理性和亲缘性的产业集聚,更强调创新主体之间的合作、交流与互动。如汽车业集群内企业规模较大,技能水平从低到高,内部联系中等偏高,产品出口量大,合作创新程度高,创新与出口强相关,符合创新型集群的基本特征。科技园与工业园均表现为地理相似,但出发点不同。政府建立工业园的初衷,是吸引外部企业,创造就业。而科技园的建设目标,是孵化研发型企业,培育自主创新能力,因此更有望引领高新技术产业发展,成为创新驱动型集群。工业园(科技园)能否转变为创新型集群(高技术区),还有赖于集群制度和协作文化。我国现有产业集群2000多个,催生汽车、软件、集成电路、生物制药等高技术产业集群,迈出了由传统产业集群向创新驱动型集群转变的步伐。

二、集群创新模式、路径和组织构成

1. 集群创新的路径和组织构成

创新驱动型集群具备传统产业集群的共性,强调关联企业共享集群内部价值链;强调商业环境的创新激励,但更强调准则和信任约束;强调协作文化的重要性,认为集聚经济、本土化、社会文化特征、知识溢出、机会、业务链等都是不可忽视的创新要素,其中商业环境涉及便利的交通、配套的医疗教育、完备的研发设施等硬条件和开放的户籍制度、创新服务中介、多元化投融资机制、创新文化等软条件。集群企业的组织管理结构必须与商业环境相适应。因环境不同,集群企业的创新模式不同。如在爱沙尼亚:集群企业越来越重视培训和开发。但多与客户合作,对工商业联合会的依赖强,与就业服务中心、业务开发组的合作较少。

业务链作为一种业务联结,是公司战略的目标和结果,涉及营销、研发、采购、备产、生产、销售、配送、售后服务等业务活动。如果这些业务均在某一特定区域内完成,就形成了一种密切联系、固定和开放的网络结构。研发机构;熟练工;继续教育和培训中心、技术服务中心、专利局、工商业联合会;政府;金融财税机构;消费者、供应商、关联企业等是集群网络的构成要素(如图9—

1）。不同机构（内部）或网络（外部）要素之间的合作或协作将产生协同效应。这种合作和协作主要体现在：

（1）校—企教育合作：教育培训机构根据企业用工需求定制培训计划。

（2）校—企科研合作：拟订技术开发计划，寻求外部资金支持，开展研发合作。

（3）企—企科研合作：共享资源、技术和设备，开展功能组之间和社区之间的合作。

（4）制造商—供应商之间的合作：帮助供应商改进技术和工艺，使之符合自己的筛选标准。

（5）与 IT 企业合作：开展电子商务，加快订单生产和执行进度。

（6）与管理、开发、物流、配送等服务部门合作，形成一体化集群。

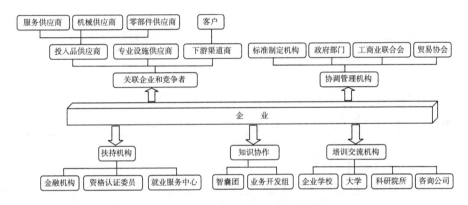

图9—1　集群创新环境的组织构成

SWOT 分析表明：创新驱动型集群作为一种开放的商业模式，虽可提供更具竞争力的商业环境，但也存在危险和不足（见表9—1）：（1）集群内企业联盟可能排斥外来竞争者。由于地理相近，企业往往首选同一集群内的企业作为供应商，集群内企业较集群外企业更易获得"优先客户"地位。（2）由于知识溢出和扩散，创新活动更易被集群内企业模仿。行业内企业集聚，彼此对生产、定价有清晰的认识，更易形成恶性竞争，如仿冒产品、低价竞争，忽视效率提升和产品研发。创新驱动型集群的优势更为明显：（1）集群内核心产品一旦培育成区域品牌，较单一企业形象更具广泛影响力。（2）地理集聚使企业创新的示范效应更显著。当一个企业创新绩效明显时，会激励其他企业努力创新。(3)集群内企业—高校—研究机构—培训机构之间密切联系,互为需求,有利于人力资本提升,形成良性循环。(4)集群创新作为区域创新的源泉,更易获得政府的关注和政策支持,有助于推动地区产业链升级,进而影响全球价值链的治理模式。可见,创新驱动型集群内既有竞争也有合作,彼此激励和牵制。集群战略就是要在这种竞争与合作中寻找平衡(co-operation)。

表9—1　创新驱动型集群的 SWOT 分析

优势(Strengths): 共存性(co-existence) 交互影响(economical interaction) 生产率、效率更高 孵化创新 新创公司容易 资源配置合理	弱势(Weaknesses): 削弱竞争优势 对外部条件变化敏感 可能超固结(过度联合) 可能起共同争执 存在竞争壁垒
机会(Opportunites): 知识变化快 人力资源持续发展 可进行系统研发 与地方政府利益融合 可获得特定服务 集约型网络 发展风险资本 发展社会基础设施	趋势(Trends): 趋于被动 可能形成卡特尔协议 过度集中 内部非正常竞争

人力资源是创新的重要源泉。建立人力资源网(见图9—2),开展人力资源培训,不仅有利于技能提升,还有利于知识溢出,增强企业的知识存量。人力资源网包括培训、职业认证、劳务提供等内容。集群企业根据自身发展目标定制人才引入计划,与高校、研究院展开研发合作;运用各种途径、资源提供学习、进修的机会,促人力资源的积累和完善。近年来,亚太国际职业能力认证(Asia-pacific international Accreditation Association,简称 APIAA)等国际认证机构与国内教育部、科技部等机构合作,开展国际职业资格认证工作,为国际化企业输送人才。

2. 集群治理模式创新

促传统集群向创新驱动型集群转化,首先要清晰界定创新的领导者。Chandler(1990)将资本结构分为竞争型(如美国)、私有型(如英国)、合作型(如德国)三种,认为资本类型不同,公司的治理结构、文化、管理体系、规章、

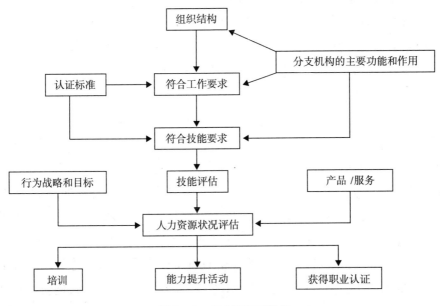

图9—2 人力资源网架构

决策反应也会有所差别。大型企业、垂直一体化企业、战略灵活的企业因具有规模和管理优势,更有能力控制营销活动,获取原料和资源。Florida 和 Kenny(1990)指出:在日本和韩国,大企业因技术、投资能力强、组织结构健全,成为创新的重要来源。在金融市场不发达、产权薄弱、难以发展规模经济的地区(如智利林业集群),大企业主导创新的模式较为常见。第二次世界大战后,随着教育、医疗等社会福利减少,消费乏力,大公司用工需求下降,外包活动减少,政府在创新体系中的作用下降。以中小企业集聚为特征的集群创新活动备受重视。由于结构灵活,中小企业集群相对于垂直一体化的大公司更能适应多变的消费需求。如韩国龟尾(Gumi)手机集群是由三星手机外包商集聚形成的水平型网络。

集群治理模式可分为外部治理和内部治理。前者指融入全球价值链,依赖跨国公司主导的治理关系,强调外部知识是集群创新的主要来源;后者依赖低成本竞争或柔性生产价值链,更注重集群内部网的作用。在技术日新月异的竞争环境下,柔性生产价值链更为重要。集群治理模式创新,主要集中在管理创新、产品创新、技术创新三个层次。根据 Humphrey 和 Schmitz(2002)对有关价值链的治理模式的定义和分类,我们将集群治理模式分为三种:均衡型

（evenly balanced）、准层级型（quasi hierarchy）、层级型（hierarchy）。均衡型治理指价值链中存在多家与外资企业势均力敌的大企业，企业之间不存在相互控制，彼此能力互补，共享市场，强调专业化分工、协作与交流。在该治理模式下，本土企业具备与海外企业抗衡的技术势力和市场势力，创新的自主选择能力强，有助于功能提升。但在发展中国家，因互补性少而难以形成。准层级型和层级型治理均表现为大企业主导下中小型供应商的地理集聚，旨在为大企业提供配套服务。前者属外生型受控集群，主导大企业或位于集群外部，或为外资企业，如中国传统的纺织集群，由于技术开发、产品设计、市场营销等高端为海外跨国企业所掌控，集群企业以加工贸易型为主，议价能力低，虽能在外方的授权或扶持下开展适应型创新活动，但创新来源少，创新空间小。后者属内生型主控集群，主导大企业为集群内本土企业，不仅控制集群价值链，而且控制全球价值链的关键环节。该类集群具有主导力量，主导企业凭借其市场势力和技术势力，完全可自主选择在工艺、产品链中的升级环节，创新空间巨大，有望通过创新提升地区在全球价值链中的地位。

在我国，中小企业集群已相对成熟，但受规模和经营目标的限制，中小企业难以成为创新的领导者。王峥（2008）对中山小榄镇的锁业集群的研究表明：集群创新机制正由政府主导型向大企业主导型演变。中小企业集群所依赖的创新协作关系正由政府—中小企业间协作向大企业—中小企业间协作转化。在装备制造产业集群，这种大企业主导型的创新模式更明显。近30年，人们开始关注合作、协作、合并等创新模式，认为以信用文化定义的行为规则，相当于一种默示协议，更有利于快速反应，降低交易成本。

三、集群创新的驱动力及传导机制——基于波特模型的研究

集群创新的决定因素包括政府政策、制度、资本市场条件、要素成本等。本部分基于波特模型（1990，1998，2000），在案例研究的基础上，从（投入）要素条件、需求条件、公司战略和竞争者、相关支持性产业四方面（见图9—3）比较、评估影响集群创新能力的驱动因素及其相互作用。

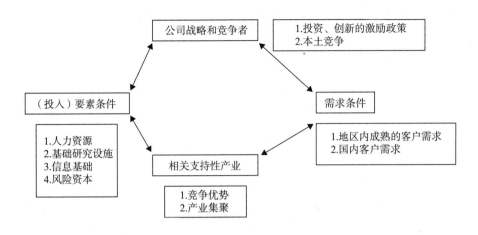

图 9—3　基于波特模型的集群分析

（一）要素条件驱动

指集群内创新投入资源(如科学家、工程师)的获取能力,涉及人力资源、基础研究设施、信息、风险资本等要素,主要依赖政府支持和组织、制度安排。政府围绕激励技术溢出、创立集群品牌形象、以税收和土地优惠政策招商引资、完善基础设施、健全法制环境、建立创新风险资金等议题,将创立集群要素条件纳入区域的总体规划,以集群创新拉动区域经济发展。如美国联邦政府相继制定《小企业法》、《中小企业投资法》、《小企业创新发展法》、《大学与小企业专利程序法》、《政府专利政策法》、《国家合作研究法》等一系列法规,以军事采购、开设国家实验室和研究中心等方式扶持硅谷信息产业集群的发展。我国将增值税由生产型改为消费型,允许企业抵扣机器设备投资部分所含的进项税额,鼓励厂商以固定资产投资或向国内采购设备,推动资本密集型产业(如设备制造业)的发展。部分地区在制定租金和税收优惠政策时,不再按内外资区分,而是根据产业类别确定,以鼓励高技术产业发展。为促进劳动力、技术、资金的流动,广东高新区建立了技术创新与转移、科技企业孵化与加速器、检测中心、人才培育与引进、产权交易、投融资等科技服务平台。广州高新区建立了中科院生命与健康研究院、广东软件评测中心、低温实验室等 12 家开放实验室。深圳高新区先后搭建虚拟大学园、国际科技商务平台、创业投资广场、软件园、生物孵化器、留学生创业园等科技服务平台。2011 年 3 月,连接广州大学城和金融高新区的广佛快 6 专线开通,旨在加强两地交流,吸引更多人才到高新区发展。在资金要素方面,我国高新区主要采用政府支持,引导企业投入的方法。肇庆高新区每年设立 800 万元创新工程专项资金,重点支持省部产学研产业化基地建设及产学研合作项目。2007 年引导企业资金投入 1 亿多元。

埃及开罗的 Damietla 家具制造集群最初由一群小规模、专业化生产的工厂集聚而成。20 世纪 70 年代初期,埃及总统 Anwar Al-Sadat 推行对外开放政策,传统产业竞争加剧。90 年代末期,集群市场缩减,品质纠纷不断,能工巧匠纷纷向外转移。Damietla 集群的问题不在于缺乏支撑性组织机构,而在于各组织机构之间缺乏凝聚力和统一,缺乏一种有利于培育、推动集体行动的正式安排。为此,集群内生产商、展销商、出口商和政府、服务部门协商,由各方委派代表共同组成家具业促进委员会(AUFSD),负责制定纲领和行动方案,加强各方合作,促资源和要素的合理流动。委员会采取定期会谈制度,制定经营方针、组织规则和任务,实行会员制。委员会的工作包括:建立集群企业的实习和培训计划;建立厂商服务中心;在全球范围内组建集群贸易代理;建立数据库;组建应用技术学院,与穆巴拉克的 MUBARAK – KOHL – INITIATIVE 学院展开培训、实训和实习合作;在法国、西班牙等国开展海外培训,组织集群企业赴迪拜的因德克斯(Index)、法国巴黎的 Salon de Meubles 参加国际展会等一系列协作安排成功帮助 700 多家工厂提升生产和管理技能。AUFSD 在集群企业和捐赠组织之间建立战略合作伙伴关系,从政府获得土地、基础设施和贷款;从技术和设备采购商处获得实物捐赠(in – kind contribution)。短短十年,Damietta 集群已拥有埃及 75% 的产能,年收入达 1 亿美元。

Damietta 的经验告诉我们:当实习计划成为常态时,才可能巩固技术基础,使品质提升和信息共享成为可能;当集群被视为一个福利整体时,单一企业才可能从合作中受益。ADFSD 的行动改变了集群企业的行为和认识。尽管 ADFSD 是成功的,但 Damietta 家具集群面临的政策和商业环境不容乐观。原料、投入品的高进口税率阻碍了中小企业"以进养出"的发展模式。商会的成员中厂商代表少。培训中心主要依托政府和国际援助基金而建立,缺乏稳定的专业队伍。这种集群治理模式有利于加工商,而不利于设计创新和产业链创新。AUFSD 虽搭建了良好的协作平台,但仍难有实效保护中小企业的利益。政府在扶持企业创新、改善基础设施、促进出口、引入风险资本等方面的贡献不足。

(二)需求驱动

这里所说的需求驱动,包括集群内客户需求、集群外国内客户需求、国外客户需求三部分。受国内市场狭小、内需不旺的制约,出口导向成为发展中国家和地区集群创新的重要驱动因素。发达国家制造业、服务、高科技领域的外包倾向为技术、组织、管理等知识溢出提供了可能。为形成稳定、健康的全球生产网,欧盟客商日益重视对供应商的筛选,从生产、质量体系认证、环保、社会安全、员工福利等方面全方位考核厂商,定期调整供应链网络。这意味着:只有满足一定的条件,企业才可能融入跨国公司的全球外包网。这些条件包括:(1)有完善的基础设施;(2)有一定的生产规模。如汽车业要求月生产能力达到 10 万元以上;(3)拥有经资质认证的职业队伍;(4)有厂商证明。如要求厂商通过 ISO 9001,2000;QS 9000;ISO/TS 16949:2002 等认证(见图 9—4)。满足相关条件的集群企业较孤立企业更容易获得跨国公司的"优先客户"地位。2004 年,全球硬盘驱动器的出口霸主已从新加坡和中国转向泰国,泰国相关产业集群供应全球近 50% 的市场,产业增值 180 亿泰铢(baht),占当年 GDP 的 3.2%,创造了 9.3 万个就业机会。

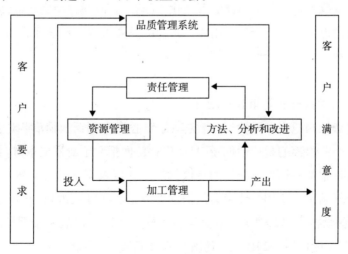

图 9—4　品质管理 ISO 9001,2000 模型

注:该模型以反馈模型为基础,旨在满足客户需求。全面质量管理体系包括三大要素:质量管理组织结构;资源评估、测度和分析;过程监督。

以南非德班汽车集群（Durban Auto Cluster，简称 DAC）为例。20 世纪 20—60 年代，美国、日本、欧洲汽车制造商纷纷进入南非投资设厂，为南非汽车业发展奠定了基础。20 世纪 60—80 年代，南非政府实施国有化政策，建立国内完整的汽车产业链。从种族隔离到出口激励，南非汽车业经历了保护性自治的进口替代型向一体化外向型发展的模式转变。1995 年，为促进产业发展，国家成立工业贸易部（DTI），负责拟订《汽车业发展计划》（the Motor Industry Development Program，简称 MIDP），允许原料和零部件低税进口，采取出口退税、补贴等措施激励企业参与国际竞争；与美欧各国签订市场准入的互惠协定和自由贸易协定；鼓励本土外包（local sourcing）以带动国内生产；参照国际标准制定国内行业标准，以缩小竞争差距。20 世纪 90 年代中期，本币兰特（Rand）贬值，南非在汽车制造上的价格优势明显。Toyota、BMW、Land Rover、Fiat、Daimler Chrysler 等全球汽车业巨头纷纷投资南非，将 Durban 作为加工经营基地，外资股权增加，为提升本土效率和技术溢出创造了机会。以 Toyato 为首的跨国企业对配送、过程管理、品质提出了更高的要求，无法迎合这些要求的国内厂商或被接管（overtaken），或遭退市。到 2000 年，南非市场 60% 的零部件由跨国企业提供，为防止外资企业过度操控市场。各级政府重视对集群有条件地注资，鼓励集群企业积极参与学术活动，建立互信文化。通过全球化竞争和自由贸易迫使集群强化干预和治理；通过激励政策，而非形式整治来管理市场和企业行为。南非汽车业的发展得益于市场开放和自治。政府在开放和适当程度的保护之间寻求平衡。

（三）公司战略和竞争者驱动

主要考核知识产权保护、公司经营战略、投资和创新激励政策对企业竞争的影响。企业追逐的是理性创新，只有当补偿回报大于研发成本时，企业才会进入研发—生产—销售—研发的良性循环。随侵权案件的日益增加，越来越多的企业开始重视运用法律武器保护创新成果。我国相继出台《反不正当竞争法》、《科学技术进步法》、《专利法》、《国家知识产权战略纲要》等法律法规，以完善制度环境。2010 年，我国吸收外商直接投资达 1057.4 亿美元，仅次于美国居全球第二。然而外商投资多以产业转移和加工贸易为主，旨在利用我国廉价劳动力从事低端产业链生产。如何改变低端价值链生产地位，促加工贸易向一般贸易转化，培育技术和资本优势，是集群乃至地区发展的重要课题。以埃尔切为核心的西班牙鞋业集群在 20 世纪 80—90 年代同样经历过这种转折,当时该集群已占据全球鞋业价值链的中高端,前有法国、意大利等强国打压,后有葡萄牙、韩国等新兴鞋业国家追赶。中国、印度、越南等国凭借巨大的成本优势不断吞噬该集群的中低端价值链环节。为此集群迅速转变经营方向,在成本战略的基础上,融入差异化和品牌化战略,产业链从制造环节向设计、品牌等高端延伸。正是这种价值创造和竞争战略组合的模式,使集群重获国际竞争力。

(四)关联产业驱动

指集群内水平型、垂直型的产业关联因知识溢出、交易效率、规模经济而产生正的外部性。这里要特别关注各种正式、非正式的组织安排。由供应商、服务商、组织文化联结而成的社会网,是知识交换的重要平台。首先因历史背景、知识存量、产业规模、产业关联、研发密度、创新能力不同,同一产业的集群治理模式可能存在差别。如美国加利福尼亚的酒集群比尼加拉瓜的酒集群要发达,集群内肥料供应、葡萄种植、灌溉、包装、设备供应一体化,与州政府、管理部门、营销代理、科研机构的关系密切,有配套的旅游、食品集群。其次在产业发展过程中,因资源密集度变化,集群治理模式也动态演变。如酒业集群,业态呈现从低到高的分布。在低端,技术层次较低,与种植、培训等相关产业联系松散;在高端,集群一体化程度高,有特定的商业文化和组织文化,供应商、制造商、种植商、营销商之间联系紧密,对金融、教育、管理、基础设施机构的支撑和服务依赖强。在越南,集群集中在河内(Hanoi)、胡志明市(Hochi Minh)等地,依赖地理集聚、本地投资、政策优惠、廉价劳动力、产品相似获得比较优势。该集群模式高度依赖相关产业和供应链的支撑,源自政府、组织、协会的支持少,有利于扶持本土企业,特别是中小企业的发展。

四、广东创新驱动型集群发展现状

高新技术开发区是我国在知识—技术密集的大中城市和沿海地区建立的,旨在"孵化"、"创新"、"催生高新技术产业"的产业开发区。《国务院关于实施〈国家中长期科学和技术发展规划纲要〉(2006—2020 年)的若干配套政策的通知》(国发〔2006〕6 号)中明确了国家高新区"四位一体"的定位,强调高新区"要成为促进技术进步和增强自主创新能力的重要载体,成为带动区域经济结构调整和经济增长方式转变的强大引擎,成为高新技术企业'走出去'参与国际竞争的服务平台,成为抢占世界高新技术产业制高点的前沿阵地",奠定了其创新驱动型集群的基础地位。构建高新区在研发、生产方面新型的区位优势,吸引境外大型企业的研发机构进驻,实现 FDI 与本土创新双驱动,是新时期区域经济发展的重要战略。跨国投资区位选择的影响因素包括:市场潜力、市场地位、国际化程度、资产收益率、物流和研发基础设施等。创新驱动型集群不仅具有传统产业集群的优势,集中高度专业化的买卖双方,拥有发达的要素市场,拥有有利于知识扩散和知识溢出的商业环境和业务链,有望成为知识攫取型跨国企业区位选择的首选。Almeida(1996)发现:在硅谷(Silicon Valley),外商投资的主要驱动因素为知识搜寻,即旨在获取本土技术和知识网络。Frost(2001)证实:在日本、瑞士、德国和美国,MNEs 在海外投资决策中往往将东道国的知识存量作为投资区位选择的主要因素。美国硅谷将电子计算机、信息产品的制造部门集中在台湾的新竹、广东的东莞(硬件)以及印度的班加罗尔(软件)等中小企业集群内,这意味着:跨国企业选择创新驱动型集群作为技术、知识搜寻基地的可能性增加。在发达国家,IT 产业已由技术竞争阶段进入成本竞争阶段,要快速开发适用技术,延长产品的生命周期,就需寻找制造成本较低、要素市场活跃、消费市场庞大的地区进行技术转移,产业转移也由某个制造工序或环节延伸到整个制造过程。我国高新区是否具备吸引研发型 FDI 的要素条件,集群内外资企业和内资企业对集群环境的评价有何不同,这对在培育集群区位优势、激励本土创新的同时,吸引研发型 FDI 有十分重要的意义。

广东现有国家级高新技术开发区 9 个,在信息、生物、新材料、航空、高技术服务等领域建立国家级高技术产业基地 12 个。截至 2010 年,广东高新区建立 4000 多个技术开发机构,其中经过国家级、省级认定的研发机构超过 200 家;科技活动人员 20 多万人;研发经费占 GDP 的比重为 9.2%,远高于全省 1.3% 的平均水平,其中国家级高新区新产品产值超过 3000 亿元,占全省高新区工业总产值的 20% 以上①。1998—2008 年,广东高新区的 GDP 年均增

---

① 数据来源:http://www.fs-hitech.gov.cn。

长 33.1%,远高于全省 15.5%的增速;工业总产值年均增速达 32.5%,比全省高出 19.8 个百分点①。金融危机期间,高新区企业表现不俗,破产、停产、减员减薪的企业很少,甚至没有。

在要素驱动方面,高新区主要围绕人才、技术、资金搭建要素流动平台。一是建立人才储备机制。如建立企业博士后流动站、人才库。为突破公共创新资源匮乏的瓶颈,深圳高新区引进人才中介、培训机构和国内外知名猎头公司,建立专业齐全、管理规范的人力资源服务体系;深圳高新区先后搭建虚拟大学园、国际科技商务平台、创业投资广场、软件园、生物孵化器、留学生创业园等科技服务平台。2011 年 3 月,连接广州大学城和金融高新区的广佛快 6 专线开通,旨在加强两地交流,吸引更多人才到高新区发展。二是完善投融资服务。如广州市政府鼓励发展天使投资和创业投资机构,联合金融机构,共同推动成熟企业上市融资,建立广州高新区非上市公司"股权转让代办系统",为成长型科技企业提供信贷担保和金融支撑。深圳高新区支持企业挂牌,对挂牌企业给予最高 180 万元的政府资助;建设创业投资大厦,吸引银行、证券、信用评估、资产评估、担保、会计、审计等投融资机构进驻;建设华南技术产权交易市场,开展中小科技型企业股权转让试点。三是建立政府科技项目扶持基金。广州高新区积极引导大企业承担国家 863 计划、技术创新平台建设计划(攻关计划)、火炬计划等国家科研项目,加大对大型龙头企业的科技立项配套;引导和支持建立以大型龙头企业为核心的产业技术联盟、国家或国际产业标准联盟以及市场战略联盟;对国家级科技项目,提供 100%的资金配套,对省级科技项目提供 70%配套,对市级科技项目提供 50%配套,对留学人员企业获得创业资金支持的给予等额资金配套,对获得政府间合作的国外科技研发项目资助的给予不超过该项目资助金额的 30%的资金配套。四是引导企业加大科研投入。如新的《高新技术企业认定办法》加大了对企业科研投入的考核,将企业的核心自主知识产权、科技成果转化能力、研究开发组织管理水平、总资产和成长性指标四大内容作为主要评价指标,推动企业加大研发投入和专利转化。东莞松山湖高新区引进国家级和省级研发机构 50 多家,约 90%的大中型工业企业建有研发机构,研发投入占销售收入的比例超过 5%。

---

① 数据来源:雷辉、佘宗明、邓媚、方斌:《千分之一土地创造六分之一工业产值》,《南方日报》2010 年 7 月 28 日。

肇庆高新区每年设立 800 万元创新工程专项资金,重点支持省部产学研产业化基地建设及产学研合作项目,引导企业资金投入 1 亿多元。五是大力发展物流基础设施,以降低物流成本和创新成本。东莞在大力发展松山湖高技术园,以科技带动周边传统产业集群产业升级的同时,落实虎门港保税物流中心的建设,使"虎门港保税园区一日游"替代传统"香港一日游",方便区域内加工企业就近出口,使大量外贸业务回流,极大地拉动地区经济的发展。

在需求驱动方面,劣势明显。广东创新驱动型产业集群多从传统产业集群发展而来,制造加工和装配业务仍占据主流。如佛山有电子信息类企业630 多家(2005 年数据),但普遍规模小,多为品牌代工企业,以港、澳、台投资为主,技术层次较低,FDI 知识溢出不足。为搭建贸易、技术、文化交流平台,多渠道广路径获取外部技术,广州高新区与各国领事馆、商会、大学、跨国公司合作,定期举办国际论坛、科技展览和学术交流;加入世界科技园区协会、APEC 科技园区协会等国际组织;鼓励区内科技企业通过委托研发;联合研发;购买技术;或人才、设备、信息资源共享等方式获取技术;扶持企业建立海外研发机构,资助企业持技术成果到海外参展。深圳高新区建设国际科技商务平台大厦,引 25 个国家和地区的 36 家海外机构入驻,加强对外交流与合作。东莞松山湖打造白领文化平台,定期举办"松山湖博士论坛"、"湖畔沙龙"论坛;开发啤酒博物馆、钱币博物馆等工业旅游项目,以吸引国内外客商。

在公司战略和竞争者驱动方面,国家相继出台《反不正当竞争法》、《科学技术进步法》、《专利法》、《国家知识产权战略纲要》等法律法规,以完善制度环境。深圳高新区搭建知识产权服务平台,为企业提供集咨询、信息检索与分析、专利代理、版权登记、维权、知识产权评估与交易等一站式服务;吸引国际标准组织落户;建设标准孵化工程中心;筹建知识产权大厦;培育研发与标准化同步示范企业;鼓励企业规范知识产权管理。二是建立人才培训机制。广州高新区对人才交流、培训活动实施补贴政策,每年对 100—200 名创业者定期培训,以培育企业家队伍;建立实训基地;首创虚拟大学园和国家大学科技园,与国内外知名大学共建产学研基地。深圳虚拟大学园汇聚 52 所海内外知名院校和 101 个国家级科研机构,培养研究生 2.52 万人、孵化企业 532 家,实现校企合作项目 1036 项。

在关联产业驱动方面,为促进园镇互动,佛山澜石、石梁、黎涌三村联合建立国际金属交易中心,使澜石的不锈钢产业从简单的加工贸易向综合的生产、物流、会展、信息、技术功能提升。江门高新区鼓励、扶持大企业"园中建园,滚动发展"。东莞松山湖高新区作为承载高新技术企业、研发机构和高科技人才的平台,成为城市重要的创新源泉,旨在以科技辐射带动周边虎门服装、大朗毛织、厚街家具、长安五金模具等传统产业集群的升级。广东电子工业研究院发起成立东莞产业支援联盟,汇聚两岸三地 500 多位专家,与东莞及周边城市 8000 多家企业建立合作。广东华南工业设计院与 1500 多家企业建立业务联系,为 500 多家企业设计、开发产品近 300 项;电子科技大学电子信息工程研究院与深圳集成电路设计产业化基地管理中心等 25 个单位联合成立集成电路技术省部产学研创新联盟。

五、基于中山高科技开发区创新驱动力的实证研究

(一)样本选择

中山火炬开发区是 1990 年首批设立的国家级火炬高新技术产业开发区之一。自建区至今,已聚集 20 多家国家和地区的知名企业,拥有国家健康科技产业基地、中国包装印刷基地、中国电子中山基地、中国高新技术产品出口基地、中国技术成果产业化(中山)示范基地、国家火炬计划装备制造中山(临海)基地,以及中国绿色食品产业基地 7 大国家级产业基地。其中,国家健康科技产业基地于 1994 年 4 月由国家科技部、广东省政府和中山市政府联合创办,是我国首个国家级、按国际 GLP、GCP、GMP 和 GSP 标准建设的综合性健康产业园区,列入《珠江三角洲改革发展规划纲要》《广东省中医药"十一五"发展规划重点建设项目》,形成中西药品、生物工程、医疗器械、保健化妆品、健康食品、药包材六大产业板块,产业聚集度高,是最具规模的国家级健康产业园区之一。基地引进国内外大型制药、健康食品、流通和研发企业 170 多家,建有科技楼、生物谷科技孵化楼、新药临床实验中试生产车间(GMP)、公共实验室,有省级工程中心 3 家、省级技术中心 1 家、市级工程中心 9 家、市级技术中心 9 家、企业研发机构 25 个;2009 年获得省级以上科技计划立项 10 项,获市级科技计划立项 25 项,获火炬开发区健康基地专项发展资金立项 20 项、华南新药创制中心项目合作资金支持 3 项。完成工业总产值 183 亿元,占开发区总产值的 20%,占中山市健康产业总产值的 65%。

　　园区发展可概括为三阶段："自发集聚"、"自觉规划"和"自主选择"。建园初期,企业自发聚集到开发区,以第二产业为主导形成印刷产业、装备产业、电子产业等传统产业集群。1999 年,园区步入"自主规划"阶段,园区工业生产总值呈现大幅度上升趋势,20 年增长超过 350 倍,年均增长速度达 34.1%。2006 年,国家高新区开启了其转型之路,开始以第三产业为发展重点,每年投入 3 亿元,大力发展先进装备制造业、清洁能源、高端电子信息、现代服务业等新兴产业,向创新驱动型集群转变,对传统产业设置产业转移园过渡。从"自发聚集"转向"自主招商选资",从科技含量、投资、环保等包含 7 个因素的评价体系出发设立了企业准入标准,要求企业将研发中心一同整合进入。从拼资源、拼价格转向拼质量、拼环境,从传统的靠加快经济增长速度到经济速度与效益并重的高效经济。

　　从创新主体看,园区经历了外资主控型→内外资均衡型→内资主控型的发展过程。发展初期,园区创新主要依赖 FDI 企业带动,多数表现为 FDI 的供应链集群。到第二阶段末期,内外资比例趋同,民营科技企业逐步成长。进入第三阶段后,外资投入远落后于本土企业资金投入,到 2010 年,内外资比例达到 10.97：1。内资企业,尤其是大中型民营龙头企业成为带动园区经济发展的主体(见表 9—2)。园区现有上万名科技人才,其中博士 196 人(占 0.57%)、硕士 1578 人(占 4.57%)、高级工 14111 人(占 40.89%)、中级工人 18626(占 53.97%);拥有 60 多个科研机构,承担国家火炬课题 100 多项。2010 年专利授权数目 576 件,其中发明专利授权 38 件。区内设立科技创新基金、创业基金、新型产业扶持基金和国家级创业中心,企业科研投入总额达 30 亿元,省、市、区各级政府对创新项目的扶持费用为 1.5 亿元。园区内拥有中山火炬高等职业技术学校等多所高校。为鼓励科技创新,园区先后制定了《现代服务业发展专项扶持资金管理办法》、《100 家重点企业发展支持及奖励办法》等优惠政策;自配财政收入 20 多亿元,对重点扶持产业每年投入 3 亿元,2010 年实际利用外资 1.78 亿美元,利用区外境内 19.53 亿元;工业总产值 1131 亿元,在全市工业总产值所占的比重超过 20%;固定资产投资达 95 亿元;外贸出口额 72 亿美元,占中山市总出口额的 32%。

表 9—2　1995—2010 年中山火炬开发区生产贡献及利用内外资情况

年份	开发区工业生产总值（％）	中山市工业总值（％）	集群贡献	实际利用外资（％）	实际利用内资（％）	内外资比例
1995	25.98	37.63	0.12	14.18	—	—
1996	34.86	45.48	0.14	25.62	—	—
1997	47.78	54.07	0.16	15.72	—	—
1998	56.02	61.46	0.16	47.49	—	—
1999	52.63	66.37	0.14	51.33	—	—
2000	68.34	78.11	0.16	66.94	—	—
2001	100	100	0.18	100	100	1.57
2002	126.59	122.56	0.18	110.45	208.96	2.96
2003	190.84	163.43	0.21	138.99	247.16	1.78
2004	239.16	213.93	0.2	127.79	122.3	1.5
2005	306.59	264.59	0.21	88.53	205.75	3.64
2006	396.71	322.79	0.22	118.27	111.64	1.48
2007	426.6	384.37	0.2	133.3	95.65	1.12
2008	480.42	440.72	0.19	91.88	172.64	2.94
2009	537.14	469.53	0.2	77.1	438.63	8.91
2010	674.66	530.59	0.23	93.18	652.84	10.97

注:1. 根据中山火炬开发区管委会提供的数据换算而来。

2. "—"表示数据缺损。

3. 集群贡献:指开发区工业生产总值占中山市工业生产总值的比率。

4. 内外资比例:指实际利用内资额与实际利用外资额的比例。

5. 各年工业总产值和实际利用内、外资数据用各年数据为 2001 年数据的百分比表示。

　　为评估集群创新的驱动力及其对内外资企业的影响,本课题组将 Porter 钻石模型中要素条件、需求条件、公司战略及竞争者、相关支持性产业四大驱动力分解为 18 个分项因素,选取中山火炬开发区内的国家级健康医药产业基地,于 2011 年 7 月展开调研。该基地共有企业 57 家,调研问卷采用 likert 量表设计,内容涉及企业自身情况和创新活动。共发放问卷 57 份,收回有效问卷 42 份,回收率 73.68％,其中 30 份来自内资企业,12 份来自外资企业。受访者多为企业高管。54.8％的企业于 2000—2006 年间创建,30.9％的企业于 2007 年后创建。2010 年,销售额为 5000 万元以下的企业占 71.4％,其中内资企业占 80％,外资企业占 50％;1 亿元以上的企业占 14.3％,且全部为外资企业,占外资企业样本总数的 8.3%;员工人数在 500 人以下的企业占 75%,其中内资企业占 30%,外资企业占 50%。可见,多数企业的经营年限在 5—10 年,上亿元的大型企业均为外资企业。

(二)基于波特模型的实证分析

研究中我们将样本组分为内资企业样本组(A 组)和外资企业样本组(B 组),比较两组对驱动集群创新的各项因素的认知差异。其中分值 1=影响很小,2=影响较小,3=无影响,4=影响较大,5=影响很大。

表 9—3　问卷结果的描述性统计

驱动因素	总样本	排序	B 样本组	排序	A 样本组	排序
A 要素条件	2.95(1.17)	3	2.76(1.16)	3	3.03(1.17)	3
A1. 科技人才储备	2.78(1.42)	13	2.67(1.03)	8	2.81(1.54)	14
A2. 营销人才储备	2.83(1.28)	12	2.75(1.17)	7	2.86(1.35)	13
A3. 研发基础条件	3.00(1.14)	9	3.25(1.39)	3	2.96(1.06)	10
A4. 有保税物流服务	2.64(0.99)	15	2.38(1.19)	9	2.75(0.91)	15
A5. 风险基金支持	2.88(1.03)	11	2.25(0.89)	10	3.17(0.98)	9
A6. 低息或无息贷款	3.50(0.99)	3	3.25(1.17)	3	3.58(0.94)	3
B 需求条件	2.54(1.27)	4	2.13(1.01)	4	2.69(1.05)	4
B1. 园区内有需求	2.36(1.06)	17	2.00(1.00)	12	2.47(1.08)	17
B2. 有区域性消费需求	2.52(1.22)	16	2.25(1.17)	10	2.61(1.12)	16
B3. 海外有消费需求	2.74(0.99)	14	2.13(0.99)	11	2.96(0.93)	10
C 相关支持产业	3.40(1.04)	1	3.25(1.15)	1	3.48(1.00)	1
C1. 有配套产业链	3.39(1.14)	5	3.50(1.31)	1	3.35(1.11)	7
C2. 有产业集聚	3.46(1.10)	4	3.17(1.33)	4	3.55(1.06)	4
C3. 有合作交流文化	3.37(0.91)	6	3.10(0.99)	5	3.50(0.87)	5
D 公司战略与竞争	3.32(1.22)	2	3.08(1.18)	2	3.35(1.24)	2
D1. 有土地、财税优惠政策	3.76(1.27)	1	3.50(1.31)	1	3.86(1.28)	1
D2. 知识保护制度健全	3.25(0.97)	7	2.88(0.99)	6	3.40(0.94)	6
D3. 有本土竞争	2.90(1.30)	10	2.88(1.20)	6	2.91(1.34)	12
D4. 有人员培训体系	3.69(1.07)	2	3.38(1.30)	2	3.81(0.98)	2
D5. 医疗、保险、教育设施好	3.03(1.14)	8	2.63(1.19)	9	3.19(1.12)	8

续表

驱动因素	总样本	排序	B 样本组	排序	A 样本组	排序
D6. 一站式通关、运输服务	3.03(1.35)	8	3.25(1.17)	3	2.95(1.43)	11

注:1. A 组为内资企业样本组;B 组为外资企业样本组。

　　2. 问卷中同一驱动力中各分项因素的分值作为该驱动力的分值。

　　3. 括号内的数据为标准差。

描述性统计(见表9—3)表明:内资企业对集群环境的评价普遍好于外资企业,11 项分项因素的评分均值都在 3 分以上,表明 11 项指标影响较大或很大。而外资企业的评价中,仅 6 项因素存在较大或很大影响。为检验两组样本企业对各创新驱动要素的评价均值之间是否存在差异,研究中采用单因素方差分析法①(one-way ANOVA)和非参数的 K-W 检验②,零假设为两组样本对要素评价不存在差异。结果表明:18 项驱动因素中,仅"风险基金支持"、"海外消费需求"两项因素在5%的显著性水平下存在差异,"有合作文化交流"在10%的显著性水平下存在差异(见表9—4)。

为进一步了解两组样本对各影响因素的评价高低,找出影响两类企业创新的主要驱动力,我们采用配对比较法(pairwise comparison)。结果显示:内资企业对"风险基金支持"、"海外消费需求"、"有合作文化交流"的影响评价明显高于外资企业,这是因为健康医药行业属新兴产业,区内内资企业多为孵化型高技术企业,获得的政府援助和金融支持大,多数与高校或科研院所开展科技合作,甚至本身就是技术产业化的产物。在其他因素上,两组样本企业的评价并无显著性差异。在四大驱动力中,内资企业对"需求条件"的重要性评价明显高于外资企业,这可能是因为在高技术领域,外资企业旨在获取土地、税收、人才、技术等廉价要素,对市场需求的依赖小。而内资企业对海外市场的依赖大,多数企业出口导向型特征明显。调查样本中,83.4%的企业将

---

　　①　单因素方差分析是用来检验在多个独立正态总体方差齐性的前提下,多个不同实验条件对结果有无影响。该法类似于单方向方差分析,探讨分布位置上的差异。

　　②　Kruskal-Wallis 是完全随机多样本的秩和非参数检验,用以比较三个或三个以上的非配对组。该检验假设变量呈连续分布,考虑每个样本的排序值和样本与中位数的相对差异。其零假设是:K 组的中位数相同。检验过程是:先将来自 K 组的所有样本按一定的次序排列,如果 K 组样本是相同的,则每组内的排序也应相似。

50%以上的产品销往海外或经区外深加工后出口。外资企业对各项影响因素的重要性评价并不显著高于内资企业,在"研发基础条件"、"配套产业链"、"一站式服务"方面,虽然评价略高于内资企业,但统计意义上并不显著。国家级产业集群以孵化、升级国内高技术企业为主,因此在制定租金和税收优惠政策时,不再按内外资区分,而仅根据产业类别确定。相对于内资企业,外资企业在集群资源获取方面并不存在比较优势。集群在知识、技术、人才等方面的区位优势需要有一个培育的过程,现阶段这种优势并不明显。

表 9—4　内外资企业驱动力的 ANOVA、K-W 检验和对比分析结果

	i 变量	j 变量[a]	均值差[c] $(i-j)$	$ANOVA^b$ 显著性水平	$K-W$	配对比较[d]
A 要素条件	1	2	0.28	0.167	0.136	
A1. 科技人才储备	1	2	0.14	0.833	0.952	
A2. 营销人才储备	1	2	0.11	0.845	0.860	
A3. 研发基础条件	1	2	−0.34	0.540	0.521	
A4. 有保税物流服务	1	2	0.38	0.375	0.110	
A5. 风险基金支持	1	2	1.17	0.034 **	0.009 **	(1,2)
A6. 低息或无息贷款	1	2	1.58	0.424	0.432	
B 需求条件	1	2	0.56	0.029 **	0.025 **	(1,2)
B1. 园区内有需求	1	2	0.47	0.313	0.284	
B2. 有区域性消费需求	1	2	0.36	0.445	0.428	
B3. 海外有消费需求	1	2	0.83	0.040 **	0.019 **	(1,2)
C 相关支持产业	1	2	0.28	0.256	0.236	
C1. 有配套产业链	1	2	−0.15	0.752	0.700	
C2. 有产业集聚	1	2	0.38	0.467	0.533	
C3. 有合作交流文化	1	2	0.38	0.083 *	0.078 *	

续表

	i 变量	j 变量[a]	均值差[c]（$i-j$）	$ANOVA$[b]显著性水平	$K-W$	配对比较[d]
D 公司战略与竞争	1	2	0.27	0.334	0.177	
D1. 有土地、财税优惠政策	1	2	0.38	0.509	0.469	
D2. 知识保护制度健全	1	2	0.53	0.200	0.202	
D3. 有本土竞争	1	2	0.03	0.951	0.980	
D4. 有人员培训体系	1	2	0.44	0.339	0.412	
D5. 医疗、保险、教育设施好	1	2	0.57	0.243	0.240	
D6. 一站式通关、运输服务	1	2	-0.28	0.605	0.706	

注：a. 1 内资企业；2 外资企业。

　　b. ＊＊表示均值差在 5% 的水平下显著；＊表示均值差在 10% 的水平下显著。

　　c. 配比比较的检验方法为 Bonferroni①。

　　d. (1,2)表示在 5% 的显著性水平下，内资企业的评价分值比外资企业显著更高。

　　为建立等级排序，说明四大驱动力对两组样本的影响，我们采用 Tukey 多重比较检验法②(Tukey multiple comparison test)。研究表明：外资企业和内资企业创新的驱动力相同，依次为相关产业支持(C)、公司战略和竞争(D)、需求条件(B)，但前二者之间的差别不显著(见表 9—5)。可见，对内资企业和外资企业，集群创新的驱动力在优先次序方面并无差别，这说明集群的区位优势对不同资本类型的企业同等重要。

---

　　① Bonferroni 是常用的多重比较的校正方法，它对所有的多重比较进行多次 t 检验，对单个检验的显著水平进行校正，适合两组间的比较。在多重比较中，Bonferroni 是以 t 分布作为检验分布的，将小概率 0.05 或 0.01 除以要比较的次数 n，作为判断显著性的小概率，使总的出错概率小于 0.05 或 0.01。当比较次数不多时，Bonferroni 法的效果较好。

　　② Tukey 检验可作多个样本均数两两之间的比较。多个样本均数比较的方差分析后，如果发现存在相互作用，可用 F 检验做三组或三组以上数据的均数比较，发现有显著差异时，如不能确定是其中哪两组数的均数存在差异，需用多重比较，对每两组数作一个均数比较。

表 9—5　两个样本组的四大创新驱动力的 Tukey 检验结果

i 变量	j 变量	外资企业样本组			内资企业样本组		
		均值差 (i–j)	ANOVA 的 显著性水平	多重比较	均值差 (i–j)	ANOVA 的 显著性水平	多重比较
A	B	0.63	0.137		0.35	0.177	
	C	−0.41	0.488		−0.42	0.069	
	D	−0.32	0.518		−0.31	0.137	
B	A	−0.63	0.137		−0.35	0.177	
	C	−1.04	0.012	(C,B)	−0.77	0.001	(C,B)
	D	−0.95	0.007	(D,B)	−0.66	0.001	(D,B)
C	A	0.41	0.488		0.42	0.069	
	B	1.04	0.012	(C,B)	0.77	0.001	(C,B)
	D	0.09	0.989		0.11	0.922	
D	A	0.32	0.518		0.31	0.137	
	B	0.95	0.007	(D,B)	0.66	0.001	(D,B)
	C	−0.09	0.989		−0.11	0.922	

注:1. A:要素条件;B:需求条件;C:相关产业支持;D:公司战略及竞争。

　2. 均值差值的显著性水平为 0.05。

　3. (A,B)表示在 5% 的显著性水平下,要素条件比需求条件显著更重要。

(三)研究结论与政策建议

1. 要素条件。两类企业对集群"要素条件"(A)的评估无显著差异,在排序上落后于"相关产业支持"(C)和"公司战略及竞争"(D)(见表 9—4),说明科技人才、营销人才、研发基础条件等尚未对企业创新构成实质性影响。内资企业评价中,"有保税物流服务"在 18 项因素中排倒数第 3,说明影响较小。"风险基金支持"对内资企业的影响大于外资企业(见表 9—5)。这与调查结果一致:73.8% 的被调查企业的研发经费依赖公司自筹与自有利润,依赖政府扶持的仅占 19.1%,其中内资企业占 23.3%,外资企业占 8.3%;2.4% 的企业依赖风险基金融资,且全部为内资企业,占 A 组样本总数的 3.3%。与内资企业相比,外资企业更注重研发投入。在调查样本中,45.2% 的企业科技人员占比达 10% 以上,其中内资企业占 16.7%,外资企业 33.3%。2010 年 40.5% 的企业科研经费占销售收入的比重达 3%—5%,其中内资企业占 36.7%,外资企业占 50%;14.3% 的企业该比例达 10%—20%,其中内资企业占 16.7%,外资企业占 8.3%。中山火炬开发区围绕人才引进、完善服务、加大研发投入、建立创新风险基金等措施改善投融资环境。中山港是国家二类货运口岸,集装箱吞吐量居全国前十位。但受限于内陆港,不具备沿海港口的直航优势,大量货物转运南沙港和深圳盐田港,不仅增加了运输成本,而且不利于带动地区经济发展。为此,中山市着力把中山港打造成为珠江江海联运集散中心和保税港区,拟于 2011 年年底对国外轮船开放,以推动中山大型造船、装备制造业的发展。

2. 需求条件。"需求条件"驱动力的影响落后于其他三大驱动力。其中"园区内有需求"与"区域内有需求"对两个样本组企业的影响无显著差异。问卷结果显示,企业对三项需求要素的评分均较低,仅 26.2% 的企业(包括 10% 的内资企业和 16.7% 的外资企业)将产品出口海外,71.4% 的企业(包括 76.7% 的内资企业和 58.3% 的外资企业)将 50% 以上的产品销往园区外深加工。可见,需求拉动是制约企业创新的最大桎梏,拉动内需、提升集群企业的"优先客户地位"、出口激励都是集群政策者亟须考虑的问题。由于内资企业多为出口驱动型企业,在"需求条件",尤其是"海外消费需求"方面,明显优于外资企业。

3. 相关产业支持。两样本组企业对"公司战略与竞争"、"相关产业支持"的认知差异不显著。"相关产业支持"位于四大驱动力之首(见表9—5、表9—6)。外资企业对"有配套产业链"的满意度最高,说明产业集聚是吸引外资的最重要的原因。调查结果显示:57.1% 的企业(包括 53.3% 的内资企业和 66.7% 的外资企业)认为产业链较短,且以上游产品为主;19.1% 的企业(包括 16.7% 的内资企业和 25% 的外资企业)认为园区的产业关联度高;9.5% 的企业(包括 10% 的内资企业和 8.3% 的外资企业)认为产业链完整。这说明集群产业链不完全,有必要向上下游延伸。这与我国传统的产业链关系有关。多数集群是由外资企业的配套供应企业集聚而成,这在一定程度上反映集群内外资企业仍基于传统的供应链拉动模式,旨在吸收反向知识溢出的投资少。两个样本组对"合作交流文化"、"产业集聚"的满意度均较高,且无显著差别,这说明集群创新的文化已基本形成。但合作交流的方式不同,外资企业主要基于供应商之间的合作,内资企业主要基于高校—研发机构—企业之间的合作;61.9% 的企业(内资企业占 43.3%,外资企业占 25%)通过公共服务平台获取信息路径;50% 的企业(内资企业占 53.3%,外资企业占 41.7%)通过技术服务中心获取信息路径;11.9% 的企业(全部为内资企业,占 A 组样本数的 16.7%)与园区内高校或研发机构交流合作;42.7% 的企业

(内资企业占43.3%,外资企业占58.3%)与园区外高校或研发机构交流合作;9.5%的企业(内资企业占10%,外资企业占8.3%)与园区内企业交流合作;50%的企业(内资企业占56.7%,外资企业占33.3%)与园区外企业交流合作。

4. 公司战略及竞争。两组企业的评价中,"有土地、财政优惠政策"、"有人员培训体系"均列前2位。这说明集群的区位优势仍基于传统的政策优势,土地、财税优惠政策仍是最大的激励。集群内部,培训机制业已形成。问卷结果显示:66.7%的企业(包括66.7%的内资企业和75%的外资企业)生产前有完整的创新计划;88.1%的企业(包括全部的外资企业和83.3%的内资企业)选择国内培训员工;71.4%的企业(内资企业占83.3%,外资企业占50%)内,50%以上的产品为自主开发或联合开发;28.6%的企业(包括13.3%的内资企业和58.3%的外资企业)以进口或技术外包。这说明企业越来越重视培训和自主研发,有助于积累知识存量。但在医疗、保险、教育配套方面,满意程度欠高,服务体系仍有待完善。"一站式通关、运输服务"对外资企业的影响较大。这可能与外资企业以进口为主,内资企业多为出口导向有关,说明利用保税物流推动加工出口仍是重要的创新路径。"本土竞争"对企业的影响较小,调查显示:76.2%的企业(包括全部的外资企业和66.7%的内资企业)主要从园区内部竞争者获得信息,这说明竞争有利于激励创新。但80.9%的企业(包括86.7%的内资企业和75%的外资企业)认为园区内存在少数恶性竞争。

(四)讨论

本部分以中山火炬高新开发区的健康医药产业为例,基于波特模型和Likert 量表,就国家级高技术产业集群的区位优势及创新驱动力展开 ANOVA分析,以期找到制约不同股权类型企业创新的因素。研究结果表明,相关产业支持是集群创新最重要的驱动力,其次依次为公司战略与竞争因素、要素条件和需求条件。其中,"需求条件",尤其是"风险基金支持"和"海外消费需求"对内资企业的影响更大,其他驱动力对内、外资企业的影响无显著差异。这说明我国创新驱动型集群仍为政策主导,处于发展的初期阶段,土地、财税优惠政策仍是集群吸引资本的重要原因,而基于人才、知识存量、内需拉动等方面的区位优势尚未形成。

六、基于集群的视角重新审视 FDI 对区域竞争力的影响

尽管理论上存在一致性,经验证据却不统一。Driffield(2001)发现 FDI 对东道国的生产率增长有积极影响,却没有发现 FDI 技术溢出效应的证据。这可能是因为忽视了集群这一重要的区位因素。在知识密集型产业,溢出效应本土化的趋势明显(Audretsch 和 Feldman,1996)。正如 Marshall(1920)所述,地理接近能加强新知识、新技术的扩散能力。FDI 投资区位选择的优占策略是与其他竞争者聚集在同一技术外溢空间内。硅谷外资涌入的事例说明:知识密集型企业往往在一定的地理空间积聚,以彼此充分吸收源自竞争者的技术外溢,形成网络化的研发优势。Fosfuri 和 Motta(1999)利用简单的古诺竞争博弈模型证实:技术外溢效应随空间距离的扩大而下降。只要获得领先者技术外溢的可能性足够大,受知识溢出的空间约束,落后企业就可能利用 FDI 捕获当地特殊知识并从中获益。知识扩散的空间约束特性、稳定的产业关联、良好的知识扩散机制均使集群成为吸引 FDI 研发投资的重要区位因素。

(一)集群与 FDI 的关系研究

集群与 FDI 彼此依存。集群通过提供资源、技术和要素市场的使用权来吸引 FDI。跨国公司通过为集群企业提供其优质资产、技能和技术的使用权来诱发集群的外部效应。创新型集群拥有技术培训基地、专业化人才市场,积聚有大量的研发机构和研发团队,能快速获取信息,加速信息扩散。跨国公司进入集群,与集群内科研院所开展合作和交流,有助于完善研发基础设施,传递隐性知识,强化集群内的人才优势。跨国公司在专利技术上拥有所有权优势,迫使本土企业更注重营销创新和产品创新。Enright(2000)认为:集群从跨国公司活动中所获的利益可能"超出来自雇佣、输出、技术转移所得的直接收益,以及源自溢出效应的间接收益"。集群活动类型(本土市场导向型或出口导向型集群)、集群组织、参与者角色、研究及教育机构、网络、区位优势等都将影响 FDI 的知识溢出。如爱尔兰的软件业和生物技术集群、新加坡的设备及软件业集群(UNCTAD,2005)通过吸引 FDI 实现了升级。底特律汽车集群、好莱坞电影业集群内外资股权不断上升。FDI 促进东道国集群的诞生和提升。集群创新因有助于提升一国或地区的吸收能力,成为 R&D 投资区位选

择的重要影响因素。

Birkinshaw(2000)根据生命周期理论,将产业划分为成长产业(如电子、信息技术、通讯业)和成熟产业(如手机、化工、电子设备)。所谓成长产业,是指生产率增长高于全球增长均值的产业。研究表明:跨国公司对集群的影响,成长产业比成熟产业更大;在活跃的集群中比在不活跃的集群中更大。Holm et al.(2002)研究瑞典跨国公司对本土集群的影响,发现商业环境越活跃,公司间竞争越激烈,对集群产生的外部正效应越大。

Mariani(2002)运用 799 个日本在欧洲投资的样本,区分研发型、研发—生产型、生产型子公司(affiliates),检验研发区位和生产活动之间的关系。结果表明:研发区位趋向于接近生产活动。但行业技术密集度越高,与生产的联系越不重要,这是因为相对于应用研究,科学研究更具普遍性和可转移性。多项式 logit 分析(multinomial logit analysis)表明:无论是研发型还是研发—生产型的研发活动,都会受本土因素的影响。相比研发—生产型和生产型活动,地理上接近当地科研基地是决定研发实验室区位选择的重要影响因素。公司和行业特性也影响独立研发机构的区位设置。

(二)集群类型对跨国 R&D 投资区位选择的影响

波特根据竞争优势的差别,将集群发展分为要素投入型驱动、投资型驱动和创新型驱动三个阶段。要素驱动型阶段主要依赖资源、自然条件、廉价而丰裕的劳动力等要素条件获得比较优势,表现为成本竞争,技术以加工技术、通用技术为主。在投资驱动型阶段,通过许可、合资等方式获取国外复杂的产品和技术,产生后发比较优势。竞争驱动力以有利的要素条件和企业战略、结构及同业竞争为主。在创新驱动型阶段,企业运用全球战略,逐步建立国际品牌声誉、国际营销与服务网络。各类驱动因素彼此作用,共同对区域竞争力产生影响。不同发展阶段的集群因所有权优势不同,决定了 FDI 的投资股权和投资类型会有所差别,进而影响 FDI 的知识溢出效应。邓宁(1993)基于"研发活动全球化"的视角,指出研究钻石模型不能忽略 FDI 的反作用,认为企业跨国经营是为了获取特定的所有权优势。FDI 流入可为一国带来新资源和新技术,同时也会影响东道国或地区钻石模型中的所有驱动因素,促其所有权优势动态演进。因此集群类型成为影响引资决策的重要指标。

（三）基于集群的视角重新审视 FDI 对区域竞争力的影响

基于集群的视角评估 FDI 所创造的外部效应，无疑为投资战略决策者提供了新思路。政府应关注如何创造有利于技术外溢和反向技术外溢的创新环境，吸引 FDI 进入集群，使集群的外部正效应最大化，实现集群创新和 FDI 对区域经济发展的双驱动。竞争优势的钻石模型、集群类型、地区吸收能力、跨国活动成为投资战略决策中的重要考量（如图9—5 所示）。

1. 集群拥有钻石模型中重要的驱动因素：要素条件和关联产业。经验证据表明：依赖钻石模型四维度共同驱动的集群比单纯依赖要素条件驱动的集群更具竞争力。

2. 集群的深度、专业化活动细分、产业活力、产业构成等共同决定其吸引 FDI 的能力和吸收能力。集群越有活力，服务能力越强，对外联系越广泛，市场份额就会越大，吸引外资、吸收溢出效应的能力就越强。跨国公司不仅通过竞争效应、人员流动效应、产业关联效应对集群企业产生影响，促集群升级，而且通过集群关联和知识扩散，对其他地区产生间接影响。

3. FDI 与集群的区位优势、吸收能力相关联。FDI 的收益不仅取决于其投资类型，还取决于东道国或地区的吸收能力。根据 OLI 范式，当企业拥有所有权优势、东道国拥有区位优势，并且内部化能获得更大收益时，跨国投资将会发生，以形成整合优势。这三方面要素决定活动类型，如应将价值链中的哪些要素投放国外？ 在控股、合资、战略联盟、绿地投资、兼并等进驻模式中应如何选择？

以上所有要素都构成 FDI 知识溢出的驱动力。因此，能否从吸引 FDI 中获益，还依赖国内企业和政府的积极政策。

七、结论与政策建议

本部分基于波特钻石模型和国际贸易理论，从集群的视角重新审视 FDI 的溢出效应，认为跨国公司作为一种技术资源，对东道国有潜在的正效应。但 FDI 的活动类型、东道国的吸收能力、区域集群的存在与否、集群的类型等都会对 FDI 知识溢出效应产生实质性影响。各要素之间彼此关联，共同促进国家或区域经济的发展。这意味着：在吸引 FDI 以推动国家或区域竞争力的发展战略中，政府扮演关键的角色，仅仅注重投资保护、投资自由化是不够的，应

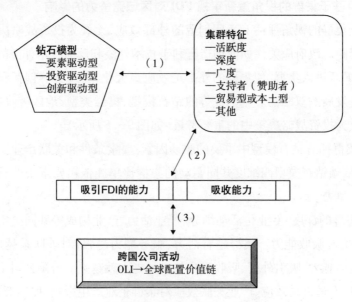

图 9—5　基于集群视角评估 FDI 外部效应的概念性框架

将集群发展战略纳入到区域发展战略中。政府单纯依赖 FDI 推动区域发展是不够的,应影响钻石模型中的所有驱动因素,形成 FDI 和集群创新对区域经济发展的双驱动。集群内企业的吸收能力越强,越能强化 FDI 的知识溢出。

第十章　知识获取和知识管理战略：
一个案研究和启示

中国企业国际化历程经历了萌芽(20 世纪 80 年代)、初步发展(20 世纪 90 年代)和快速发展(21 世纪初)的阶段。从全球视野看,企业的目标市场在时间和空间上趋同,对于新兴成长起来的中国企业,在技术落后和创新能力不足的情况下,如何摆脱低价竞争实现市场扩张的窘局,真正以品牌竞争走向国际市场,参与全球资源配置,是迫切需要规划的战略问题。

在制造业中,家电和通信设备是最早国际化的行业。从其成长路径看,大都经历了产品、技术出口→到国外投资设厂→海外研发投资的发展历程。这一历程所面临的挑战和困境主要有:(1)品牌弱势。传统企业正从 OEM 向 ODM 和 DEM 进行转变。但从企业层次看,有两个极端:长期从事 OEM 的代加工企业,虽然赚取的是微薄的加工费,但因为不用承担营销和材料风险,在订单稳定的情况下,收益相对稳定,因此缺乏创新投入的动机,创新活动少。而对处于向 ODM 或 DEM 转型压力的企业,因缺乏技术积累的过程,自主创新能力低,且创新活动具有投入大、不确定性大、风险高的特点,令转型企业不堪重负,望而却步。(2)成本压力。目前跨国企业越来越重视资源全球化配置,以充分利用东道国的优势资源,同时通过全球资源整合,将降低成本的努力贯穿于研发、设计、采购、生产全过程。因此,成本优势不再单纯体现在制造环节上,而是表现为综合成本优势。中国企业在制造环节的成本优势不再显著。面向国际化的中国企业,技术存量少、跨国经营人才短缺、管理经验缺乏都是亟待解决的桎梏。刘震宇(2005)认为,中国企业技术和能力存量的积累应与企业国际化路径相互关联、相互促进,呈现螺旋式上升的趋势。

知识被视为高技术企业重要的战略资源。所谓知识管理,是指知识获取、扩散、整合、商业化的过程,反映创造、转移和运用知识以保证知识存量的战略价值,培育市场竞争优势的能力。De Long 和 Seemann(2000)借鉴生命周期理论,认为知识管理应经历鉴定(appreciation)、表达(articulation)、采纳(adoption)和制度化(institutionalization)的过程。在此基础上,Lau et. al. (1992)将知识创新过程概括为知识获取、扩散、商业化三个阶段。近年来,高技术领域知识管理的问题引起了学术界和实践界的普遍关注。在新兴市场,知识产权保护制度不健全,创新要素不足,分销渠道缺乏,外商技术转移的意愿低,这决定了高技术企业知识获取的路径和知识管理战略与西方企业有所不同。现行研究多集中在知识创造或获取的方式、共享或整合、机构和网络等宏观层面,较少关注公司的异质性(heterogeneities)。Oliver(1997)指出:社会资本、吸收能力等支持机制直接影响知识合并和转移的效率,进而影响吸收和转移的知识类型。不同企业拥有的支持机制不同,知识演进的路径也有所差别。当知识变得越来越缄默、复杂、组织依附化①时,从外部获取知识会更加困难。Kostova(1999)认为,组织文化、知识管理战略、资源依赖度等均会影响外部知识获取的效率。本书以文献研究为基础,采用案例研究的方法,探寻不同制度背景、不同发展阶段的国际化消费电子企业知识创新的路径演变和知识管理的战略差异。

一、激励型组织设计和知识管理战略

组织设计是激励知识创造和演进的组织安排,包括机构设计、组织文化、信息处理、人力资源系统等(Huber,1991)。Tushman(1977)强调员工流动对知识获取和知识扩散的重要性。野中郁次郎(Nonaka,1995)等提出 SECI 模型,认为组织设计的目的,是要加速知识的社会化(Socialization)、外化(Externalization)、整合(Combination)和内化(Internalization),即通过金字塔式组织结构扁平化,升级隐性知识(社会化);通过个人学习和组织学习,将隐性知识转化为显性知识(外化);通过系统管理,加速知识集成(整合)和共享,提高知识转移的速度和效率,将显性知识内化为个人隐性知识。这种个人积累的隐性知识,通过社会化与他人共享,促进新一轮的知识创新。

---

① 根据传统分类,知识包括基础知识和应用知识;根据用途分类,知识包括生产知识和产品知识;根据特征分类,分为缄默(tacit)知识和显性(explicit)知识。根据复杂程度,分为复杂知识和简单知识;此外还有组织依附型知识和组织外部知识等。

战略意图对公司的发展至关重要。Hamel 和 Prahalad（1989）指出：技术追随者往往从模仿起步，然后才是学习。西方发展心理学将社会学习模式区分为模仿（imitation）和仿制（emulation）。前者指对行为及行为目标的再认知和再生产过程；后者指对事物本质或因果联系的学习（Tomasello，1990：275）。两类认知过程彼此互补。盲目模仿者（blind imitator）注重对目标的学习，旨在搜寻技术和替代型资源。而仿制者则注重对内容的学习，注重长远战略目标的实现。新生企业以模仿为主，以建立生存能力。一旦进入起跑阶段，则开始注重能力培育。以仿制为战略的公司往往采用灵活的学习路径；而以简单模仿为战略的公司则只是僵化的学习。资源日趋陈旧或模仿日趋困难时，才关注灵活的学习路径，采用柔性组织促进资源演进。这里所说的资源演进，是指在现行知识存量的基础上，发展新资源以系统替代旧资源、实现资源更新的过程（Lavie，2006）。

二、支持机制对知识管理战略的影响

（一）社会资本对知识管理战略的影响

公司选择什么样的学习战略取决于其所拥有的社会资本和吸收能力。所谓社会资本，又称互补资产，指企业拥有的关系网，体现企业获得分销渠道、服务网络和相关技术的能力。Ernst（2000）对台湾 IT 行业知识外包的研究表明：社会资本有助于知识获取。Peng 等（2005）强调网络组织、商务集团等常规机构对转型初期组织成功的重要性。Nahapiet 和 Ghoshal（1998）从机构、关系、认知（cognitive）三个层面定义社会资本。所谓机构，包括政府和商业团体。Kim（1997a）发现：技术追赶初期，政府为韩国企业模仿外部技术提供了支持。而到创新阶段，国家知识产权法逐步严格，政府充当企业国际化的助推器（facilitator）。商业团体多由技术和营销专家组成，可弥补新兴市场的制度缺陷，为公司提供异质资源（idiosyncratic resources）。Amsden 和 Hikino（1994）发现：与商业团体联系紧密的公司，知识扩散更快。但商业团体并非利他实体（altruistic entities），只有当有所回报时，才会提供资源或支持。Teece 等（1997）认为技术商业化需要其他公司的商业支持（如分销渠道）。源自机构的支持表现在四方面：一是提供更好的基础设施（如通信、学习、经营环境）；二是提供减免税、无息或低息贷款等政策激励；三是提供土地、资本、技术等关键资源;四是降低机会主义行为和管理费用,减少交易成本(Ouchi,1980)。当管理者拥有社会资本时,从外部获得技术更容易。我国以技术创新基金扶持高技术企业发展。2008 年技术创新基金达 14 亿元,共支持光机电一体化企业 3288 家,电子信息企业 3768 家,新能源与高效节能企业 781 家,生物医药企业 1714 家,资源与环境企业 1012 家;资助的 869 个项目中,取得专利授权 1962 项,其中技术专利 817 项,实用新型专利 1204 项①。

社会资本是影响企业特定优势的重要因素。当企业与技术领先者之间的产业链关联断裂时,这种互补资源的作用将被放大。拥有互补资源的企业不再满足于争夺技术专家,而是如何通过学习活动实现自我创新;如何占领市场。这里所说的知识,不仅包括技术知识,还包括市场知识和社会知识。社会资本主要由制度、管理规范、文化所决定。在新兴市场,由于管理规章多变、产权制度和资本市场不健全,社会资本显得格外重要。

(二)吸收能力对知识管理战略的影响

所谓吸收能力,是指相关知识的前期积累,代表一种认知、模仿并将知识商业化的能力(Cohen & Levinthal,1990)。Bowman 和 Gatignon(1996)认为:公司可通过外部并购以获取技术。并购模式虽然昂贵,但易模仿,具有高度的可替代性。Shenkar 和 Li(1999)发现:多数企业更愿采用国际合作的方式获得互补资源。但 Schilling 和 Hill(1998)认为,公司开发新产品的能力取决于其现行能力与公司战略意图是否匹配。具备一定知识存量和学习能力的公司内部转移的效率会更高,从外部获取知识更能快速获得成功。新兴市场的高技术企业在发展初期,因缺乏吸收能力,多采用模仿战略以降低市场不确定性风险。

可见,支持机制、组织要素和知识管理之间存在必然联系(见图 10—1)。社会资本和吸收能力作为企业重要的支持机制和战略资源,有利于降低知识获取和扩散过程中的组织障碍。社会资本有助于公司直接取得标的;而吸收能力有助于公司从外部获得学习效应。社会资本层次越高,吸收能力越强,越容易获得缄默和复杂的知识。一个拥有吸收能力和互补资产的企业更倾向于

---

① 数据来源:火宣:《创新基金优化产业结构,培育战略新兴产业》,《中国科技产业》2009 年第 12 期,第 34—36 页。

采用仿制战略,即在模仿的同时注重资源替代和演进,探寻灵活的路径自我创新。吸收能力和互补资产缺乏的企业,只能考虑资源替代,发展路径僵化,难以实现自我创新。即使模仿是经营初期唯一的战略选择,当从价格竞争转向品质竞争时,企业仍须向仿制转变,通过内部研发、合作研发、活化组织架构,组建创新型文化等方式,以新资源系统替代旧资源或促现行资源向新资源转化,实现知识替代(Resource Substitution)或知识演进(Resource evolution)。

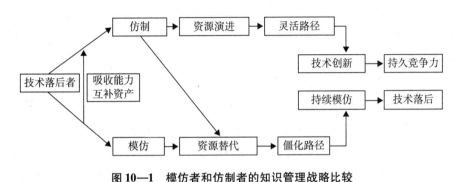

图10—1　模仿者和仿制者的知识管理战略比较

三、中国彩电行业技术创新与国际化成长历程

彩电业是我国成长较快、国际化较为成功的行业。我国彩电业起步晚,第一台彩色电视机于1971年由天津无线电厂成功试制。1981—1982年,国家首次引入3条彩电装配生产线,自此,彩电产量急速增长,从1980年的3.21万台增长到2006年的9000万台。自1995年,我国彩电产量稳居世界第一。彩电业高速成长的阶段也是国际化成长的重要时期。近10年,彩电出口以超过40%的速度增长,出口与生产呈同向变化趋势。

20世纪70年代,彩电技术竞争的焦点是可靠性和亮度等基本性能的竞争;80年代,则演变为亮度、画面质量、音响效果等技术功能的竞争;90年代,转向CRT、等离子、液晶和背头技术等显示技术领域的竞争;而到21世纪,更关注电视制式技术(数字电视和模拟电视制式)竞争。在彩电技术的创新中,中国企业作出了巨大的贡献。

中国彩电业的发展遵循的是引进→模仿吸收→二次创新的发展路径,大致经历了四个阶段:第一阶段,是技术模仿与国内生产能力形成的阶段。20

世纪 80 年代,国内企业大量引进国外彩电生产线和成套生产设备,生产能力迅速形成。随着企业对生产技术的逐步消化和吸收,企业开始对部分非关键元器件进行国产化生产,这在一定程度上降低了彩电业的生产成本,虽然自动插装机、贴片机等关键设备仍依赖进口,但通过学习积累,企业形成了自己的生产能力和技术存量。第二阶段,是增量创新与国内市场扩张的阶段。到 90 年代上半期,企业已具备设计和技术改进的能力,可以从事简单的创新活动,如开发彩电功能(如卡拉 OK),提升彩电的附加值;改进彩电电路(如增加 AV 接口,开发视频和音频输出功能),获得更好的音响和视觉效果。该阶段针对国内市场的消费特性进行增量创新,创新活动的特征表现为三个方面:一是针对非关键配件的生产创新。通过技术模仿和改进以降低彩电的生产成本;二是针对生产工艺的创新。即结合国内市场需求复制生产线,为海外生产移植和技术输出奠定基础;三是基于国内消费市场的产品创新。即针对国内市场的消费偏好进行产品的增量创新和辅助功能创新,形成产品差异化,增强价格竞争优势,弥补了创新和技术能力上的不足。第三阶段,是企业二次创新和国际化扩张的阶段。1996 年,长虹发起了第二次价格战,多数企业成为价格的追随者。此时企业开始关注价格以外的竞争优势,关注售后服务和成本控制。企业开始加强研发投入,建立技术联盟和研发机构,围绕显示方式、屏幕尺寸、控制方式、数字处理技术等展开产品创新。该阶段的创新活动更具开放性,部分企业开始策略性利用外部研发资源开展创新活动,如海尔公司。海尔集团在跨国伊始就制定了国际化的"三部曲":走出去,走进去,走上去。在国际化运营中努力实现"三融一创"的目标,即通过融资、融智、融文化,创本土化品牌,先后在东京、洛杉矶、里昂、阿姆斯特丹等地建立了设计中心 18 个;在美国南卡州、巴基斯坦等地建立工业园 10 个;在美国、欧洲、孟加拉、伊朗、尼日利亚等国建立海外工厂 30 个;此外还建立贸易中心 56 个,服务网点 11976 个,营销网点 58800 个。海尔目前在全球拥有 3000 多名海外经理人,产品销往世界 160 多个国家和地区,并成为当地认同的知名品牌。在产品市场上,海尔采取"先难后易"的策略,市场瞄准发达国家,产品定位于高端。于 2000 年 3 月在美国南卡罗来纳州建立了占地 44.5 万平方米的生产基地,以充分利用当地人力资源开发、设计、制造、销售高科技含量和高附加值的产品,从双动力洗衣机、宇航变频冰箱、直流变频空调到小家电、手机、笔记本电脑等,生产的 500 升以上的对开门大冰箱成为美国市场的主流产品。该阶段随着中国彩电产能的不断扩容,国内市场难以满足企业的扩张需要,走出国门向海外扩张成为必然选择。随着创新能力的逐步形成,家电企业由出口扩张转向对外直接投资。如长虹、TCL、康佳开始积极到海外投资设立彩电生产基地,以 FDI 方式向海外扩张。第四阶段,为自主创新阶段。21 世纪以来,我国彩电出口势头迅猛,但同时由于核心技术缺乏,仅仅依靠低成本扩张战略遭到东道国的强烈抵制。到 2007 年,彩电出口 4788 万台,较 2006 年(出口 8640 万台)下降 44.6%。在此背景下,培养自主创新能力成为彩电企业国际化的必然出路,R&D 全球化战略备受关注。伴随 FDI 的投资扩张,家电企业开始了针对发达国家的海外研发资源搜寻之路,如 TCL①。

表 10—1　20 世纪 90 年代彩电的产品创新

分类标准	创新成果	创新人	创新时间
显示方式	液晶显示彩电	河北腾飞公司	1996 年 5 月
	等离子体彩电	中山嘉华公司	1998 年 5 月
屏幕宽高比	16：9 彩电	康佳集团	1998 年 5 月
控制方式	声控电视机	中山嘉华公司	1997 年 4 月
	十画面画中画	康惠公司	1996 年 7 月
画面显示方式	十六画面画中画	厦华公司	1997 年 11 月
信号接收方式	卫星接收电视机	创维公司	1997 年 5 月
彩色外壳颜色	"七彩"小画仙	康佳公司	1998 年 6 月

资料来源:谢伟(1999)。

从中国家电业的发展历程可以得到以下启示:(1)国内市场竞争是技术创新的驱动力。两次全国范围内的价格战,一方面淘汰了劣势企业,另一方面激发了企业的创新潜力,迫使企业通过创新从价格战的困境中突围。传统的模仿创新模式迅速提升企业的技术存量和学习能力,但仍难以赶上日新月异的技术变化。企业海外扩张的过程,必须将生产与创新活动同步,广泛吸收创新资源,缩短创新周期。(2)基于比较优势的技术创新是积累技术存量的有效路径。欧阳桃花等(2004)指出:系统创新最直接的效应就是降低系统成

---

① TCL 在并购法国汤姆逊公司后,整合其全球研发资源,构架了有北美、欧洲、新加坡、中国为中心的全球研发框架,而研发中心也向数字电视和平板电视等新技术领域倾斜。

本。如通过产品创新可实现进口替代,减少对海外零部件的依赖;工艺创新有助于降低生产成本;管理创新有助于降低管理成本,如 TCL。在技术开发能力有限的情况下,企业首先可着眼于非核心技术创新,以满足当地市场个性化的消费需求,增加差异化产品。(3)开发核心技术是保持企业持久竞争力的关键。但在研发能力有限的情况下,鉴于核心技术开发投入大、风险高的特征,通过合资、合作、并购等方式整合全球研发资源,往往是实现创新能力突破的重要路径。可见,企业创新,不仅仅依靠"引进来",更应积极地"走出去",与创新资源丰裕的国家充分相融,零距离学习。

四、消费电子企业海外技术获取型 FDI 的投资实践

技术寻求型对外投资在发展中国家并不鲜见,20 世纪 80 年代以来,发展中国家逐步重视依靠技术获取型 FDI 掌握关键性 R&D 资源(如知识、技术及高素质人才等战略性资源),以增强核心优势,实现技术赶超。亚洲"四小龙"通过技术寻求型对外投资成功步入了新兴工业化国家行列。其中以韩国的成就最令人瞩目。我国企业的海外投资活动也引起了学术界的普遍关注(见表10—2)。Zedtwitz(2005)、陈劲(2003)先后用访谈、问卷调查的方法对我国企业海外投资状况进行了梳理,发现中国技术获取型海外投资速度加快,具体表现为两类特征:一是产业与区位集中度高。产业主要集中在通信、电子、电器、IT、汽车等;区位主要集中在欧洲和北美;二是投资方式逐步多样化。王辉(2007)指出:部分行业领先的中国企业,已实现创新从"引进来"逐步向"走出去"的战略转变,呈现出新建、并购、技术联盟等多种创新战略态势并重的局面。一类方式是到发达国家兼并或收购科技型公司,如联想收购 IBMPC,TCL收购汤姆逊、阿尔卡特;华立集团在美国收购非利浦公司 CDMA 研发部门;德隆集团收购德国仙童道尼尔公司飞机制造核心技术部门;深圳华为与摩托罗拉、英特尔、微软等世界一流企业联手建立联合实验室等。另一类方式是以独资、合资、合作等多种注册方式设立海外研发机构,如海尔分别在东京、洛杉矶、里昂、阿姆斯特丹等地设立了 18 个设计中心,格兰仕公司在美国设立微波炉研究所,华虹公司在美国设立微电子研发中心;中兴通讯公司在美国、瑞典独资建立研发机构。但与发达国家相比,发展中国家的技术获取型 FDI 活动仍处于初级起步阶段,存在成本高、信息不对称、文化冲突大、金融管制强、

R&D 管理经验缺乏等问题,加上跨国公司尚未成熟,在对外投资过程中不可避免地遭遇资金、技术、人才等方面的限制,跨国投资风险较大,在一定程度上制约了海外投资业务的发展。

姚利民、孙春媛(2007)指出:发展中国家地区流向发达国家地区的逆向型 FDI 不是基于产业技术与管理的所有权优势,而是以本国产业比较成本优势为基础的获取战略资源为目标的投资。实证研究表明:出口倾向、技术研发水平差距、华人数量等因素与中国逆向型 FDI 成正相关,而进口倾向、劳动生产率差距、距离等因素与逆向型 FDI 成负相关。结论证实了出口促进型 FDI、学习型 FDI 或技术获取型 FDI 的理论假设,说明中国当前的逆向型 FDI 的主要战略目标是促进出口和获得先进技术。

王英、刘思峰(2008)借鉴国际 R&D 溢出回归分析的框架,分步骤对中国1985—2005 年对外直接投资的反向技术外溢效应进行了实证分析。结果显示:中国对外直接投资存在反向技术外溢效应,但它对于全要素生产率增长的作用要低于国内研发支出。中国应当坚持走开放的自主创新之路,并通过增加投资力度和调整投资区域等方式提高对外直接投资对于技术进步的贡献度。入世以来,中国企业对外直接投资发展势头强劲。截至 2006 年年底,我国 5000 多家境内投资主体设立对外直接投资企业近万家,共分布在全球 172个国家和地区。

表 10—2　发展中国家技术获取型 FDI 活动

时间、地点和行业	案例过程	FDI 的实现方式
1991 年中国电子	上海复华在日本东京合资建立中和软件株式会社东京支社	合资
1992 年中国 IT	联想在美国独资建立联想硅谷实验室	独资
1993 年中国通讯	华为在美国独资建立华为硅谷研究所	独资
1994 年中国家电	海尔在日本东京独资建立海尔日本技术中心	独资
1994 年印度矿业	印度 Aditya Birla 集团于埃及设立 Alexandria Carbon Black(ACB)工厂,建立服务于生产和过程创新的研发中心,致力于开发碳黑产品,创新包装和环境管理方法	独资
1995 年中国家电、轮胎橡胶	格兰仕在美国硅谷独资建立中兴美国研究中心	独资
	在阿克隆独资建立阿克隆轮胎设计研究中心	独资

时间、地点和行业	案例过程	FDI 的实现方式
1996 年墨西哥农业	墨西哥 EmpressLa Moderna（ELM 公司）收购美国 DNA Plant Technology（DNAP）公司（全球第四大农业生物技术公司）70% 的股份，将其所属的番茄生产流通企业 Bionova 与 DNAP 合并建立 DNAP Holding 公司，该公司拥有美国农业生物技术 40% 的专利，建立了从育种采种、委托栽培到包装、流通的完整产业链。ELM 的海外子公司重组了美国 Asgrow seed 和英国 Zenca 以加强抗病毒性南瓜的研发；重组了美国 Petoseed 公司以加强番茄技术研发	合资、并购重组
1996 年中国 软件、家电	北大方正在日本东京独资建立日本方正株式会社	独资
	海尔在美国独资建立海尔硅谷研究所	独资
1998 年中国 通讯、家电	中兴通讯在美国圣地亚哥独资建立中兴美国研究中心	独资
	康佳在美国硅谷独资建立康盛实验室	独资
1999 年中国 通信、家电、汽车	华为在美国达拉斯独资建立华为达拉斯研究所；在瑞典斯德哥尔摩独资建立华为瑞典研究所；在俄罗斯莫斯科独资建立华为俄罗斯研究所；在印度班加罗尔独资建立华为印度研究所	独资
	海尔在美国洛杉矶独资建立海尔洛杉矶设计中心	独资
	格兰仕在美国硅谷独资建立格兰仕美国微波炉研究所	独资
	长安汽车在都灵独资建立长安汽车海外研发中心	独资
2000 年中国 家电、通信	海尔在法国里昂独资建立海尔法国设计中心在荷兰阿姆斯特丹独资建立海尔荷兰研究所在加拿大蒙特利尔独资建立海尔加拿大研究所	独资
	中兴通讯在韩国首尔独资建立中兴韩国研究所	独资
	创维在美国硅谷独资建立创维数字技术研究室	独资
2001 年中国 软件、家电、通信、机械	北大方正在加拿大多伦多独资建立方正加拿大研究所	独资
	海信在美国硅谷独资建立海信数字电视实验室	独资
	华立在美国硅谷并购设立美国华立通信集团	并购
	万向在美国芝加哥独资建立万向集团北美技术中心	独资

续表

时间、地点和行业	案例过程	FDI 的实现方式
2002 年中国 IT、机械	首信在美国新泽西独资建立 Mobicom 公司 大连机床在美国并购设立英格索尔生产系统公司	独资 并购
2003 年中国家电	TCL 在德国并购设立 TCL 德国研发中心	并购
2004 年新加坡 生物技术	新加坡干细胞生物科技公司 Cordlife 通过收购美国 Cytomatrix 公司，获取了世界前沿技术领域关键性资源，成为全球干细胞领域集研发、细胞库服务和治疗于一体的公司	收购
2004 年中国 家电、机械	TCL 在印第安纳并购设立 TCL 美国研发中心；在新加坡并购设立 TCL 新加坡研发中心 大连机床在德国并购设立兹默曼公司 长虹在德州合资设立长虹—德州联合实验室	并购 并购 合资
2005 年中国 IT、通信、电子	联想在神奈川并购设立联想大和实验室；在美国北卡罗来纳并购设立联想北卡实验室 中兴通讯在巴基斯坦伊斯兰堡独资建立中兴巴基斯坦实验室 京东方在韩国并购设立京东方现代显示技术会社 南车集团在密歇根独资建立 ZELRI—MSU 研发中心	并购 独资 并购 独资
2006 年中国汽车	上汽集团在英国雷明顿并购设立上汽欧洲研发中心 南汽集团在伯明翰并购设立南汽英国研发中心（筹）	并购 并购
2008 年中国汽车	南汽集团在俄克拉荷马独资建立南汽美国研发中心（筹）	独资

资料来源：根据杜群阳(2006)的文献整理。

国内对"技术获取型对外直接投资"的研究从 2004 年起逐步增多，主要集中在理论框架研究（杜群阳，2004）、区位选择（周伟，2004；刘震宇，2005）、路径与对策（王辉，2005；周伟等，2005）等方面，仍缺乏系统的理论研究和政策指导。

五、消费电子业吸引海外跨国研发投资

吸引外商投资在国内建立研发中心，是增强一国吸收能力的重要举措。

台湾于 2002 年制订的《国际创新研发基地计划》中,预计在未来六年内研发投资达到 GDP 的 3%,并将建立亚洲创新研发基地作为台湾的主要目标。爱尔兰人口仅 300 多万,却吸引了美国对欧洲 R&D 投资的 1/4,不少跨国企业在该地设立了研发中心。1980 年,Apple 在 Cork 设立电脑生产据点,使爱尔兰成为 Apple 电脑的欧洲总部和精英中心。Analog Devices(BV)于 1977 年在 Limerick 建立 R&D 研究机构;Intel 在爱尔兰建有 Fab10、Fab14、Fab24 三间晶片制造工厂,其中 Fab24 是欧洲第一个使用 90 纳米技术制造晶片的工厂。爱尔兰也是微软在 EMEA 区域的总部,负责该区域的产品研发和测试工作,并在 2005 年 5 月成立新的 R&D 中心 Sandyford。

(一)跨国公司在华研发投资现状

为获取国外先进技术,培育国内创新能力,1996 年 6 月,我国首个专门针对跨国公司 R&D 投资的地方性规章《北京市鼓励在京设立科研开发机构的暂行规定》出台。之后鼓励外商在境内投资设立研发机构的政策相继出现。1997 年 9 月,国家科委公布《关于设立中外合资研究开发机构、中外合作研究开发机构的暂行办法》,明确规定中外合资、合作的研究机构中外方所拥有的权利和义务;2000 年 4 月,国务院公布《关于外商投资设立研发中心有关问题的通知》,进一步放宽跨国企业的限制,允许跨国独资设立研发机构。

到目前为止,我国对研发投资领域的优惠措施总体包括:(1)投资总额内进口自用设备及其配套的技术、配件、备件(不包括《外商投资项目不予免税的进口商品目录》中的商品和船舶、飞机、特种车辆、施工机械),且限于不构成生产规模的实验室或中试范围的,免征进口关税和进口环节税;(2)利用自有资金进行技术改造,按照《海关总署关于进一步鼓励外商投资有关进口税收政策的通知》(署税〔1999〕791 号)的规定,在原批准的经营范围内进口符合前提条件的自用设备及其配套的技术、配件、备件,免征进口关税及进口环节税;(3)自行研发技术的转让收入免征营业税;(4)技术开发费比上年增长 10% 以上(含 10%)的,经税务机关批准,可再按技术开发费实际发生额的 50% 抵扣当年度的应纳税所得额;(5)允许跨国公司投资研发中心为进行其研发产品的市场测试进口并销售少量其母公司生产的高新技术产品。

随着中国经济的持续高速增长和改革开放的不断深化,中国市场在跨国公司战略性投资中发挥越来越重要的作用。联合国贸易和发展局(UNCTAD)的调查显示:中国已成为跨国公司设立亚洲研发中心的首选,远远超越美国和排名第三的印度。跨国公司在华设立 R&D 机构的原因在于:(1)中国巨大的市场潜力。尤其在高新技术领域,中国有潜在的强大市场空间。为使文化、技术、产品与中国市场的需求对接,研究中国成为必需。(2)中国拥有充裕而廉价的人才资本存量。随政府、家庭对教育投入的不断增加,这一存量结构日益优化。跨国公司在华 R&D 投资,可以有效利用当地资源,降低研发成本,开发适用技术。如微软亚洲研究院目前有超过 150 名的研究人员,除早期归国人才外,多数为本国青年学子。

2009 年以前,跨国企业在华 R&D 投资的特点则表现为:

1. 从区位分布情况看,主要集中在 R&D 资源密集度较高的省市,如广东、北京、上海、江苏、天津。这主要受地区驱动因素的影响,包括投入驱动、产出驱动、效率驱动、政治或社会文化驱动、研发外部性驱动五个方面。Greatwall(2002)在研究 25 家跨国企业在华研究中心的区位选择时发现:北京对通信资讯产业的吸引力最大,这可能源自三方面原因,一是政府的政策力度;二是地缘优势。北京为中央政治中心,有利于建立政府关系,及时沟通、掌握最新政策与标准;三是科技优势。北京拥有超过 100 所的大学、研究机构和高新技术区,是研发密集度高的城市。跨国企业对上海的投资以食品、生物、机械工程、汽车、化工业为主,可能是因为上海对品位和时尚具有决定性的影响。不同国家的跨国企业区位选择的偏好不同。美国企业青睐在北京设立研发中心,欧洲企业则青睐上海。Microsoft 和 Nokia 则青睐选择北京作基础研究,而在毗邻的地区设立技术发展中心以利于技术的转移。在北京,52 个研发中心有 18 个以研发为主;而在上海,54 个研发中心就有 46 个以研发技术为主。Zedtwitz(2004)认为:这可能是因为上海具有地理位置上的优势,相对北京对外开放程度更高,需求与国外需求更为接近。上海周边的地区也因此受到青睐,如 Nokia 就将研究中心设在杭州,该地拥有国际航空机场,且毗邻上海,具有地理上的优势。

2. 从分布行业来看,主要集中在电子及通信设备制造业、交通运输设备制造业、医药制造业,化学原料及化学品制造业等技术密集型行业。可见,跨国公司在华投资的主要目的是服务产品、市场扩张和技术发展,延伸母国技术的应用范围。Zedtwitz(2004)指出：中国是光纤网络、移动通讯和电梯的前三大市场，在华设立的研究中心多为这些领域的发展导向设立，目的是为了支援当地的子公司和顾客。但在华研发的成果并非限定在中国大陆使用，而是应用于全球推出的产品。如 Nokia 将第三代移动通讯软件的开发交给其在杭州的研发中心开发，并将成果转移到芬兰。在华研发中心主要侧重发展某一领域的技术开发能力，以整合到集团的研发网络中。由于中国具有庞大而需求复杂的市场，中国市场建立的标准可能会成为全球标准。在通讯产业，跨国企业非常注重中国市场标准的建立，往往在中国和其他国家同步发展第三代移动技术。Microsoft 则注重针对中国复杂的语言市场来发展下一代的语音或手写软件。

3. 从组织形式上看，跨国公司在华研究中心设立模式主要有独立法人组织和非独立法人组织两种。现行组织多为辅助性研究机构，如在 400 余家研发中心里，有近 300 家采用非独立法人形式，且多数为内部研发部门。中国知识产权保护体系薄弱，跨国企业采用非常设组织形式，有利于灵活应对，但同时也违背了吸引跨国研发投资的政策初衷。虽然跨国企业纷纷宣布在华设立研发中心和实验室，但从大中型企业的研发支出占销售额的比重来看，FDI 企业低于本土企业。OECD(2002)指出：在华设置研发部门的跨国企业所占比例仅为 1% 左右；设立研发部门的跨国企业中，有半数并无稳定的研发资金来源，有 1/3 并未从事经常性研发活动，60% 缺乏研发必需的试验与检测设备。在 FDI 投资比重较高的轻工业，跨国企业一旦透过合资获得经营主导权，通常会缩减或取消原技术研发部门，直接改由母公司研发中心提供技术。知识产权保护不力，已成为中国吸引外商 R&D 投资的最大桎梏。2006 年 4 月，韩国产业资源部表示，韩国企业的知识产权侵权纠纷中，50% 是亚洲国家的企业造成的，其中超过 70% 的比例是由中国大陆企业造成的。包括微软在内的跨国企业表示：中国盗版猖獗造成企业巨大损失。汽车零件、制药、电脑软件、音响与电影制造商更宣布每年损失高达 2500 亿美元。美国贸易代表署在 2006 年公布的特别 301 报告，更点名中国严重侵犯美国知识产权问题。跨国企业为保护其关键技术或核心资料，宁愿选择将研发中心设在中国以外的地区，从而不利于中国企业利用 FDI 技术外溢提高吸收能力。

国内学者对 R&D 国际化组织形式的研究多以跨国公司为主体，对中国企业研发国际化的组织形式研究较少。景劲松等（2003）认为，中国企业的研发国际化还处于起步期，技术搜索和技术学习是其主要的战略动机，自组织形式仍以技术联盟和小型海外研发机构为主，母公司是资源投入的主体。

4. 从研发的内容看，以产品应用技术的研发为主。跨国公司的研究开发一般包括基础研究（产业科技基础）和应用研究（具体产品研发）两个阶段，前者重点研究产业共性技术，具有开发周期长、资金投入大的特点；后者主要针对特定的市场需求研究开发适用性产品，是科技成果产业化的过程。与之相对应，研发技术可分为核心技术、共性关键技术和产品应用技术三个层次。目前跨国公司在华设立的研发中心以产品应用技术研究为主。如 IBM 中国研究中心，主要引进 IBM 全球技术成果，研究具有中国特色的技术及解决方案，包括语音技术、文本分析和挖掘技术、手写体识别技术等。因此在华投资机构非常注重与国内高校、科研院所和国内顶级企业之间的合作。如保洁公司与清华大学共同创建全球第 19 个大型科研中心，引进世界先进的试验仪器，改善教学试验设施；上海通用汽车公司成立后，即与上汽集团合作，成立泛亚汽车技术研究中心；IBM 中国大陆研究中心成立 IBM 大学合作部，与清华、北大成立 IBM 创新研究院，还与复旦大学、浙江大学等高校合作进行专案研究。

5. 从投资来源国看，跨国投资的来源仍以欧美国家为主。美国是在华投资研发中心数量最多的国家。林培州等（2004）指出，在 82 家跨国公司在华 R&D 机构中，总部设在欧美国家和日本的共有 70 家，其中美国 32 家，欧洲 20 家，日本 18 家，共占总数的 85.4%。其他为：中国台湾 5 家，韩国 3 家，加拿大 2 家，中国香港 1 家，分别占总数的 6.3%、3.8%、2.5% 和 1.3%。

跨国研发投资现象的逐步升温，引起了学术界的普遍关注。实证研究已从经验调查和案例研究开始转向对"研发资源全球化配置的重要性、驱动因素及其经济影响"的深入分析。现行研究多集中在"R&D 的区位选择"、"FDI 战略"等领域，对跨国研发投资决策的研究文献较少。庞大的潜在市场、丰裕而廉价的人力资本存量，使中国成为跨国研发投资的首要目标。但目前在华研发投资的情况不容乐观，表现为应用研发多，基础研发少；技术转移多，技术外溢少；部门型研发多，机构型研发少。这可能与知识产权保护制度不健全、吸收能力薄弱有关。政府有必要研究跨国研发的动机和需求，以探寻如何为高附加值制造、全球运筹及创新研发活动提供有效平台,吸引跨国研发投资以提升创新效率,进而转化为国家或地区的竞争优势。

(二)微软在华研发投资活动

微软自 1992 年进入中国设立办事处以来,在华员工总数已达 900 多人。以北京为总部,在上海成立分公司,并分别在广州、潘阳、武汉、成都等地设立办事处,先后成立微软全球技术支援中心、微软亚洲工程院、微软亚洲研究院、微软中国研究发展中心、微软中国技术中心及微软互联网技术(中国区)等研究机构。微软的发展历程如表10—3 所示。

表 10—3　微软的在华研发投资历程

发展阶段	发展目标	大事记
第一阶段 (1992—1995 年)	建立市场营销通路,从人才、技术、市场需求、资金四方面进行软件产业的投资布局	1991 年:微软全球研究院成立①; 1992 年:在北京设立办事处; 1993 年:建立微软北京测试中心; 1995 年:微软(中国)有限公司、微软中国研究开发中心成立②
第二阶段 (1996—1999 年)	相继建立三个世界级的研发、产品开发、技术支援与服务机构:微软中国大陆研究开发中心、微软全球技术支援中心和微软亚洲研究院	1996 年:微软上海分公司和广州办事处成立; 1998 年: 微软大中华区技术中心在上海成立; 微软增加投资扩大微软中国研究开发中心; 微软增加投资成立微软中国研究院 1999 年:微软增加投资将微软大中华区技术支援中心扩大为微软亚洲技术中心
第三阶段 (2000 年至今)	扩大对华软件产业投资与合作	2001 年: 微软中国研究院升级为微软亚洲研究院③; 微软亚洲技术中心升级为微软全球技术中④心 2002 年: 微软(中国)有限公司成立中国软件行业协会(CSIA)会员;

续表

发展阶段	发展目标	大事记
		微软在中国投资的第一家国内独立软件企业——中关村软件有限公司成立; 微软在中国第一家大比例参股的合资公司——上海微创软件有限公司成立; 6月,国家发展计划委员会与微软公司签署谅解备忘录,共同开发中国最大软件对外合作专案,微软拟与中国企业、科研单位、高等院校、国家年软件产业基地等开展包括出口、投资、人才培养、技术开发等在内的一连串合作,涉及金额超过 62 亿人民币,这是迄今为止中国在软件领域最大的一个对外合作项目 2003 年: 成立"微软亚洲工程院⑤" 微软公司与代表中国政府的中国资讯安全产品测评认证中心签署政府源代码备案计划协议,允许中国政府及其指定的备案单位元以可控的方式查看微软 Windows 的源代码以及相关的技术资讯

注:1. 1991 年,微软成立全球研究院,负责探索和发现先进的计算技术,拓展个人计算领域,并将部分研究成果商业化。该研究院现在全球拥有 600 名研究人员,全球研究院包括微软雷德蒙德研究院(1991 年在微软雷德蒙总部成立)、微软湾区研究院(1995 年成立)、微软亚洲研究院(1998 年成立,拥有 170 名人员)、微软英国剑桥研究院(1997 年成立,拥有 75 名研发热暖,集中于机器学习、资讯安全、资讯修复、编程技术和网络等工作)及微软硅谷研究院(成立于 2001 年 8 月,拥有 25 名研究人员,主要进行分散式计算研究,包括隐私性、安全性、资源定位器、协定、网络平台、可靠性、可及性、可测量性、管理和相关理论)。

2. 微软中国研发中心成立于 1995 年,原名微软北京测试中心(成立于 1992 年),是微软在海外设立的第三个研发中心,拥有近 150 名研发人员,是中国目前最大的外商软件开发中心,主要致力于产品的市场调查,为母国提供开发服务,从事产品本土化和知识转移的工作。到 2005 年,该中心已为中国市场提供了 230 多个中文版软件产品。

3. 1988 年,微软投资 8000 万美元,在北京设立其在海外的第二家基础性研究机构"微软中国研究院",并于 2001 年 11 月 1 日升级为"微软亚洲研究院",这也是亚洲唯一的基础研究机构,拥有 200 多名研发人员,到 2005 年已发表论文 1000 多篇,130 多项成果商业化。被美国 MIT(《Technology Review》)杂志誉为"世界上最火的电脑实验室"。其研究重点为新一代多媒体、新一代用户界面、数位娱乐、无线及网络技术、亚洲资讯处理技术、互联网搜索及资料挖掘等研究。同时该院也积极与中国政府、高校、科研机构展开合作,包括捐赠软件、建立联合实验室、建立微软学者奖学金、举行多种学术交流、资助国内基础研究项目、帮助提高国内高校及软件学院的教育科研水平等。

4. 微软全球技术支援中心(GTSC)于 1998 年在上海成立,拥有 300 多名软件专家和工程师,为亚洲支援服务基地,提供用户环境模拟、测试等服务。其目的是为中方合作伙伴提供产品测试、专业指导、厂商联系等服务,模拟、构建、检验以微软网络平台为基础的完整解决方案。

5. 微软亚洲工程院于 2003 年在北京成立,拥有 300 多名研发人员,为在华投资的技术发展部门,负责将微软亚洲研究院的研发成果商业化。如将技术应用于产品生产和营销追踪过程。2005 年该院在上海成立了分支机构。

资料来源:微软中国网页:http://www.microsoft.com/china/info。

(三)英特尔在华研发投资活动

Intel 成立于 1968 年,是全球最大的晶片制造商,也是电脑、网络和通信产品的领先制造商。到 2005 年止,Intel 在全球拥有 294 个分公司,91000 名员工,营业额达 388 亿美元,财富 500 强中排名第 50,在 2005 年达沃斯的"世界经济论坛"中被评为全球 100 强最具持续性发展的企业之一。

Intel 在华 R&D 投资始于 1985 年,到 2005 年总投资近 13 亿美元,员工 3500 人,约占集团员工总数的 1/3 以上。公司在华投资主要针对电脑产品的应用与开发,将亚太区的总部设在香港;先后在上海、成都建有世界一流的晶片测试和封装厂;在北京、上海等地设立研发中心和实验室,广泛开展与全球实验室、中国高校和研究机构之间的合作;在北京、上海、广州、深圳、成都、重庆、潘阳、济南、福州、西安、南京、哈尔滨、武汉等地设立 13 个分公司和办事处。Intel 在华研发投资战略为:先行建立营销通路,然后发展科研力量,逐步建立研发中心和工厂。在华研发活动见表 10—4。

表 10—4 Intel 在华研发投资情况

时段	研发投资的历程
1987—1995 年	1987—1993 年:在华建立销售代表处; 1993—1995 年:与中国企业展开 PC 领域的合作; 1993 年:在上海建立中国软件实验室(后更名为 Intel 中国软件中心①); 分别在北大、清华等知名高校建立实验室②; 1995 年:上海封装测试工厂③破土动工
1997—2004 年	1997 年:首次全球同步发布奔腾Ⅱ处理器,克雷格·贝瑞特在北京启动 Intel 电脑小博士实验室,侧重多媒体应用④; 1998 年:宣布 Intel 上海封装测试工厂正式启动,并宣布投入 5000 万美元在北京建立 Intel 中国研发中心⑤; 1999 年:在中国发布奔腾Ⅲ处理器,推动互联网应用; 2000 年:启动在华"教育创新"计划; 2001 年:发布奔腾Ⅳ处理器,最快应用于中国; 2002 年:宣布上海工厂开始封装、测试最新的奔腾Ⅳ处理器; 宣布在深圳成立 Intel 亚太区应用设计中心⑥(ADC); 2003 年:发布迅驰移动计算技术; 宣布成都建厂计划; Intel 亚太区应用设计中心(ADC)在深圳宣布成立为中国计算和通信业厂商提供世界一流的设计与校验服务; 2004 年:在成都的第二个封装测试工厂奠基

注:1. Intel 中国软件中心(Intel China Software Center,ICSC):成立于 1993 年,其前身为 Intel 中国软件实验室,是 Intel 在华设立的首个软件发展机构。总部设在上海紫竹科学园区,在北京等城市设

立分部,拥有 500 多名软件工程师和研发人员。中心的主要工作为:(1)为中国和亚太区定义、设计并开发软件和平台,针对最终用户需求,为 Intel 晶片、系统提供新的应用模式和解决方案,加强技术开发与应用。(2)为软件产品提供支持、培训和市场推广。(3)与生产商、供应商建立战略合作伙伴关系。

2. 1995 年起,Intel 先后在北大、清华等高校合作建立实验室,由 Intel 提供设备和咨询服务,帮助高校展开研发活动。合作伙伴包括:北京大学、北京航空航天大学、北京邮电大学、复旦大学、清华大学、中国科技大学、中科院计算所、中科院软件所、西安电子科技大学。如中国科学院计算所针对 IA—64 位编码器进行共同研究。在台湾,Intel 与台大、清大、交大研究所均有合作研究专案。2006 年,中国台湾行政院国家科学委员会与 Intel 签署合作备忘录,整合国科会的资源和 Intel 的技术、行销经验,共同推动产学研合作。第一阶段 Intel 从所补助的合作研究计划中遴选出具有前瞻性及产业发展优势的优秀成果,协助国内业者组成产学合作团队,向国科会申请产学合作研究计划。双方就此可举行论坛或研讨会,分享科技成果,厚实研究基础。第二阶段将落实产学合作,国科会审查并确定给予资助的产学合作计划,由 Intel 提供技术支持。

3. 1995 年,Intel 在上海浦东开始建设第一家晶片测试和封装厂,到 2005 年该厂已有员工 3000 人以上,投资近 5 亿美元,为快闪记忆体、1845 晶片组、奔腾 4 处理器提供基于 0.13 微米的封装与测试,并为全球提供产品。截至 2004 年,Intel 在上海浦东外高桥保税区累计出口超过 50 亿美元,成为上海价值最高的出口企业之一。

4. Intel 先后与黑龙江、湖北、山西、山东四省签署合作备忘录,开展电脑普及与计划(GAPP)专案,其目的是普及个人电脑的应用。

5. Intel 中国研究中心(ICRC)于 1998 年 11 月建于北京,是 Intel 在亚太地区设立的第一个研究机构,主要有三个实验室和先进平台研发中心:(1)通信技术实验室(CTL)。负责无线通信及网络、网络系统分析技术的研究,涵盖有线通信技术和无线通信技术的研究,前者主要研究多核 CPU 如何满足未来通信技术的需求,后者主要研究、开发无线宽带技术。CTL 与中国行业内厂商和大学展开合作,以共同推进全新无线技术的应用,制定相关标准。(2)微处理器技术实验室(MTL)。主要集中在多内核中央处理器(CPU)架构的编程系统技术;支援未来移动应用开发和移动平台研究的移动受控运行环境技术;未来应用及相关体系结构等方向的研究。(3)系统技术实验室(STL)。主要研究先进平台技术及支持战略,包括系统平台的静态、动态可配置性;跨平台资源的虚拟化;动态重组技术;平台的管理技术等。该中心类似于 Intel 2003 年在台湾设立的 Intel 创新研发中心,即与本土产业界合作,强调从产品设计阶段就与厂商、学院共同整合开发新技术。

6. 2002 年,Intel 宣布在深圳成立 Intel 亚太区应用设计中心(ADC),为中国计算和通讯产业中合作的 OEM 与 ODM 厂商设计与校验服务。该中心的服务内容类似于 Intel 于 1995 年在台湾成立的应用设计支援中心(Application Design-in Center)。即与本地 PC 与元件制造商合作,提供有关问题排除、分析、设计除错等工程问题,协助厂商将 Intel 的科技整合到产品中快速退出。支援的产品平台包括桌上型、行动与掌上型、工作站与伺服器、嵌入式等平台与网络解决方案,主要功能是在厂商产品完成阶段,由 Intel 进行认证、测试、除错等验证工作。如 Intel 提供技术资源协助台湾建立符合 IEEE802.16 标准的 WiMAX 技术,协助台湾 OEM 业者开发先进 WiMAX 无线宽频设备及解决方案,确保其产品与全球各地电信运营商网络的相容与互通性。

资料来源:Intel 中国新闻发布室:http://www.intel.com/cd/corporate/pressroom/apac/zho/222043.html。

(四)韩国三星在华研发投资活动

和中国一样,韩国也经历了从进口替代向出口扩张的政策转变。20 世纪 60—70 年代,三星集团以家电起家,利用劳动密集和生产成本低的优势,通过 OEM 或承包的方式制造出口商品。随着劳动成本的上升,三星集团逐步将劳动密集型产品的生产线转移或投资到工薪低的东南亚国家,实现就地生产就地销售,而在本土集中资金和人力开展研发创新活动,并与国外大厂形成策略联盟,发展技术密集型产业。三星技术的发展大体分为四个阶段:第一阶段为技术引进阶段,即通过合资、合作等方式,引入外来技术。第二阶段为技术改造阶段,即吸收外来技术并加以改进。第三阶段为技术开发阶段,即通过逆向工程设计出自身产品。第四阶段为自我创新阶段,即当技术能力提升到一定阶段的时候,形成竞争优势,开始自主研发和创新活动,并将创新活动(包括技术创新和管理创新)扩散到集团整体。

三星在华投资遵循"本土化"战略。2005 年集团的营业收入中,有近25%来自中国。三星在中国有 5 万名员工,其中 90% 为中国籍。三星在北京建立通讯研发中心,专注于中国自订的 TD—SCDMA 规格,开发核心技术。三星提供 350 名学生奖学金,招募优秀大学生到韩国研修研究生课程,并与清华、北京邮电大学签署联合培养博士后的合作协议,研究下一代无线互联网MIMO 技术。1992 年三星进驻中国市场初期,因低价竞争,亏损连连。1997年金融风暴,三星裁员 1/3,关闭在华 23 个办事处,保留 7 家工厂。但到 2005年,中国市场的销售收入已与欧美相当,各占集团收入的 1/4。2003 年,三星宣布在中国建设"第二个三星",将韩国总部全面复制到中国,在华设立半导体、通讯、软件、外观设计四个研发中心,有 2000 名研究人员。中国在三星集团的战略地位,从制造基地转向事业利润中心和品牌中心。三星同时在韩国、欧洲、美洲、中国市场推出产品,并注重为中国市场量身定制产品。

表 10—5　三星全球化布局历程

比较内容	1970 年	1980 年	1990 年
主要活动	集中(conglomerate)、分散(diversification)	进入存储器(DRAM)市场。主要以代工生产为主,OEM出口占出口总额的 65%—71%,其中对北美的出口比例占 62.1%—75.6%	组织创新、全球化。80 年代末期,音像产品(Audio products and components)、键盘(keyboards,SEM)、录像机(VCR)、变压器(transformers,SC)、彩电(CTV)、电动机(motors)等的生产逐步向以中国为主的东南亚市场转移

比较内容	1970 年	1980 年	1990 年
主要能力来源	合资方、设备原制造商（OEM）、买方和全球培训	OEM 买方、海外许可商（foreign licensing）、反向工程	并购、战略联盟、母国研发
技术能力水平	大规模生产能力	产品范围更广（VCR，MWO，DRAM，Components），但产品创新能力低	产品开发能力低
国际化生产和作用范围		美国、欧盟的低端市场，产业集群中厂商间的相互作用（Centralised intra-firm interaction）	生产全球化，或将低端项目生产移到海外（Peripheral regions）。分散厂商之间或内部的相互作用
在华投资			1992 年 7 月：VCR 合作生产法人在天津成立； 1993 年 4 月：天津三星电子有限公司成立； 1994 年 12 月：三星（苏州）半导体有限公司成立； 1995 年 3 月：三星（中国）投资有限公司成立； 1997 年 8 月：天津三星电子显示器有限公司成立； 1999 年 12 月：在华最早供应 CDMA 设备； 2000 年 10 月：成立通信技术研究所； 2001 年 5 月：与中国联通达成通信协议，CDMA 首次面世； 2002 年 2 月：成立三星科健移动通信技术有限公司； 2003 年 3 月：在上海、北京、广州销售分公司； 2004 年 3 月：成立中国半导体研发中心；在成都、沈阳成立销售分公司； 2004 年 4 月：成立 WCDMA 合资公司； 2005 年 7 月：增建、迁移天津三星通信技术有限公司

资料来源：Ram（1998）；三星集团年度报告（1999—2005）。

（五）Nokia 在华研发投资活动

Nokia 由于国内市场狭小，集中于海外研发活动。2005 年，海外市场占集团营业收入的比例中，欧盟占 42%，中国占 13%，北美占 8%。中国是 Nokia 最大的海外生产基地，Nokia 主要产品均能在中国生产。研发部门在集团的新产品开发方面扮演非常重要的角色。2005 年，研发经费达 37.33 亿欧元，占集团营业额的 12.8%；研发人员 2 万多名，占员工人数的 37%。Nokia 的研发策略是建立开放性的研发平台,以快速适应不同的标准,致力于手机高附加值部分——软件的开发。在华研发投资活动中,Nokia 着眼于建立长期、广泛的战略合作伙伴关系,强调生产本土化和技术转让,与设备经销商、电信运营商、科研院所及大专院校、政府机构结成战略联盟。1999—2003 年的累积出口额达 80 亿欧元。2003 年,Nokia 在华销售额达 20 亿欧元,出口额为 17 亿欧元,连续三年位居中国无线通讯产业外国出口企业之首。截至 2003 年,Nokia 在华投资额达 17 亿欧元,成立数十家办公机构、6 个研发机构和 4 个生产基地,员工逾 6000 人,连续两年被《经济观察报》评为"中国最受尊敬的企业"。

表 10—6　Nokia 在华研发活动历程

研发机构	研发活动
发展历程	自 1950 年起,Nokia 与中国建立了贸易关系; 1985 年:Nokia 在北京开设了第一家办事处; 1990 年起:Nokia 在华建立合资企业,实现本土化生产,逐步将中国发展成为 Nokia 全球主要的生产基地; 现在:Nokia 拟进一步将中国打造成 Nokia 全球的研发和人才基地
1998 年:在北京和平里建立 Nokia(中国)研究中心	重点研究移动通信(3.9G、4G)的演进与变革;创新的用户界面概念和变革(主要针对亚太地区);针对亚太地区的技术调研;与校园合作开发。主要业绩为:(1)2000 年:与中国教育电脑网合作建立第一个全国范围的教育网 IPV6 试验平台;参与 863 计划和国家自然科学基金委员会(NSFC)的研究项目;参与 EU/4G/WINNER/SpeeCon、LC–Star 汉化项目等高级国际研究项目。(2)2004—2005 年:与中国 18 所高校合作,通过培训、研讨会及课程设置形式传授 Symbian 技术知识;与北京邮电大学、北京航空航天大学、浙江大学和中国科学院研究生院等研究机构展开广泛的合作;与 20 所大学合作 60 多个研究项目,发表 300 多篇学术文章,参与人数逾 400 人;为 100 多名研究人员提供资金支持,为 40 名研究生提供奖学金;与资讯产业部电信传输研究所、郑州设计院等研究院所合作开发 IPV6 标准、3G 网络规划及 3G 测试等;申请了 70 项专利技术 2005 年:开发全球第一个 HSUPA 系统
1999 年:Nokia 北京产品开发中心在北京盈科中心成立	重点设计、开发移动电话产品。主要业绩为:研发手写输入手机 Nokia6108,位列中国市场销量前 10 名,2003 年获"亚洲设计奖"、"中国区设计大奖"等奖项 针对中国市场和亚太市场开发 Nokia2100,为 Nokia 销量最好的机型,并获得 IF 设计大奖
2002 年:在浙江杭州成立杭州研发中心	重点为 Nokia3G/WCDMA 网络解决方案开发软件平台。主要业绩为:开发最新的 3G 技术;实现管理人才本地化;规模成倍扩张

研发机构	研发活动
2004 年 6 月:在北京盈科中心成立中国 CDMA 研发机构	重点为 CDMA 提供软件发展和技术支援,针对中国市场研发定制手机产品。主要业绩为:扩展 Nokia 全球研发网络,创建技术转让和人才培养平台
2004 年:在北京盈科中心成立企业级技术平台机构	重点推进开放技术的发展,与中方合作开发技术。其主要业绩为:开办"Nokia 论坛",与中国战略伙伴合作,授权 Nokia60 系列平台和 Java 技术,积极参与中国标准化工作。该论坛在华有 160000 个注册的内容开发商,如 Magus soft 开发了 66 个游戏,其中 70%以上应用于 Nokia 平台,并将 60 系列平台授权给联想集团
2005 年:在四川成都成立 Nokia 成都研发中心	重点研发基于 3G 和 IP 多媒体子系统(IMS)平台的新型移动应用系统

资料来源:Nokia 中国网站。

(六)Philips 在华研发投资活动

荷兰 Philips 电子公司是欧洲最大、全球名列前茅的电子公司之一。2004 年营业额达 303 亿欧元,在财富杂志中的全球大型电子公司排名第十,主要活跃于医疗保健、生活风尚与先进科技三大领域。电须刀、照明及光学储存元件居世界领导地位。到 2002 年,Philips 在华累积投资额超过 34 亿美元,建立了 35 家企业,设立 60 多个办事处,拥有 2 万多名员工、15 个研发中心,营业额和出口额均在外资企业中名列前茅,成为中国电子业最大的投资合作伙伴之一。Philips 在华投资,最初源于成本优势,将低阶产品的制造活动向中国转移。之后,随着中国成为全球最大的 GSM 手机市场,中国庞大的市场需求成为 Philips 在华研发的重要驱动力。Philips 除将通讯业的制造和研发活动移至中国,还在当地寻求合作伙伴,与中国两家通讯公司合作 3G 手机。到 2004 年,Philips 成为中国第一大跨国公司,累计投资达 34 亿美元,先后成立了 20 家合资企业和 15 家独资企业及 15 个研发中心,拥有员工近 2 万人,在照明、家庭小电器、显示器、移动显示系统产品上处于领先地位,显像管、医疗系统及储存设备名列前茅,中国已经成为 Philips 在海外仅次于美国的第二大市场。Philips 在华研发投资主要分布在沿海地区,以出口导向型为主;在首都、大城市的投资则侧重于市场导向或创新系统及基础建设;在上海设立有发展中心,中部地区主要投资照明设备。在技术开发、应用与创新活动方面,中国台湾的区位优势仍远远高于大陆(见表 10—7)。Philips 在中国台湾的投资,已经历了从劳动力密集型向技术、资本、信息密集型的转变。中国台湾从海外代工的角色转变为国际生产中心,进而转变为行销、事业管理及竞争力中心(见图10—2)。从专利分布看,Philips 在中国台湾和中国大陆的研发活动不同,专利相同的领域不多(见表10—7),中国台湾集中在制程和零部件;而中国大陆集中在消费电子产品。

表 10—7　Philips 在中国台湾与在中国大陆的研发活动比较

Philips 在台湾的跨国研发活动	Philips 在中国大陆的跨国研发活动
2001 年 Philips 在台湾发明专利分布情况: 制程:46%; 零部件:35%; 消费品:15%; 半导体(Semiconductors):4%	Philips 在中国大陆发明专利分布情况: 零部件:10%; 消费电子:52%; 家用电器:27%; 制程:6%; 照明:4%; 其他(Miscellaneous):1%
1960 年:将组装生产移植台湾,以利用其低成本优势 1970 年:台湾产业发展进入资本与技术密集型阶段,Philips 在台从事全球制造活动 1980 年:台湾资讯与知识密集,成为亚太与全球的事业中心 2000—2001 年:关闭两家 CRT 厂和一家元件厂,裁员 7961 人,保留显示器事业总部①与半导体总厂②,逐步将制造活动移出台湾	1985 年:在华建立第一家合资企业 2000 年:在上海、西安建立研发中心,重点研发数字电视、储存媒体、手机。其中上海研究中心为 Philips 亚太地区的战略研究中心,初期致力于研究开发低成本的手机生产系统解决方案,为生产商提供低成本生产资源。由于预期到 2004 年:在华部署 15 个研发中心 2008 年:手机整体价格降至 15 美元,Philips 在华研发转向中国农村市场。上海漕河泾开发区,Philips 的创新科技园区有 6 家研究结构,包括 Philips 照明电器全球研发中心、Philips 东亚研究室、Philips 数字系统实验室、Philips 工业技术中心、上海消费半导体创新中心及心电与监视系统中国研究室,预期每年投入 R&D 经费 4000 万欧元。

注:1. 台湾 Philips 电子国内工业显示器事业部负责全球 Philips 电脑显示器及 LCD TV 的产品策略、产品设计与研发、市场行销及全球销售管理,是显示器事业部的全球事业运营中心。

2. 台湾 Philips 建元电子(股)公司高雄半导体总厂是 Philips 在台设立的第一家工厂,自 1967 年建厂至今已有 30 多年的经验与技术积累,由年产量 200 万个集体电路,发展至年产量 12 亿个集体电路,成为全球 Philips 半导体营业额最大的集体电路封装及测试厂,也是亚太半导体重镇,主要业务为集体电路的封装和测试,同时设有技术开发部。

资料来源:美国智财局专利资料库(USPTO)。

　　2002 年以后,Philips 在台湾没有任何创新成果的专利申请,而在大陆,研发创新成果在增加。从表 10—8 可以看出:荷兰 Philips 的海外研发活动最具成果。2006 年,Microsoft 拥有 5153 项专利,其中在华研究有 110 项专利(占2.1%),成为最具成果的个案。外资在华 R&D 投资活动,可产生强大的产业内溢出效益和产业间溢出效益;竞争效应;人力资源拉动效应;学习效应,带动我国企业基础研究和应用研究活动的发展。如微软在华投资设立技术中心,有助于培育本土化的软件和服务厂商,提升软件业的研发能力;同时也为本土厂商提供了全球化的研发平台,国内软件技术中心将成为全球微软技术中心的一员,并与微软总部最具全球影响力的客户互动,带动国内产业与国际接轨的机会。此外,微软与国内高校和企业的合作,不仅可借助微软先进的技术力量,降低研发风险,而且有利于缩短研发时间。

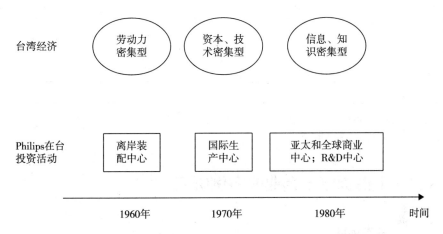

图 10—2　中国台湾经济发展与台湾在 Philips 发展地位的变化

　　但不同国家因基础条件不同和受政策承袭的影响,在吸引 FDI 的路径和诱因方面存在较大的差异。如台湾在"硅谷三角①"(Silicon Triangle)的引资模式中,关注的是应建立何条件以增强对 FDI 技术外溢的吸收能力,加强自身的创新优势。因此更注重营造成熟的商业环境,提供税收政策优惠,打造亚洲中心以吸引 FDI。徐基生等(2003)利用产业生态理论分析美国硅谷—中国台湾—中国大陆的合作模式时指出:中国台湾在资讯电子产品的设计、制造、管理等方面相对于大陆有 3—5 年的优势,未来的发展趋势可能是:硅谷将更集中于高端技术活动,如技术整合和研发创新;建立产业标准;行销与服务指导等。中国台湾有望取代硅谷的部分角色,发展成为产品的设计研发中心和 IT

---

　　①　过去在全球资讯电子产业领域,中国台湾将自己定位成美国硅谷与中国大陆的联系中间站,即所谓的"硅谷三角":美国硅谷专注于基础研发活动,中国台湾从事应用研究,中国大陆则凭借其劳动力优势专注于生产。

产品全球供应中心,利用"低成本创新"的优势,发展为高附加值与高技术的科技产品制造中心。大陆利用其劳动力、资源、土地优势,可逐渐发展成为资本与劳动密集的制造中心,同时衍生出研发与产品中心和品牌。该研究仍基于传统的比较优势和产业转移理论,忽视反向外溢对技术创新能力的影响。

表 10—8   2006 年主要跨国企业在 USPTO 专利申请数比较

跨国企业	组织形态	中国大陆	国际化比例
Microsoft	国家集中研发	110	—
Intel	国家集中研发	19	—
Philips	全球研发	93	52.49%
Nokia	市场驱动型研发	25	30.70%
Samsung	技术驱动型研发	0	4.73%

注:国际化比例指该跨国公司海外研发成果占其研发总成果的比例。
资料来源:美国智财局专利资料库。

六、基于消费电子企业的案例研究

(一)样本选择

我国国际化的消费电子企业可分为三类:第一类是大型国有控股企业,如联想、方正、长虹、海尔、康佳、海信等;第二类是民营或混合型经济企业,如华为、创维、TCL、厦华、步步高、爱多、侨兴等;第三类是跨国投资企业,如索尼、东芝、松下、贝尔、三星、LG、飞利浦等。本部分以 TCL、海尔、索尼和三星电子为例,研究其在股权、发展历史、经营规模、专业化程度等方面的特点,探寻不同制度背景、不同发展阶段的国际化企业知识创新的路径演变和知识管理的战略差异。

表 10—9   样本公司的相关描述

比较	TCL 集团	Haire 集团	Sony	三星电子
创办背景和时间	前身为一小型地方国有企业,创办于 1981 年,总部位于广东惠州。创始人为李东生	前身为青岛电冰箱厂,于 1984 年成立,创始人为张瑞敏。为一集体企业,轻工业部的定点生产厂家	前身为东京通信工业株式会社,由盛田昭夫和井深大于 1946 年 5 月出资 19.5 万日元创建,后于 1958 年更名为索尼株式会社	前身为一仅 36 人的小公司,于 1969 年成立

续表

比较	TCL 集团	Haire 集团	Sony	三星电子
股权	2009 年国有股权从 41% 降至 20.22%；飞利浦电子中国公司持有 7.46% 的外资法人股，高管持股 3.45%	股权结构异常复杂，集团内部各单元交叉持股：集团实际控制青岛海尔(A 股上市)和海尔电器(香港上市)。2009 年海尔电器拥有青岛海尔 23.51% 的股权，超过海尔集团(20.03%)，最终控制青岛海尔	2007 年，外资股权从 2.6% 上升到 52.7%，个人股权下降至 23.1%	董事长 Lee Kun Hee 及其同盟者拥有 17.3% 的股权；外资股权占 60%
商务活动	经营家电、通讯、信息、电工四大产品系列。主营业务收入中，多媒体电子产业占 62.3%；移动通讯占 8.93%；家电占 7.27%；物流服务占 17.98%	集团内有企业 101 个。青岛海尔集成海尔集团的冰箱、空调业务；海尔电器集成集团的手机、洗衣机业务。此外，集团还向制药、金融、贸易等多个领域发展	全球音响、视听、通讯信息、技术产品的顶级制造商。2010 年开始向内容服务商转型，剥离液晶电视生产企业，减少生产业务，专注于娱乐、游戏、音乐、影视等	为全球最大的微芯片厂商。主营产品有 TFT - LCD 显示器、CDMA 手机、液晶电视机等
销售额与净利润	连续 12 年销售额以年均 42.65% 的速度增长。2009 年销售收入达 429.19 亿元；净利润 4.70 亿元；综合毛利率 19.43%	2008 年销售额 1190 亿元，其中海外销售额 314 亿元，占 26%，品牌价值 812 亿元	2009 年销售收入 775.7 亿美元，其中消费产品和部件占 45.33%；网络产品和服务占 22.13%；金融业务占 11.96%。电视销售市场占有率仅 11.5%。营业利润仅 3.42 亿美元	2009 年销售额为 1170 亿美元，营业利润 93.77 亿美元。超过了美国惠普(1146 亿美元)和德国西门子(1098 亿美元)，成为世界最大的电子企业
市场	为全球第五大电视生产商。2008 年彩电销量 1436.6 万台，占全球市场份额 5.9%，61.37% 的销售面向国内，38.63% 的销售面向香港及海外	2006 年在国内家电的市场份额达 25.5%，位居第一。2009 年在零售市场的占有率为 5.1%，74% 的市场面向国内	2009 年市场销售额占有率仅 11.5%，落后于三星和 LG	2008 年液晶电视市场占有率达 20%；手机 16.7%，居世界第二。2009 年销售收入的 90% 来自海外市场，其中欧洲占 30%；中国占 25%

续表

比较	TCL 集团	Haire 集团	Sony	三星电子
R&D 支出	集团设有博士后科研工作站。2008 年研究开发支 3.24 亿元,占销售额(373.67 亿元)的 0.87%	2008 年实现全球营业额 1190 亿元,研发投入 73 亿元,占 6.13%	2007 年销售额 816.25 亿美元,R&D 支出 47.9 亿美元,占 6.6%	2005 年,研发投入 50 亿美元,占销售收入的 9%。2006 年、2007 年这一比例达 6.17% 和 6.66%
雇员数	2008 年员工(不含工人)1.5 万人,其中硕士或硕士以上学历 482 人,占 3.22%;研发人员 1840 人,占 12.31%	截至 2009 年,在全球建立 29 个制造基地,8 个综合研发中心,19 个海外贸易公司,员工超过 6 万人	全球员工逾 15.85 万人,其中在华员工 2.5 万人	2003 年,全球建立了 16 个研发中心,在华职员约 8.3 万人。2008 年全球 15 万名员工中,从事研发及相关工作的超过 40%

样本分析表明:我国家电企业与国际巨头相比,仍有较大的差距。从规模上看,海尔集团为国内最大的家电企业,2009 年销售收入约 191.18 亿美元;TCL 集团约 63.12 亿美元;而索尼为 775.7 亿美元;三星电子达 1100 亿美元,相当于我国家电企业的总和。从员工人数看,三星电子仅在华员工就达 8.3 万人;索尼全球员工逾 15.85 万人,较 TCL(1.5 万人)、海尔(6 万人)高很多。从吸收能力看,我国家电行业的研发投入占销售额的比例超过 5% 的不到 3 家。2008 年海尔集团为 6.19%,接近索尼(6.6%)、三星电子(7.5%)的水平,但 TCL 仅 0.87%。2007 年,三星电子的研发人员占员工总数的近 40%,而 TCL 这一比例仅 12.31%(见表 10—9)。研发投入偏低使我国家电企业在液晶面板、半导体、芯片等核心技术领域受制于人,而这些恰恰是三星电子 80% 的利润来源。接下来,按知识合并、知识扩散、知识商业化三个阶段比较各样本公司知识管理的战略差异。

(二)知识获取阶段的知识管理战略比较

根据资源观,技术领先者为保持竞争优势,不会轻易外泄其核心技术,这意味着新兴市场的家电企业在发展初期,难以通过外部市场获得先进技术。该阶段社会资本提供了重要的支持。海尔集团发展初期在贷款、税收、土地等方面享受了诸多的"国企待遇":20 世纪 80 年代末,青岛市将红星洗衣机、得

贝冰柜、青空空调无偿调划给海尔;青岛市政府无偿划拨土地;允许海尔凭信
誉获得银行技改贴息贷款……随资产价值和土地价格飞涨,政府赠予的价值
难以估量。社会资本对成熟市场的家电企业同等重要。三星电子对外扩张初
期,政府除直接投资重大开发项目外,还采用财政拨款、政策性贷款、设立技术
开发基金、技术信用担保基金、风险基金以及研究试验用设备投资税金减免或
折旧、对试验研究样品免征特别消费税、技术转让所得税减免等税收优惠方式
扶持企业创新。索尼总裁盛田昭夫擅长公关手腕,1961—1968 年利用其社会
资本筹集到第一笔开发贷款 200 万美元,使背负巨大亏损的索尼仍能执著于
自主创新,研发出第一支 12 英寸单枪三束(特丽珑)显像管。

　　由于吸收能力不足,该阶段知识创新高度依赖技术或人才引进、合作研发
和 OEM 生产。2008 年我国家电出口 357 亿美元,其中 85% 以上为 OEM 出
口①。三星电子进入消费电子产业初期,主要从索尼进口成套散件和组装技
术,以 OEM 方式生产 12 英寸三洋黑白电视机。此外,人才流动也是获取知识
的重要路径。三星电子的 CEO、高管和生产主管都要求具备技术专长。这意
味着管理者自身就是知识的来源。为活化知识活动,三星和海尔实施"反向
工程"战略。1984 年,海尔从德国利勃(Liebherr)引进技术,生产出我国乃至
亚洲第一代四星级冰箱,并同步研发自己的标准和品牌,通过利勃公司向德国
反向输出。1983 年三星电子在半导体生产的起步阶段,先后两次要求美国美
光科技以支付专利费的方式授权技术,同时以年薪 20 万美元从美国硅谷、加
利福尼亚大学、IBM、英特尔等机构引入技术专家,人才引入当年,公司就开发
出 64K DRAM。两年后又开发出 256K DRAM。

　　可见,知识获取阶段社会资本提供了重要的战略支持。我国家电企业大
多具有国营背景,与国营机构之间的联系有助于企业获得更多的政府支持,成
为极具竞争优势的互补资源。该阶段组织结构和文化的作用不显著。拥有社
会资本但吸收能力不足的企业(如三星电子和海尔),多采用专利授权、OEM
等方式获得技术,同步开展仿制创新。拥有社会资本且具备一定吸收能力的
企业(如索尼),则注重吸纳海外人才开展自主创新活动。

---

　　① 数据来源:中国家电协会的报告。

（三）知识扩散阶段的知识管理战略比较

该阶段开始注重生产知识向市场知识转化,关注产品的分销渠道。1992年,海尔进入飞跃发展时期,提出三条原则:课题市场化、成果商业化、目标国际化,要求一切技术创新为市场服务。为加强研发和工程之间的沟通与合作,海尔采取出口→联合设计→建立贸易公司→当地生产的组织战略:1995年开始向美国出口冰箱,之后相继在洛杉矶建立设计中心,在纽约组建贸易中心,直至5年后才建立美国海尔工业园(生产中心),实施"技术先行,先有市场,再建工厂"的稳健战略①。海尔和三星均采用"高起点,先难后易"的知识传播路径,在美国将知识成功市场化、塑造品牌后,再向发展中国家传播。索尼在该阶段的知识管理战略相似,但立足于本土研发,海外生产和销售。索尼在美国、西班牙、英国、新加坡、巴西、墨西哥、法国建立工厂,就地生产、就地销售;为及时获得信息反馈,相继在瑞士、中国香港、加拿大、德国、波多黎各、荷兰、巴西、西班牙、法国、澳大利亚等地建立销售网点和售后服务体系,成为"世界的索尼"。索尼在知识扩散过程中,注意与供应商之间的知识共享,允许上下游厂商之间分享绝密的专有技术并派出高级职员指导交流,由供应商开发新产品所需零部件。对工程师实行终身雇用制,以防知识外流。三星电子国际化初期采取低端产品低成本扩张战略,建立知识地图、知识库以标准化知识,激励知识共享以促知识在企业内部快速传播。一旦企业具备了一定的吸收能力,开始转向外部技术搜寻,通过并购、战略联盟等方式快速获得外部先进技术并实现新一轮的知识循环。

为加速知识扩散,该阶段开始重视组织设计,引入 ERP、HR、CRM、SCM、KOA 等管理信息系统以规范流程、管理知识(Myer,1996),但多未上升到资源整合和学习型组织构建的高度。如 TCL 更关注制造过程,忽视研发合作和技术整合。海尔由 IT 部门专项负责知识管理,设立 3—4 人管理知识活动。三星委派副主席和技术委员会负责技术整合。该阶段主要从市场、营销渠道和客户获得知识,社会资本的影响不显著,更多体现的是组织安排。学习多采用

---

① 1999 年,海尔在美国南卡州建立美国海尔工业园,形成设计中心在洛杉矶、营销中心在纽约、生产中心在南卡州的"三位一体本土化"布局。2001 年,海尔并购意大利迈尼盖蒂冰箱工厂,加之在法国里昂和荷兰阿姆斯特丹的设计中心、在意大利米兰的营销中心,在欧洲实现"三位一体"战略。2003 年,在约旦、伊朗和叙利亚建立中东地区的三个制造厂和售后服务体系。2005 年,中东工业园在约旦首都安曼开业,实现中东"三位一体"化。

小组或培训班的形式进行。如海尔从 1997 年开始建立互动学习团队，领导带动车间、班组互帮互学，并邀请日本松下及海内外专家来公司授课。研发活动集中在产品设计上，表现为通过从供应商购买硬件和经营系统获得显性的（explicit）、可编码的（codified）的商业知识或经营知识。企业内部的缄默知识少。

（四）知识商业化阶段的知识管理战略比较

随市场日趋成熟，竞争日趋激烈，各公司开始注重资源整合和合作研发，以快速赢得市场。海尔和三星电子是市场驱动型企业，在产品设计初期就直接根据客户需求定制，将客户信息融入知识开发和产品测试过程，技术商业化更为迅速。索尼注重搜寻海外研发资源，一旦出现新技术，只要与自己的研究、生产活动有关，立即购买其专利，运用到产品生产中使之商业化。索尼的技术已相对成熟，重点是如何根据市场需求定制（customize）其产品和服务。

1998 年起，三星电子陆续将生产基地转移到具有成本优势的国家和地区，将研发、设计中心迁至欧美发达国家，以追踪前沿技术和创新。三星确立了"先见"（发现先机，创造需求）、"先手"（技术研发，率先制定技术标准）、"先制"（工艺创制，抢先投放市场）、"先占"（市场创建，占据领先地位）战略。公司派出 550 名专业技术人员在全球各地调查消费者偏好，成立"创新业务部"研究技术、市场和使用者的生活方式，专业负责 3—5 年后的新产品开发。为提高技术水平，三星坚持不引进成套设备，而是通过引进零部件，在消化吸收的基础上推出自己的成套产品。公司建立三层次的研发体系。一是三星技术研究院，重点研究未来的标准和技术，保证 10 年后的竞争力。二是在数字设备、数字媒体、液晶显示器、半导体、电讯网络五大生产事业部内分别设立研究机构，开展贴近市场的前瞻性研究。三是在工厂内部设立研发团体，以根据市场需求变化实时改进产品。各部门独立核算，相互间付费购买专利。三星电子在中国设立了 24 个研发中心，拥有 4000 多名研发人员，专门开发适合中国消费者的产品。TCL 集团于 2002 年收购欧洲消费电子品牌施耐德，获得互补性资产；与海外的合作旨在获得营销通路，基于技术开发的合作少。海尔则注重自主研发体系的建立，先后在汉城、东京、里昂、洛杉矶、蒙特尔、阿姆斯特丹、硅谷、悉尼、中国台湾、中国香港等地建立 10 个信息分中心；与意大利梅洛尼（洗衣机）、德国迈兹（媒体技术）、荷兰飞利浦（数字化技术）、日本松下

(变频技术)等跨国企业展开技术联盟与合作;与北京航空航天大学、美国 C-MOLD 公司合资组建北航海尔软件有限公司,构建产学研联合体;与复旦大学、上海交大、浙江大学合作建立 5 个博士后工作站。海尔中央研究院(1998 年成立)联合美国、日本、德国等国家和地区的 28 家顶级公司,建立 48 个研发实体,开展 CFC 替代、节能、静音化、数字化、信息、生物工程、高分子材料等关键技术的超前研究。

该阶段的企业已具备一定的吸收能力,社会资本的作用小,知识管理的组织架构基本成熟,注重知识创新和保护。海尔强调知识商业化要"专利先行",于 1992 年成立"知识产权办公室",一旦开发出具有市场前景的新产品,立即组织设计人员和专利代理人进行论证,确定保护方案,组织办理专利申请,将专利保护提前至发明过程中,抢占技术制高点,以赢得更多的商机。如三星电子以自己拥有的数字技术专利为筹码,在 DVD、数字摄像机、数字卫星广播接收机、数字电视、机顶盒等领域与拥有先进技术的公司达成广泛的交叉技术许可。

(五)知识管理的战略转变

我国家电企业于近 20 年在以卖方为主导的市场和相对封闭的环境中发展起来,而韩国和日本企业很早就面临国际化问题。三星电子的知识管理经历了一个从仿制到自主创新的过程。企业先后遭遇半导体过剩(1985 年)、TI 公司专利侵权诉讼案(1987 年)、美国 Micron 技术公司的倾销起诉案(1993 年),被迫于 1997 年实施战略转型,确定高技术和尖端设备的高端经营路线。TCL 是我国最大的电话制造商和彩电生产商之一。1999 年 3 月,TCL 建立分公司生产手机。尽管拥有 TCL 品牌这一互补性资产,但缺乏启动研发活动的能力,不得不寻找外部技术。公司起先与意大利 Wavecom 合作,旨在获得核心技术,但没有成功。2000 年,公司开始与 Qualcomm 合作,销售额迅速增长,从 2000 年的 20 万增至 2005 年的 340 万,2003 年曾达 950 万,占国内市场份额的 11%。可见,TCL 主要通过外部技术搜寻获得成功。2004 年 9 月,TCL 和 Alcatel 建立合资公司,拥有 55% 的股份,旨在获得 Alcatel 的技术和研发能力,但合作并不成功,于 2005 年出售了所持有的 Alcatel 的股份。TCL 没能开发创新产品。由于缺乏资源地位,TCL 在技术获取方面缺乏谈判能力。内部研发活动的缺乏成为其发展的软肋(woes)。TCL 主要通过授权(licenses)获取核心技术。与 Alcatel 合作只是为了获得技术，并不是将其作为内部创新能力提升的一种路径。因此，合资并没有启动合作研发活动。而海尔则相反，不仅将授权作为技术合并的一种方式，同时也作为技术开发的一种方式。随着自主研发能力的增强，公司最终能与合作者共同研发，实现技术赶超。

　　海尔和 TCL 都是通过专利授权获取技术，但海尔将内部研发作为资源提升、将外部技术获取作为资源替代的重要路径，将客户终端纳入到创新过程，以快速捕捉市场需求。海尔防电墙热水器就是在解决用户因使用热水器造成环境漏电的问题的过程中研发出来的。回顾三星发展的历程，也曾走过一段以模仿和学习为主导的阶段。如三星电子模仿 SONY 和松下，库存管理学习西屋电器、苹果计算机、联邦速递，顾客服务模仿施乐，物流学习 HS 和玫凯琳……全方位学习让三星快速实现技术赶超。索尼从成立之初就选择了自主创新。从 20 世纪 80 年代起，索尼将海外研发作为品牌战略的重要组成，在美国、德国、英国分别建立技术中心，将美国市场作为新产品研发的基地，待产品在美国销售成功后，再引回日本市场销售。索尼立足于开发走在需求前面的新产品，却忽视了市场对便携性与低成本的要求，忽视了知识商业化这一重要过程。在液晶、等离子（PDP）电视领域，索尼没有投入足够的人力和资金开发，导致面向普通消费者的 AV 设备中，索尼没有关键零部件。2001 年，苹果推出 ipod，掀起了一场视听革命，迅速赶超索尼，成为全球便携式音乐播放器市场的领导者。以创维、康佳、TCL、海信为主的中国彩电兵团成为平板彩电新宠。自 2004 年起，索尼电视机业务连续亏损。自 2005 年起，索尼关闭全球 8 家工厂，裁员 1.6 万人。2007 年，Sony 将旗下的芯片生产线出售给东芝，剥离液晶电视生产企业，开始向内容服务商转型，专注于娱乐、游戏、音乐等。近几年索尼的对外合作业务均不处于控股地位，旨在通过研发合作、亏损资产剥离，强化液晶电视竞争领域的优势地位。索尼国际化从鼎盛走向转型的无奈历程，说明忽视知识商业化，盲目创新和过度保守都难以获得成功。从发展路径看，海尔和三星较为灵活（flexible），而 TCL 和索尼较为刚性（rigid）。

　　综观各企业的知识管理历程，都经历了知识沉淀、共享、创新几个步骤：一是将主要业务信息以工作标准、流程、制度等方式沉淀下来，科学地分类、存储到系统中，以实现知识共享；二是建立信息平台和沟通协作平台，以整合、优化信息、资料和知识并有效传递。三星的知识管理经历了以信息为中心、以专家为中心、以解决技术为中心的发展历程。公司建立 ARISAM（泉水）知识库，通过案例、故事、印发免费杂志等方式传播知识，引入电子货币以激励知识共享行为，并专门确立各事业部门的知识专家，建立社区知识活动体系，规定每人每月必须注册 1 条新知识。海尔将专利战略作为知识管理战略的重要组成。先后建立专利文献人工检索系统（1988 年）、中国家电行业专利信息库（1995年）。公司实施以科技项目招标承包为基础的科技人员管理制度，对创新产品以发明人或革新人的名字命名，并给予物质奖励。索尼在知识管理中更关注知识共享的组织文化。公司 19 个事业部各有独立的创新部门，形成研究中心、实验室、业务部三级创新体系。公司设立专门的创新协调组，定期召开创新座谈会，鼓励客户、上下游链企业、员工参与交流。

七、讨 论

研究中我们融入了制度理论和资源观，发现我国家电企业在从模仿到创新的发展过程中，股权、社会关系、市场资源对赶超路径都有重要的影响。家电企业建立初期主要通过技术引进、OME 生产获得知识。机构和政府对企业的技术发展起到了支撑作用，使企业能专注于市场需求和技术市场化。因此机构和政府关系是企业发展初期的优势资源，是影响知识获取的重要因素。一旦企业进入到知识扩散阶段，对政府的管理依赖减少，对客户的依赖增强。为迎合国际市场竞争，公司开始注重开发技术和市场两方面的知识。与外资企业合作不仅为了获得新技术，更在于开拓海外市场。

知识扩散多依赖组织结构和项目团队。企业成长初期，注重以小团队的方式开发技术，而不是在集团内部整合技术。不同部门之间分享知识的激励少。学习多建立在个人层次上，而不是组织或部门的层次上。知识扩散更多依赖社会资本和人员流动这种隐性的、无形的关系。只有当产品市场日趋复杂时，才开始重视建立有利于知识交流和整合的组织机制。以海尔为例，公司在发展初期，主要依赖员工个人的隐性知识和能力实现产品创新。随企业业务流程再造和信息化、智能化，各事业部的财务、采购、销售业务整合为集团统一的商流（营销）、物流（采购）、资金流（结算）体系，集团内的知识资源逐步被电子化、显性化。当显性知识存量不断增加，最终超过隐性知识存量时，海尔的吸收能力得以极大地提升。为更好地将个体知识整合到群体，将群体知识整合到集团,海尔将"人单合一"的理念贯穿经营全过程。以"创造订单"为例,"型号经理"根据对市场、技术的把握,提出拟开发的产品型号,并对研发部门作出陈述(个体知识向群体知识转化),经研发部门认可后向上一级部门提交论证(群体知识转化为组织知识)。可见,良好的组织机制能加速知识的良性循环。

本章比较分析了四大家电企业知识管理的过程(见表10—10.1、表10—10.2)。研究表明:在知识演进的过程中,组织机制、社会资本和吸收能力所起的作用不同。多数企业注重知识获取过程,而忽视知识商业化过程。我国家电企业的知识管理仍是领导者主导型的,社会资本比学习能力发挥的作用更大。这种社会网络包括研究机构、大学、客户和供应商,有助于公司获得知识溢出。随公司更具竞争力、更加国际化,机构支持的作用会减小。公司必须发展其他的增值型资源。政府的作用也将发生变化,更应在基础设施建设和风险资本中发挥重要作用。成熟型的家电企业,应考虑业务关联方、公司治理结构对知识整合和扩散的作用。现阶段,我国企业仍能保持成本优势。但随产业成熟、市场日趋国际化,公司面临的竞争压力会越来越大。如何建立知识整合机制,通过组织设计和制度安排,促高端知识获取、扩散和商业化,是需要迫切解决的问题。

表10—10.1　样本公司的知识管理特征

知识创造	TCL集团	海尔集团
制度因素	地处高新区,可获得土地、税收补贴、风险基金的支持	从青岛市政府、二轻局获得土地、税收、信贷等优惠政策
技术或研发	初期通过签订技术许可协议;中期通过控股合资获得外部技术。自身R&D能力不足	初期从德国获得技术。之后在国内拥有实验基地,重视自主开发和顾客沟通。注重研发、生产、销售的"三位一体化"
合作伙伴和客户	采用控股方式先后与汤姆逊、阿尔卡特、东芝建立合资公司;多品牌战略;对外部技术依附性强;自主研究活动少	建立客户反馈信息系统。迎合客户需求;根据需求开发技术;政府支持大;与海外公司合资开发技术。拥有海外工厂和信息中心。建立博士后流动站,注重基础研究和应用研究。直接贴近客户

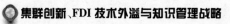

续表

知识创造	TCL 集团	海尔集团
技术搜寻/开发动机	主要通过授权获得外部技术,直到2003 年才开始通过合资、合作等方式开展合作研发,且合资多处于控股地位,但内部研发活动少	着力建设全球信息网和"三位一体"的研发—生产—销售体系,自主研发能力较强,注重客户信息、市场信息的采集,并将其纳入到生产、研发活动中

表 10—10.2 样本公司的知识管理特征

知识创造	索 尼	三星电子
制度因素	出口鼓励政策扶持	国家电子工业振兴战略下的政策扶持
技术或研发	初期依赖领导者的社会资本筹集研发资金。执著于国内自主创新。近年来才开展协作研发	初期以 OEM 方式从三洋电子引入技术。1998 年起,公司明确创新战略。以股权收购、技术许可等方式获得海外技术
合作伙伴和客户	有自己的品牌;市场研究;多数产品开发为高端领域的技术驱动型。拥有海外工厂和实验中心。但知识分享少	与海外领先企业开展联合研发、技术合作;与客户工作;与大学合作研发
技术搜寻/开发动机	注重集团内部自主创新,在海外发展生产基地和营销通路,直到2008 年才开始合资研发和技术外包,但多不处于控股地位,旨在将技术商业化,开发适应市场需求的产品	主要采用收购、技术授权等方式获得生产、技术和市场知识。当拥有自主创新能力时,开始创建设计实验室,与国际顶级企业、科研机构和大学广泛开展战略联盟和合作研究

参 考 文 献

1 . Aaditya Mattoo, Marcelo Olarreaga and Kamal Saggi (2001). "Mode of foreign entry, technology transfer, and FDI policy. " CEPR Discussion Paper, No. 2870.

2 . Acs, Z. J. , de Groot and P. Nijkamp (2001). Introduction: Knowledge Spillovers. *Innovation and Regional Development. Papers in Regional Science*, 80 (3).

3 . Aitken, BLJ. , Hanson, G. H. andHarrison, A. E. (1997), "Spillovers, foreign investment, and export behavior", *Journal of International Economics*, 43 (1), 103–132.

4 . Aitken, B. J. , Harrison, A. E. (1999), "Do domestic firms benefit from direct foreign investment? Evidence from Venezuela", *American Economic Review*, 89(3), 605–618.

5 . Alfred D. Chandler Jr(1990). *Scale and scope: The dynamics of industrial capitalism*, International Journal of Industrial Organization. 3:471–473.

6 . Almeida, Paul (1996). *Knowledge Sourcing by Foreign Multinationals: Patent Citation Analysis in the U. S. Semiconductor Industry*. Strategic Management Journal. 17:155–165.

7 . Andres Rodriguez – Pose (2001), "Is R&D Investment in Lagging Areas ofEurope Worthwhile? Theory and Empirical Evidence", *Regional Science*, 1 (80): 275.

8 . Ashheim, B. T. and Isaksen, A. (1997), "Location, agglomeration and innovation: towards regional innovation systems inNorway", *European Planning Studies*, Vol. 5, No. 3, 299–331.

9 . Asiedu, Elizabeth and Hadi Salehi Esfahani(2001). "Ownership Structure

in foreign direct investment projects", *Review of Economics and Statistics*, 11, 647-662.

10. Audretsch, D. , & Feldman, M. (1996). R&D spillovers and the geography of innovation and production. American Economic Review, 86 (3), 630-640. Barrell, R. , & Pain, N. (1997). Foreign direct investment, technological change, and economic growth within Europe. Economic Journal, 107, 1770-1786.

11. Aylward, D. K. (2004). *Innovation – Export Linkages within Different Cluster Models: A Case Study from the Australian Wine Industry*, Prometheus 22: 423-437.

12. Balasubramanyam Y. , Salisu M. , Sapford D. (1996), "Foreign direct investment and growth in EP and IS countries", *The Economics Journal*, 106 (1): 92-105.

13. Barrell, R. and Pain, N. (1997), " Foreign direct investment, technological change, and economic growth withinEurope ", *Economic Journal*, Vol. 107, 1770-86.

14. Barrios S. , Strobl E. (2002), " Learning by doing and spillovers: evidence from firm-level panel data", FEDEA Working Paper.

15. Bartlett, C. A. , Ghoshal, S. (1990), " Managing innovation in he transnational corporation", In: Barlett C. A. , Doz Y. , Hedlund G. , Eds. Managing the Global Firms. Routledgr, London.

16. Basant, R and Fikkert, B. , 1996, "The effects of R&D, foreign technology purchase, and domestic and international spillovers on productivity in Indian firms", *The Review of Economics and Statistics*, 78: 187-199.

17. Batiz R. F and Batiz L. A. (1991), " The Effects of direct foreign investment in the presence of increasing returns due to specialization". *Journal of Development Economics*, 34, 287-307.

18. Becattini, G. , Bellandi, M. , Dei Ottati, G. and Sforzi, F. (2003). " From industrial districts to local development", Cheltenham, Edward Elgar.

19. Becattini, G. (1990), The Marshallian Industrial district as a socio – economic notion, in Pyke, F. , Becattini, G. and Sengenberger, W. (eds.), Industrial districts and inter – firm Co – operation in Italy, Geneva, *International*

Institute for Labour Studies, 37–51.

20. Beladi, H. , C. Co. and F. Firoozi (1999) , "Signaling to Multinationals: Domestic R&D and inflow of FDI", manuscript.

21. Belderbos, René, Lykogianni, Elissavet and Veugelers, Reinhilde (2004) , "Strategic R&D Location by Multinational Firms: Spillovers, Technology Sourcing, and Competition", the EIBA conference paper.

22. Belderbos, R. A. , K Fukao, and T. Iwasa (2005) , "Domestic and foreign R&D investment", Working Paper, Hitotsubashi University.

23. Belderbos, R. A. (2003) , "Entry mode, organizational learning, and R&D in foreign affiliates: Evidence form Japanese firms", *Strategic Management Journal*, 24(3) , 235–259.

24. Belderbos, R. A. (2001) , "Overseas innovations by Japanese firms: an analysis of patent and subsidiary data", *Research Policy*, Vol. 30(2) , 313–259.

25. Birkinshaw, J. (2000). Upgrading of industry clusters and foreign investment. International Studies of Management & Organization, 30(2) , 93–113.

26. Bjorvatn, Kjetil & Eckel, Carsten (2006). "Technology Sourcing and Strategic Foreign Direct Investment," *Review of International Economics*, Blackwell Publishing, Vol. 14(4) , 600–614, 09.

27. Bjorvatn K. and Eckel C. (2001) , "Technology sourcing and foreign direct investment", Norwegian School of Economics Discussion Paper n. 28/01.

28. Blalock, G. , and Veloso, F. , 2007, "Imports, productivity growth, and supply chain learning", *World Development*, 35(7): 1134–1151.

29. Blomstrum, S. Globeman and A. Kokko(1999) , "The determinant of host country spillovers from foreign direct investment", SE/EFI Working paper.

30. Blomstrom, Magnus, and Ari Kokko (1995) , "Policies to Encourage inflows of technology through foreign multinationals", *World Development*, Vol. 23 , No. 3 , 459–468.

31. Blomstrom, M. and Wolff, E. N. (1994) , "Multinational corporations and productive convergence in Mexico", in W. J. Baumol, R. R. Nelson and E. N. Wolff (eds.) , Convergence of Productivity: Cross National Studies and Historical Evidence, *Oxford University Press: Oxford*, 263–283.

32. Blomstrom, M. (1986), "Foreign investment and productive efficiency: the case ofMexico", *Journal of Industrial Economics*, 35(1), 97–112.

33. Blomstrom, M. and Persson, H. (1983), "Foreign investment and spillover efficiency in an underdeveloped economy: evidence from the Mexican manufacturing industry", *World Development*, 11(6), 493–501.

34. Borensztein E., Gregorio J., Lee J–W (1998). "How does foreign direct investment affect economic growth?" *Journal of International Economics*, 45, 115–135.

35. Brantstetter, LG., R. Fisman, and C. F. Foley et al. (2004), "Do stronger intellectual property rights increase international knowledge transfer? Empirical evidence from U. S. firm–level Panel data", Working Paper.

36. Branstetter, L. (2001), Are konwl edge spillovers international or intranational in Scope? Microeconometric evidence from Japan and the United States. *Journal of International Economics*, (53).

37. Branstetter, L. G. (2000), Is foreign direct investment a Channel of Knowledge spillovers: Evidence from Japan's FDI in the United States, NBER working paper 8015, NBER, Cambridge, MA.

38. Buckley, P. J., Clegg, J. and Wang, C. (2002), "The Impact of inward FDI on the performance of Chinese manufacturing firms", *Journal of International Business Studies*, 33(4), 637–655.

39. Caballero, R. J. and Lyons, R. K. (1992), "External effects in US procyclical productivity", *Journal of Monetary Economics*, Vol., 29, No. 2, 209–25.

40. Caballero, R. J. and Lyons, R. K. (1990), "Internal versus external economies in European industry", *European Economic Review*, Vol. 34, No. 4, 805–830.

41. Cantwell, J. A. and Iammarino, S. (2000), "Multinational corporations and the location of technological innovation in the UK regions", *Regional Studies*, Vol. 34, No. 4, 317–333.

42. Cantwell, John & Tolentino, Pas Estrelia (1990), "Technological accumulation and third world multinational", discussion paper in International Investment and Business Studies, No. 139, University of Reading.

43 . Carlsson, Bo (2005), " Internationalization of innovation systems: A survey of the literature", *Research Policy*, 1-11, August.

44 . Cassiman, B. , D. Pérez-Castrillo and R. Veugelers(2002) , Endogenizing know-how flow through the nature of R&D investments, *International Journal of Industrial Organization*, 20(6), 775-799.

45 . Catherine Y. Co(2000), "R&D, foreign direct investment and technology sourcing?", *Review of Industrial organization*, 16:385-397.

46 . Caves, R. E. (1974), " Multinational firms, competition, andproductivity in host-country markets", *Economica*, 41(1), 176-193.

47 . Caves, Richard E. (1974), "Causes of direct investment foreign firms' shares in Canadian andUK manufacturing industry", *Review of Economics and Statistics*, 56 , 279-293.

48 . Chao C. W. , J. Macher(2005) , and J. R. Chen. Knowledge spillovers and form performance in the Taiwanese IT Industry. Working Paper.

49 . Cheng J. , Bolton D. (1993). The management of multinational R&D: A neglected topic in international business research, *Journal of International Business Studies*, 24(1): 1-18.

50 . Coe, David T. , Elhanan Helpman, and Alexander W. Hoffmaister (1997), "North-South R&D Spillovers", *Economic Journal*, 107 , 134-149.

51 . Coe, David T. , and Elhanan Hepman (1995) , " International R&D Spillovers, "*European Economic Review*, 39 , 859-887.

52 . Cohen, Wesley M. & Levinthal, Daniel A. , September 1989, "Innovation and Learning: The Two Faces of R&D, " *The Economic Journal*, 99:569-596.

53 . Comez, Casseres and Benjamin(1989). " Ownership structures of foreign subsidiaries: Theory and evidence", *Journal of Economic Behavior and Organization*, 11, 1-25.

54 . Cossentino, F. , Pyke, F. and Sengenbrger, W. (1996), " Local and regional responses to global pressure: The Case of Italy and its Industrial district", Geneva, IILS.

55 . Crespo, Jorge, Carmela Martin and Francisco J Velázquez(2004), "The role of International Technology Spillovers in the Economic Growth of the OECD

Countries," *Global Economy Journal*, 4, Article 3, 1–18.

56. Crepon, B. and E. Duguet (1997). Estimating the innovation function from Patent numbers: GMM on cont panel data. *Journal of Applied Econometrics*, (12).

57. Das. S. (1987). "Externalities and technology transfer through MNCs". *Journal of International Economics*.

58. DavidJ. Teece, Gary Pisano & Amy Shuen (1997), "Dynamic Capabilities and Strategic Management". *Strategic Management Journal*, 12.

59. De Propris, L. (2001). "Systemic flexibility, production fragmentation and cluster governance", *European Planning Studies*, Vol. 9, No. 6, 739–53.

60. Del Barrio – Castro, Thomás, Enrique, López – Bazo, Guadalupe Serrano – Dominingo (2002), "New Evidence on International R&D Spillovers, Human Capital and Productivity in the OECD", *Global Economy Journal*, 4, Article 3, 1–18.

61. Diericks & Cool (1989), "Asset Stock Accumulation and Sustainability of Competitive Advantage". *Management Science*, 17.

62. Dimelis, Sophia and Louri, Helen, 2004, "Foreign Direct Investment and Technology Spillovers: Which Firms Really Benefit?", *Review of World Economics*, 140(2): 230–253.

63. Dixit A., Stiglitz J. (1977), "Monopolistic Competition and optimum product diversity". *American Economic Review*, 67(3), 297–308.

64. Driffield, Nigel and Love, James H. (2003), "Foreign Direct Investment, Technology Sourcing and Reverse Spillovers", *Manchester School*, Volume 71 Issue 6, 659–672.

65. Driffield, N. L. and Love, J. H. (2002), "Does the motivation for foreign direct investment affect productivity spillovers to the domestic sector?", available athttp://research. abs. aston. ac. uk/working_papers/0201. pdf.

66. Djankov, S. and Hoekman, B. (2000), "Foreign investment and productivity growth in Czech enterprise", *World Bank Economic Review*, 14(1), 49–64.

67. Dmelis S. H. Louri (2002), "Foreign direct investment and efficiency benefits: a conditional quintile analysis". *Oxford Economic Papers*, 54, 449–469.

68 . Dunning J. (1996) , " The geographical sources of competitiveness of firms: Some results of a new survey", *Transnational Corporations* , (5) : 1–29.

69 . EIU (2004) , " Scattering the seeds of invention: the globalization of research and development".

70 . Engelbrecht, Hans – Jürgen (1997) , " International R&D Spillovers, Human Capital and Productivity in the OECD Economies: An Empirical Investigation," *European Economic Review* ,41 ,1479–1488.

71 . Enright, M. J. (2000) The globalisation of competition and the location of competitive advantage: Policies towards regional clustering. In N. Hood, & S. Young (Eds.) , The globalisation of multinational enterprise activity and economic development(pp. 303 – 331). London: MacMillan.

72 . Fan, C. Simon and Hu, Yifan (2007) , " Foreign direct investment and indigenous technological efforts: Evidence from China" , *Economics Letters* , 96 , 253–258.

73 . Fare R. Grosskopf S. Norrism and Zhang Z. (1994) , " Productivity growth, technical progress and efficiency change in industrialized countries" , *American Economic Review* ,84 ,66–83.

74 . Feldman M. P. (2001). " The entrepreneurial event revisited: firm formation at a regional context", *Industrial and Corporate Change* , Vol. 10 , No. 4 , 861–91.

75 . Feinberg, S. E. , Majumdar, S. K. (2001) , " Technology spillovers form foreign direct investment in the Indian pharmaceutical industry" , *Journal of International Business Studies* ,32(3) ,421–437.

76 . Florida, R. (1997) , " The globalization of R&D: Results of survey of foreign–affiliated R&D laboratories in the USA" , *Research Policy* ,26 ,85–102.

77 . Florida, R. L. , and Kenney, M. (1990). *The Breakthrough Illusion: Corporate America's Failure to Move from Innovation to Mass Production* , New York: Basic Books.

78 . Fosfuri A. , Motta M. (1999). Multinational without advantages. Scandinavian Journal of. Economics 101(4) ,617–630.

79 . Franck, B. and Owen, R. (2003) , " Fundamental R&D spillovers and the

internationalization of a firm's research activities", Cowles Foundation Discussion Paper, No. 1425.

80 . Frantzen, Dirk (2000) , "R&D, Human Capital and Internal Technology Spillovers: A Cross–Country Analysis," *Scandinavian Journal of Economics*, 102, 57–75.

81 . Frost, Thomas (2001) , "The geographic sources of foreign subsidiaries' innovation", *Strategic Management Journal*, 22, 101–124.

82 . Frost, Tony S. (2001). *The geographic sources of foreign subsidiaries' innovations*. Strategic Management Journal. 22: 101–123.

83 . Gassmann, Oliver and Zedtwitz, Maximilian von (1999) , "New concepts and trends in international R&D organization", *Research Policy*, 28.

84 . Gatignon, Hubert and Erin Anderson (1988). "The multinational corporation's degree of control over foreign subsidiaries: a empirical test of a transaction cost explanation." *Journal of Law, Economics and Organization*, 4, 49–64.

85 . Gaulier, Guilaume; Lemoine, Francoise and Deniz Ünal–Kesenci, 2007, "China's Integration in East Asia: Production Sharing, FDI & High–Tech Trade", *Econ Change*, 40L, 27–63.

86 . Gersbach and Schmultzler(1999) , "External spillovers, Internal spillovers and the geography of production and innovation", *Regional Science and Urban Economics*, 29(6) , 679–696.

87 . Gerybadze, Alexander and Reger, Guido(1999) , "Globalization of R&D: Recent changes in he management of innovation in transnational corporations", *Research Policy*, 28, 251–274.

88 . Glass, Saggi(1998) , "International technology transfer and the technology gap". *Journal of Development Economics*, (55) , 369–398.

89 . Goldar S. , Ries J. C. andVertinsky I. (1994) , "The economic performance of foreign affiliates in Canada". *Canadian Journal of Economics*, Vol. 27, 143–156.

90 . Goldar B. (1994). Technology Acquisition and productivity Growth: A study of industrial firms in India. New Delhi: Institute of economic growth, memeo.

91 . Görg, H. and Stroble, E. (2001) , "Multinational companies and productivity

spillovers: a meta-analysis", *The Economic Journal*, 111 (November), 723-739.

92. Glass, A. J. (2000), " Product cycles and market penetration ". *International Economic Review*, (38), 865-91.

93. Globerman, S. (1979), "Foreign direct investment and 'Spillover' efficiency benefits in Canadian manufacturing industries", *Canadian Journal of Economics*, 12 (1), 42-56.

94. Greenaway, D., Sousa, N. and Wakelin, K. (2004), "Do domestic firms learn to export from multinationals", *European Journal of Political Economy*, 20 (4), 1027-1043.

95. Griffith, Rachel, Rupert Harrison and John van Reenen (2003), Technology sourcing by UK Manufacturing firms: an empirical analysis using firm-level patent data, working paper, Institute of Fiscal Studies, London.

96. Griliches, Z. (1992), The search for R&D spillovers, *Scandinavian Journal of Economics*, Vol. 94, supplement, 29-47.

97. Griliches, Z. (1995), R&D and productivity: econometric results and measurement issues, in Stoneman, P. (ed.), Handbook of the Economics of Innovation and Technological Change, Oxford, Basil Blackwell.

98. Guellec, Dominique and Bruno Van Pottelsberghe dela Potterie (2004), "From R&D to Productivity Growth: Do the Institutional Setting and the Source of Funds of R&D Matter?" *Oxford Bulletin of Economics and Statistics*, 66, 353-378.

99. Guellec, Dominique and Bruno Van Pottelsberghe dela Potterie (2001), "The Internationalisation of Technology Analysis with paten Data", *Research Policy*, 30, 1256-1266.

100. Haddad, M., and A. Harrison (1993), "Are there positive spillovers from foreign direct investment? Evidence from Panel data for Morroco", *Journal of Developing Economics*, 42, 49-74.

101. Harris R. and Robinson C., 2004, Productivity impacts and spillovers from foreign ownership in theUnited Kingdom. *National Institute Economic Review*, 187, 58-75.

102. Haksar V. (1995). Externality, Growth and Technology transfer: Applications to the Indian manufacturing sector. International Monetary Fund,

memeo,1975-1990.

103 . Harris R. and Robinson C. (2004), Productivity impacts and spillovers from foreign ownership in theUnited Kingdom. *National Institute Economic Review*, 187, 58-75.

104 . Hausman,J. , B. Hall, and Z. Griliches (1986). Patents and R&D: Is there a Lag. *International Economic Review*. (27).

105 . Hausman,J. ,B. Hall, and Z. Griliches (1984). Economietric models for count data with an application to the Patent-R&D relationship. *Econometrica*,52 (4).

106 . Holm,U. ,Malmberg, A. , & Sölvell, Ö. (2002). MNC impact on local clusters - the case of foreign owned subsidiaries inSweden. Paper presented at the EIBA Conference.

107 . Hu,A. G. Z. and Jefferson, G. H. (2002), "FDI impact and spillover: evidence fromChina's electronic and textile industries", *World Economy*,25(8), 1068-1076.

108 . Humphrey,J. and Schmitz, H. (2002). *How Does Insertion in Global Value Chains Affect Upgrading in Industrial Clusters?*, Regional Studies 36, 1017-1027.

109 . Islam,N. (1995), "Growth empirics,a panel data approach", *Quarterly Journal of Economics*,Vol. 110,1127-70.

110 . Iwasa, Tomoko; Odagiri, Hiroyuki (2004), Overseas R&D, knowledge sourcing,and patenting: an empirical study of Japanese R&D investment in theUS, *Research Policy*,33(5),807-829.

111 . Jakob Edler, Frieder Meyer - Krahmer and Grido Reger (2002), "Changes in strategic management of technology: results of global benchmarking study",*R&D management*,32,149-164,2.

112 . Jensen, Richard and Thursby, Marie (1987), "A decision theoretic model of innovation, technology transfer, and trade", *Review of Economic Studies*, LIV,631-647.

113 . Jiang, X. (2003), "FDI in China: Contributions to Growth, Restructuring and Competitiveness",Nova Science Publishers: New York.

114. Kamien, M. , and N. L. Schwartz (1982) , " Market structure and innovation" , *Cambridge*: *Cambridge University Press*.

115. Kathuria, V. (2000) , "Productivity spillovers from technology transfer to Indian Manufacturing firms " , *Journal of International Development*, 12 (3) , 343 –369.

116. Keller W. , (1996) , " Absorptive capacity: On the creation and acquisition of technology in development, " *Journal of Development Economics* , 49 , 199 –227.

117. Kenney, M. and Von Burg, U. (1999) , "Technology, entrepreneurship and path dependence: industrial clustering inSilicon Valley and Route 128 " , *industrial and corporate change* , Vol. 8 , No. 1 , 67 –103.

118. Khurana, A. (2006) , "Strategies for global R&D" , *Research Technology Management* , 49 (2) : 48 –57.

119. Kinoshita, Y. (2000) , Technology spillovers through foreign direct investment. University of Michigan William Davidson Institute Working Paper, No. 221.

120. Kogut, B. , and S. J. Chang (1991) , " Technological Capabilities and Japanese foreign direct investment in theUnited States" , *Review of Economics and Statistics* , 73 , 401 –413.

121. Kokko and Zejan (1996) , " Local technological capability and productivity spillovers from Fdi in the Uruguayan Manufacturing sector". *Journal of Development Studies* , 32 (4) , 602 –611.

122. Kokko, Ari (1996) , " Productivity spillovers from competition between local firms and foreign affiliates " , *Journal of International Development* , 8 (4) , 517 –530.

123. Kokko, Ari (1994) , " Technology, market characteristics and spillovers" , *Journal of Development Economics* , 43 (2) , 279 –293.

124. Krugman, P. (1979) , " An analysis of cooperative research and development" (Princeton University, Discussion Paper #76).

125. Kuemmerle, Walter (1999) , " The drivers of foreign direct investment into research and development: an empirical investigation" , *Journal of International*

Business Studies, 30(1), 1–24.

126. Kuemmerle, Walter (1997), "Building effective R&D capabilities abroad", *Harvard Business Review*, March/April, 61–70.

127. Kumar, N. (1996), "Intellectual property protection, market orientation and location of overseas R&D activities by multinational enterprises", *World Development*, 24, 673–688.

128. Lall, S. (1979), "The international allocation of research activity by US multinationals", *Oxford Bulletin of economics and statistics*, (41).

129. Lee, J. Y. and E. Mansfield (1996), "Intellectual property rights protection and U. S. foreign direct investment", *Review of Economics and Statistics*, 79, 181–186.

130. Lee, Frank C. and Oz Shy (1992), "A welfare evaluation of technology transfer to joint ventures in the developing countries". *The International Trade Journal*, 2, 205–220.

131. Lehrer, Mark and Asakawa, Kazuhiro (September 2004), Rethinking the public sector: idiosyncrasies of biotechnology commercialization as motors of national R&D reform in Germany and Japan, *Research Policy*, Volume 33, Issues 6–7, 921–938.

132. Lemoine, Francoise & Deniz, Unal – Kesenci, May 2004, "Assembly Trade and Technology Transfer: The Case of China," *World Development*, Elsevier, 32(5): 829–850.

133. Li, X., Liu, X. and Parker, D. (2001), "Foreign direct investment and productivity spillovers in the Chinese manufacturing sector", *Economic Systems*, 25 (4), 305–321.

134. Lichtenberg, Frank R. and Bruno Van Pottelsberghe dela Potteried (1998), "International R&D Spillovers: A Comment," *European Economic Review*, 42, 1483–1491.

135. Lisa De Propris and Nigel Driffield (2006), "The importance of clusters for spillovers from foreign direct investment and technology sourcing", *Cambridge Journal of Economics*, 30, 277–291.

136. Liu, Z. (2002), "Foreign direct investment and technology spillover.

Evidence from China". *Journal of Corporative Economics*, 30(3), 579–602.

137. Liu, X., Parker, D., Vaidya, K. and Wei, Y. (2001), "The impact of foreign direct investment on labour productivity in the Chinese electronics industry", *International Business Review*, 10(4), 421–439.

138. Liu, Xielin and White, Steven (2001), "Comparing innovation systems: a framework and application toChina's transitional context", *Research Policy*, 1094.

139. Liu, X., Siler, P., Wang, C. and Wei, Y. (2000), "Productivity spillovers from foreign direct investment: evidence fromUK industry level panel data", *Journal of International Business Studies* 31(3): 407–425.

140. Loeb, P. (1983), "Further evidence of the determinants of industrial research and development using single and simultaneous equation models", *Empirical Economics*, 8, 203–214.

141. Longhi, C. (1999), Networks, collective learning and technology development in innovative high technology regions: the case of Sophia Antipolis, *Regional Studies*, Vol. 33, No. 4, 333–42.

142. Love, J. H. (2003), "Technology sourcing versus technology exploitation: an analysis ofUS foreign direct investment flows", *Applied Economics*, 35, 1667–1678.

143. Lucas, R. E. (1988), "On the mechanics of economic development", *Journal Monetary Economic*, 22, 3–42.

144. Lunn, J., and S. Marin (1986), "Market structure, firm structure and research and development", *Quarterly Review of Economics and Business*, 26, 31–44.

145. Madsen, Jakob B. (2005–01), "Technology Spillover through Trade and TFP Convergence: 120 Years of Evidence for the OECD Countries", EPRU Working Paper Series.

146. Mattoo, A., Marcelo O., and Kamal S., 2004, "Mode of Foreign Entry, Technology Transfer, and FDI Policy." *Journal of Development Economics*, 75(1): 95–111.

147. Mariani, Myriam (2002), "Next to Production or to Technological Clusters? The Economics and Management of R&D Location", *Journal of*

Management and Governance 6:131-152.

148. Marshall, A. (1920/1960). Principles of economics, book IV: The agents of production, land, labour, capital and organization (9th ed.). London: Macmillan.

149. Menghinello, S. (2003), " Localised competitive advantages: Firm clusters inItaly as Engines of International trade and FDI catalysts", Mimeo.

150. Meyer-Krahmer, F. and Reger, G. (1999), " New perspectives on the Innovation Strategies of Multinational Enterprises: Lessons for Technology Policy inEurope". *Research Policy*, Vol. 28, 751-776.

151. Mytelka, L. and Farinelli, F. (2000). *Local clusters, innovation systems and sustained competitiveness. Local Productive Clusters and Innovation Systems in Brazil: New Industrial and Technological Policies for their Development*, Rio de Janiero, 4-6 Septermber.

152. Neven, D. & Siotis, G., 1996, "Technology sourcing and FDI in the EC: An empirical evaluation," *International Journal of Industrial Organization*, 14(5), 543-560.

153. Parto, Saeed(2008). *Innovation and Economic Activity: An Institutional analysis of the Role of Clusters in Industrializing Economics*, Journal of Economic Issues, 12(4), 1005-1030.

154. Pearce, R. D. (1999), "Decentralised R&D and strategic competitiveness: Globalised approaches to generation and use of technology in multinational enterprises". *Research Policy*, 28(2-3), 157-178.

155. Penrose Edith(1959), " The Growth of the Firm". Oxford University Press.

156. Plummer, Michael G., Jul. 2009, " ASEAN Economic Integration - Trade, Foreign Direct Investment and Finance", *Singapore; Hackensack, N. J.; London : World Scientific*, ISBN: 978-981-256-910-3.

157. Porter, M. E. (2008). *The five competitive forces that shape strategy*, Harvard Business Review, 86(1), 78-93.

158. Porter. M. E. (1998). *Clusters and the New Economics of Competition*, Harvard d Business Review. Nov. 1.

159 . Porter, M. E. (1990). *The competitive advantage of nations*. New York, Free Press.

160 . Roberts, E. B. (2001), "Benchmarking global strategic management of technology". *Research Technology Management*, 44 (2), 25–36.

161 . Rosenfeld, S. (1997). *Bringing business clusters into the mainstream of economic development*, European Planning Studies, 5 (1), 3–23.

162 . Zedtwitz, Maximilian von (2004), "Managing foreign R&D laboratories in China", *R&D Management*, 34, 439–452.

163 . Zedtwitz, Maximilian von and Gassmann, Oliver (2002), "Market versus technology drive in R&D internationalization: four different patterns of managing research and development", *Research Policy*, 31, 569–588.

164 . Mansifield E. , Teece D. J. , Romeo A. (1979), "Overseas R&D by US-based firms", *Economicas*, 46, 187–196.

165 . Montalvo, J. G. (1993). Patents and R&D at the firm level: a first look [J]. *Revista Espanola de Economia*, (67).

166 . Nagesh Kumar (2001), "Determinants of location of overseas R&D activity of multinational enterprises: the case of US and Japanese corporations", *Research Policy*, 30, 159–174.

167 . Neven, D. , and G. Siotis (1996), "Technology Sourcing and FDI in the EC: An empirical evaluation", *International Journal of Industrial Organization*, 14, 543–560.

168 . Norback, P. – J. (2001), "Multinational firms, technology and location", *Journal of International Economics*, 54, 449–69.

169 . Odagiri H. and Yasuda H. (1996), "The determinants of overseas R&D by Japanese firms: an empirical study at the industry and company levels", *Research Policy*, 25, 1059–1079.

170 . OECD (2005), "Background report to the Conference on 'Internationalisation of R&D'", Brussels, March.

171 . Olofsdotter K. , (1998), "Foreign direct investment, Country capabilities and economic growth", *Weltwirtschaftliches Archiv* 134: 3.

172 . Pakes, A. and Z. Griliches (1980), "Patents and R&D at the firm level:

A new look",*Economics Letters*,(5).

173. Parkes, Ariel and Mark Schankerman (1984), " The Rate of Obsolescence of Patents, Research Gestation Lags, and the Private Rate of Return to Research Resources," in Z Griliches (ed), R&D, Patents, and Productivity, Chicago: Chicago University Press.

174. Pearce, R. D. (1999), "Decentralized R&D and Strategic Competitiveness: Globalized Approaches to Generation and Use of Technology in Multinational Enterprises,"*Research Policy*, Vol. 28, 157-178.

175. Petit M. L. and F. Sanna - Randaccio (2000), " Endogenous R&D by Japanese firms: an empirical study at the industry and company levels",*Research Policy*,25, 1059-1079.

176. Porter, M. P. (2000), "Location, competition and economic development: local clusters in a global economy", *Economic Development Quarterly*, Vol. 14, No. 1,15-24.

177. Porter, M. P. (1998), "Clusters and the new economics competition", *Harvard Business Review*, November-December,77-90.

178. Ran, Kim, S. (1998), "The Korean system of innovation and the semiconductor industry: A Governance perspective",*Industrial and Corporate Change*, Vol. 7, No. 2,275-309.

179. Romer, Paul. M. (1986), "Increasing returns and long Run-Growth", *Journal of Political Economy*, Vol. 194, No. 5,1003-1034.

180. Ronstadt, R. C. , "R&D Abroad byU. S. Multinationals", Praeger, New York,1977.

181. Sanna-Randaccio F. and R. Veugelres(2001), Multinational Knowledge Spillovers with Centalized vs Decentralized R&D, CEPR discussion paper, n. DP3151.

182. Searpio M. , Dalton D. , Yoshida P. G. (2000), "Globalization of R&D enters new stage as firms learn to integrate technology operations on world scale". *Research-Technology Management*, (24): 162-178.

183. Siotis, G. (1999), " Foreign direct investment strategies and firm capabilities",*Journal of Economics and Management Strategy*,8,251-270.

184 . Slaughter, M. (2004), "Insourcing jobs: Making the global economy work forAmerica", BEA report.

185 . Smarzynska, Beate (2004), "Composition of foreign direct investment and protection of intellectual property rights: Evidence from transition economies", *European Economic Review*, Vol. 18(1), 39–62.

186 . Tian, Xiaowen (2007), "Accounting for sources of FDI technology spillovers: evidence from China", *Journal of International Business Studies*, 38, 147–159.

187 . Tian, X., Lin, S. and Lo. V. I. (2004), "Foreign direct investment and economic performance in transition economies: evidence fromChina", *Post – Communist Economies* 16(4), 497–510.

188 . Toshihiko Mukoyama (2003), "Innovation, imitation, and growth with cumulative technology." *Journal of Monetary Economics*, (50), 361–380.

189 . UNCTAD(2005), "World Investment Report: Transnational Corporations and the Internationalization of R&D".

190 . UNCTAD. (2005). World investment report. Transnational corporations and the internationalisation of R&D. New York and Geneva: UNCTAD.

191 . UNCTAD(2005), "UNCTAD Survey on the Internationlization of R&D: Current patterns and prospects on the internationalization of R&D".

192 . Vittorio Chiesa(2000), "Global Project Management and Organization: A Taxonomy", *Journal of Product Innovation Management*, Vol. 17, 341–359.

193 . Wang, J. Y. (1990), Growth, technology transfer and long–run theory of international capital movements. *Journal of International Economics*, (29), 255–271.

194 . Walz, Uwe(1997), "Innovation, foreign direct investment and growth", *Economica*, Vol. 64, No. 253, 63–79.

195 . Wernerfelt, B. A. (1984), "Resource – based View of the Firm". Strategic Management Journal, Apr. –Jun.

196 . Westney, Eleanor; Gupta, A. (2003), Smart Globalization: Designing Global Strategies, Creating Global Networks, Book published by Jossey – Bass, San Francisco.

197．Xibao Li（2006），Regional innovation performation：Evidence form domestic patenting inChina，Innovation：Management，Policy & Practice，8，171-192.

198．Zedtwitz，M. Von，and Gassmann，O.（2002）：Market versus technology drive in R&D internationalization：four different patterns of managing research and development，*Research Policy*，Vol. 31，No. 4，569-588.

199．Zejan，M.（1990），"R&D activities in affiliates of Swedish multinational firms，Scandinavian"，*Journal of Economics*，Vol. 92，No. 3，487-500.

200．包群、赖明勇：《FDI 技术外溢的动态测算及原因解释》，《统计研究》2003 年第 6 期。

201．陈柳：《长三角地区的 FDI 技术外溢、本土创新能力与经济增长》，《世界经济研究》2007 年第 1 期。

202．陈艳艳：《基于因子分析模型的区域技术创新能力体系评价及地域差异化研究》，《软科学》2006 年第 3 期。

203．陈至立："提高自主创新能力，建设创新性国家"，《科技日报》2005 年 11 月 2 日。

204．陈涛涛：《中国 FDI 行业内溢出效应的内资机制研究》，《世界经济》2003 年第 9 期。

205．陈劲：《创新全球化——企业技术创新国际化范式》，经济科学出版社 2003 年版。

206．陈国宏：《经济全球化与我国的技术发展战略》，经济科学出版社 2002 年版。

207．邓宏图，康伟：《地方政府、制度、技术外溢与企业集群的默示性知识——以转轨期天津白行车企业集群的演化为例》，《管理世界》2006 年第 2 期。

208．杜群阳：《R&D 全球化、反向外溢与技术获取型 FDI》，《国际贸易问题》2006 年第 12 期。

209．杜群阳：《中国企业技术获取型海外直接投资理论与实践》，《国际贸易问题》2004 年第 11 期。

210．杜涛：《FDI 对我国企业技术进步的影响》，《郑州航空工业管理学院学报》2004 年第 1 期。

211．杜德斌:《跨国公司 R&D 全球化的区位模式研究》,上海复旦大学出版社 2001 年版。

212．胡春力:《提高我国自主创新能力的产业重点与主要对策》,《宏观经济研究》2006 年第 11 期。

213．黄静:《技术特征不同行业中 FDI 技术外溢效果的考察》,《产业经济研究》2007 年第 2 期。

214．黄静:《影响 FDI 技术外溢效果的因素分析——基于吸收能力的研究》,《世界经济研究》2006 年第 8 期。

215．花磊:《构建区域创新能力评价指标体系》,《合作经济与科技》2007 年第 2 期。

216．何洁、许罗丹:《中国工业部门引进外商直接投资外溢效应的实证研究》,《世界经济文汇》1999 年第 2 期。

217．景劲松、陈劲、吴沧澜:《我国企业 R&D 国际化的现状、特点及模式》,《研究与发展管理》2003 年第 15 期。

218．李杏:《外商直接投资技术外溢吸收能力影响因素研究——基于中国 29 个地区面板数据分析》,《国际贸易问题》2007 年第 12 期。

219．李晓钟、张小蒂:《外商直接投资对我国长三角地区无工业经济技术溢出效应分析》,《财贸经济》2004 年第 12 期。

220．刘贝、徐勇:《FDI 对广东省国有工业企业技术溢出效应的实证分析——基于宏观数据的联立方程模型分析》,《现代管理科学》2007 年第 1 期。

221．刘立:《企业 R&D 投入的影响因素:基于资源观的理论分析》,《中国科技论坛》2003 年第 6 期。

222．刘恩专:《外商直接投资企业带动效应分析》,《当代经济科学》1998 年第 4 期。

223．刘震宇:《中国企业技术积累与跨国化》,华东理工大学出版社 2005 年版。

224．林毅夫、刘培林:《自生能力与国企改革》,《经济研究》2001 年第 9 期。

225．林新智:《'矽谷三角'研发国际化竞合研究——以个案讨论》,国立中央大学产业经济研究所硕士论文,指导教授:王弓博士,1995 年版。

226．廖国民、王永欣:《论比较优势与自生能力的关系》,《经济研究》

2003 年第 9 期。

227．赖明勇、包群、阳小晓:《我国外商直接投资吸收能力研究》,《南开经济研究》2002 年第 2 期。

228．欧阳桃花、李家鸿、毛蕴诗、卢伟航:《中国企业的生产系统与竞争能力:TCL 王牌彩电的案例研究》,《管理世界》2004 年第 12 期。

229．庞咏刚、孙玉涛:《基于企业创新能力的区域创新体系竞争力评价》,《科学管理研究》2007 年第 7 期。

230．潘文卿:《外商对中国工业部门的外溢效应:基于面板数据的分析》,《世界经济》2006 年第 6 期。

231．邱风、张国平:《对长三角地区产业结构问题的再认识》,《中国工业经济》2005 年第 4 期。

232．孙忠艳:《FDI 技术外溢效应文献评述》,《内蒙古科技与经济》2007 年第 4 期。

233．沈坤荣、耿强:《外国直接投资、技术外溢与内生经济增长》,《中国社会科学》2001 年第 5 期。

234．沈坤荣:《外商直接投资与中国经济增长》,《管理世界》1999 年第 5 期。

235．盛文军、梁跃升:《R&D 和市场结构是相互决定的》,《产业经济研究》2004 年第 4 期。

236．施培公:《模仿创新与我国企业创新战略选择》,《科技导报》1995 年第 4 期。

237．汤文仙、韩福荣:《三缺口模型:对双缺口模型的修正》,《当代经济科学》2000 年第 5 期。

238．王辉、张俊玲:《企业技术创新能力与国际化成长——来自中国彩电行业的成长经验》,《中南大学学报(社会科学版)》2008 年第 3 期。

239．王英、刘思峰:《中国 ODI 反向技术外溢效应的实证研究》,《科学研究》2008 年第 2 期。

240．王辉:《刍议我国企业'走出去'技术寻求战略》,《科技管理研究》2007 年第 8 期。

241．王红领、李稻葵、冯俊新:《FDI 与自主研发:基于行业数据的经验研究》,《经济研究》2005 年第 2 期。

242．王春发:《FDI 与内生技术能力培育》,《国际经济评论》2004 年第 3—4 期。

243．王志鹏、李子奈:《外国直接投资、外溢效应与内生经济增长》,《世界经济文汇》2004 年第 3 期。

244．王志鹏、李子奈:《外资对中国工业企业生产效率的影响研究》,《管理世界》2003 年第 12 期。

245．王飞:《外商直接投资促进了国内工业企业技术进步吗?》《世界经济研究》2003 年第 4 期。

246．王允贵:《跨国公司的垄断优势及其对东道国的产业控制》,《管理世界》1998 年第 2 期。

247．吴延兵:《R&D 存量、知识函数与生产效率》,《经济学》2006 年第 4 期。

248．魏后凯:《企业规模、产业集中与技术创新能力》,《经济管理》2002 年第 4 期。

249．许丽琴:《人员流动与 FDI 企业技术外溢的扩散机制》,《上海经济研究》2000 年第 10 期。

250．徐雪刚等:《FDI 技术外溢与模仿创新》,《现代管理科学》2006 年第 12 期。

251．冼国民、严兵:《FDI 对中国创新能力的溢出效应》,《世界经济》2005 年第 10 期。

252．薛求知、关涛:《跨国国内公司 R&D 投资国际化动机的理论研究》,《研究与发展管理》2005 年第 4 期。

253．薛求知、王辉:《跨国公司技术创新全球化及其理论解释》,《世界经济研究》2004 年第 2 期。

254．薛求知、阎海峰:《跨国公司新组织形态:网络组织》,《世界经济文汇》2001 年第 1 期。

255．薛澜:《全球化战略下跨国公司在华 R&D 投资布局——基于跨国公司在华独立 R&D 机构行业分布差异的实证分析》,《管理世界》2002 年第 3 期。

256．薛澜等:《跨国公司在中国设立研发机构影响因素分析》,《科研管理》2001 年第 7 期。

257．谢伟:《中国彩电总装企业的技术学习》,《科研管理》1999 年第 12 期。

258．谢伟、吴贵生、张晶:《彩电产业的发展及其启示》,《管理世界》1999 年第 3 期。

259．夏晓辉:《跨国公司投资浦东的案例分析》,《管理世界》1998 年第 2 期。

260．于津平:《外资政策、国民利益与经济发展》,《经济研究》2004 年第 5 期。

261．闫冰、冯根福:《基于随机前沿生产函数的中国工业 R&D 效率分析》,《当代经济科学》2005 年第 6 期。

262．姚利民、孙春媛:《中国逆向型 FDI 决定因素的实证分析》,《国际贸易问题》2007 年第 4 期。

263．姚洋、章奇:《中国工业企业技术效率分析》,《经济研究》2001 年第 10 期。

264．赵坚:《我国自主研发的比较优势与产业政策——基于企业能力理论的分析》,《中国工业经济》2008 年第 8 期。

265．张海洋:《外国直接投资对我国工业自主创新能力的影响——兼论自主创新的决定因素》,《国际贸易问题》2008 年第 1 期。

266．张俏肖、冯根福:《三种 R&D 溢出与本地企业技术创新》,《中国工业经济》2007 年第 11 期。

267．张宇:《外资企业股权结构与 FDI 技术外溢效应——理论与实证》,《世界经济研究》2006 年第 11 期。

268．张建华、欧阳轶雯:《外商直接投资、技术外溢与经济增长》,《经济学季刊》2003 年第 2 期。

269．[美]彼得·德鲁克:《后资本主义》,上海译文出版社 1998 年版。

270．威廉·阿瑟·刘易斯:《经济增长理论》,上海人民出版社 1994 年版。

后　记

自 2009 年以来,我先后主持"集群创新、FDI 技术外溢与区域创新的关系研究"(2010B070300092)、"贸易和投资知识溢出的路径及其对创新绩效的影响"(10451032001004967)、"外源型集群创新的动因和传导机制研究"(2011XMB12)、"FDI 对国家创新能力的溢出效应——基于吸收能力的研究"(09ZD79001)等课题的研究,并有幸参与中山大学李善民教授主持的教育部社会科学研究重大课题攻关项目"外资并购与我国产业安全研究"(11JZD020)的子课题"外资并购与自主创新能力研究"的研究,在课题研究中,主要围绕投资、贸易等知识溢出路径及区域、企业自主创新和知识管理战略等问题展开系统研究,重点针对中国当前自主创新战略下 FDI 的战略转型和区域创新模式,研究以下问题:(1)从国家、地区层面分析创新的驱动力和吸收外部知识溢出的主渠道;(2)基于集群的视角重新审视 FDI 对区域竞争力提升的作用;(3)通过 FDI 和贸易获取知识溢出的主要路径;(4)FDI、贸易、集群、吸收能力与区域竞争力的关系;(5)利用 FDI 和产业集聚共同拉动区域经济发展的战略;(6)企业国际化过程中如何开展知识管理活动。

本书是以上研究的部分成果。感谢恩师李善民教授为我开启明灯、指明方向!感谢《国际贸易》杂志钱建初社长长期以来给予的支持和帮助!感谢姜玮编辑在本书审校和出版过程中付诸的辛勤劳动!感谢余鹏翼博士、周木堂博士在学术道路上给予的帮助和扶持!感谢陈军才博士在数据处理方面提供的支持与帮助!王芳、向航、赵世侠、吴小惠参与了课题研究和本书的修订工作。在课题研究和本书的出版中,得到了众多老师、同事和朋友的关注,在此一并致谢。